中国特色社会主义理论体系研究中心重大项目

马克思主义理论研究和建设工程重大项目

国家社会科学基金重大项目

中国西部地区的
精准脱贫之路

曾维伦 等 ◎ 著

重庆出版集团 重庆出版社

图书在版编目(CIP)数据

中国西部地区的精准脱贫之路 / 曾维伦等著 . —重庆: 重庆出版社,
2021.12
　　ISBN 978-7-229-16254-2

　　Ⅰ.①中…　Ⅱ.①曾…　Ⅲ.①扶贫—研究—西北地区　②扶
贫—研究—西南地区　Ⅳ.①F126

中国版本图书馆CIP数据核字(2021)第246855号

中国西部地区的精准脱贫之路
ZHONGGUO XIBU DIQU DE JINGZHUN TUOPIN ZHI LU

曾维伦　等　著

责任编辑:李　茜
责任校对:刘　刚
装帧设计:鹤鸟设计

 重庆出版集团
　　重庆出版社　出版

重庆市南岸区南滨路162号1幢　邮政编码:400061　http://www.cqph.com

重庆出版社艺术设计有限公司制版
重庆市国丰印务有限责任公司印刷
重庆出版集团图书发行有限公司发行
E-MAIL:fxchu@cqph.com　邮购电话:023-61520646
全国新华书店经销

开本:787 mm×1092 mm　1/16　印张:19.75　字数:270千
2021年12月第1版　2021年12月第1次印刷
ISBN 978-7-229-16254-2

定价:79.00元

如有印装质量问题,请向本集团图书发行有限公司调换:023-61520678

｜前　言｜

2020年是注定要写入史册的一年。这一年，中国现行标准下农村贫困人口全部脱贫，贫困县全部摘帽，消除了绝对贫困和区域性整体贫困，取得了令全世界刮目相看的重大胜利。2021年2月，习近平总书记在全国脱贫攻坚总结表彰大会上庄严宣告，我国脱贫攻坚战取得了全面胜利，这标志着我们党在团结带领人民创造美好生活、实现共同富裕的道路上迈出了坚实的一大步。在这样的历史性时刻，团队几年辛勤劳动的成果即将付梓与公众见面，倍感激动和自豪。

减少贫困是当今世界共同面临的重大问题，也是绝大多数国家治国理政中的重大任务。作为世界上人口最多、贫困面积最大、贫困程度很深的发展中大国，自新中国成立以来，我们党和政府始终把促进发展、减少贫困作为国家的重要战略任务与发展目标，在坚持从本国实际情况出发、借鉴吸收发达国家与其他发展中国家的减贫理论与实践探索的基础上，走出了一条具有中国特色的扶贫开发道路，取得了举世瞩目的伟大成就，提前10年实现《联合国2030年可持续发展议程》的减贫目标，为世界减贫事业提供了中国智慧和中国方案。这些成就的取得，离不开党的坚强领导和社会主义制度的根本保障，离不开各级党委政府和亿万人民的共同奋斗，离不开马克思主义特别是当代中国马克思主义、21世纪马克思主义——习近平新时代中国特色社会主义思想的科学指导。作为习近平新时代中国特色社会主义思想的重要组成部分，习近平总书记提出的精准扶贫精准脱贫基本方略为各省区市因地制宜探索精准扶贫模式、推进扶贫事业提供了根本遵循，是理解中国减贫经验的金钥匙。

2012年，党的十八大提出到2020年我国全面建成小康社会的宏伟目标。解决贫困地区的脱贫问题成为全面建成小康社会的重点和难点，也标志着扶贫开发步入新的攻坚阶段。2013年，党中央提出精准扶贫理念，创新扶贫工作机制。2015年，党中央召开扶贫开发工作会议，提出实现脱贫攻坚目标的总体要求，实行扶持对象、项目安排、资金使用、措施到户、因村派人、脱贫成效"六个精准"，实行发展生产、易地搬迁、生态补偿、发展教育、社会保障兜底"五个一批"，发出打赢脱贫攻坚战的总攻令。2017年，党的十九大把精准脱贫作为三大攻坚战之一进行全面部署，锚定全面建成小康社会目标，聚力攻克深度贫困堡垒，决战决胜脱贫攻坚。习近平总书记在诸多场合针对脱贫攻坚提出的一系列新观点、新要求、新举措、新机制，形成了系统完整的精准扶贫精准脱贫基本方略。

西部地区是我国贫困人口最多、贫困程度最深、少数民族人口分布最多的地区，是我国扶贫开发的主战场，总结中国扶贫开发的经验首先要总结好西部地区的经验。在习近平总书记精准扶贫精准脱贫基本方略的指导下，西部地区各级党委政府高度重视扶贫开发工作，坚持党委领导、政府主导、社会帮扶，以精准识别为基础，充分发挥贫困群众主体地位，普惠性政策与特惠性政策相配套，扶贫开发与社会保障相衔接，针对性地破解贫困地区和贫困群众内生发展瓶颈，重塑贫困地区贫困群体的内生发展动力，探索出多种多样的扶贫模式，为中国特色社会主义扶贫开发道路作出了生动的注解，从一个侧面充分展示了社会主义制度优越性。

真实记录和系统总结世界减贫的中国历程和中国方案，为世界上还没有摆脱贫困的国家和地区提供可资借鉴的经验和智慧，是中国乃至全世界社会科学工作者肩负的重要职责与使命。这些年来，专家学者们围绕中国减贫开展的相关研究选题十分广泛，成果十分丰硕，对西部地区减贫工作的研究成果也比较多。本书作者都工作生活在西部地区，也都以不同角色参与了这场伟大的脱贫攻坚战，这是我们把研究的重点放在西部地区精准扶贫精准脱贫的实践路径和模式创新这个方向的重要因素。在国家社会科学基金重大项目和马克思主义理论研究和建设工程重大项目的支持下，我们把西部地区的精准扶贫放到新中国成立以来特别是改革开放以来中国的减贫历程中去考察，放到中国之外的发达国家和发展中国家的减贫工作中去对比，放到马克思主义消除贫困的经典理论中去审视，对重庆的"高山生态扶贫搬迁，筑牢绿色发展根基"，甘肃的"电商扶贫筑平台，破解富饶的贫困"，宁夏的"金融扶贫共担风险，弥补市场失灵"，四川的"健康扶贫破解因病致贫，兜底基本发展能力"，云南的"教育扶贫扶智给力，阻断贫困代际传递"，青海的"文化扶贫继往开来，改变观念提振精神"，贵州的"社会扶贫汇聚广泛资源，优势互补共促脱贫"等鲜活案例进行了系统梳理和总结，力图从理论与实践、历史与现实、中国与世界相结合的多维视角来总结和解读中国西部地区精准扶贫精准脱贫取得巨大成功的密码。

目　录

第一章
西部地区精准扶贫的时代背景

人类社会产生以来，贫困就成为经济社会发展中无法回避的重大问题。贫困不仅是经济问题，也是影响人类文明进步、社会和谐稳定的综合性问题。因此，消除贫困意义重大，是全人类社会共同承担的重要责任。1945年联合国成立之初就把"消灭贫困"写进了《联合国宪章》，表明解决贫困问题是世界各国共同面临的难题，需要各个国家致力于减少贫困的理论研究与实践探索。

国外减贫的理论与实践

减贫是一项世界性的长期的艰巨复杂事业，不管是经济发展方面走在世界前列的发达国家还是正朝着现代化方向努力追赶的后发展国家，都在减贫方面积累了丰富的理论研究成果与实践探索经验。这些理论成果和实践经验，对推进我国的扶贫攻坚工作具有重要的借鉴意义。

一、国外减贫的理论演变

国外对减贫理论的探索大致经历了"贫困表征探讨—贫困本质发现—贫困破解"的发展历程，产生了诸如权利贫困、益贫式增长等经典理论。

1.贫困的表征：资源稀缺与收入低下

在18世纪末，马尔萨斯提出这样一个观点，人类人口增长呈几何级数增长，而生活资料呈算术级数增长，这样生活资料的增长赶不上人口增长的速度，同时人口的不断增长将导致劳动生产率的降低、生态环境的恶化和社会总储蓄的减少，因而人口增长与物质资料供给之间的矛盾势必不利于经济的增长，贫困也就不可避免。马尔萨斯的理论诞生于工业革命刚刚开始的年代，影响极大。为了破解人口增长与物质供给之间的矛盾，欧洲大部分国家致力于提高土壤肥力，提高土地劳动生产率，以缓解贫困现象。

进入20世纪50年代后，经济学家在研究致贫原因时发现，贫困是个陷阱，资源的相对欠缺是阻碍经济社会发展的最主要原因，如果人均资源占有量较少的情况得不到解决，那贫困问题将出现恶性循环。美国经济学家拉格纳·纳克斯1953年在《不发达国家的资本形成问题》中提出了"贫困恶性循环"理论，将贫困的产生归为"低收入水平—低储蓄率—资本形成不足—低劳动生产率—低产出—低收入—低购买力—投资不足"的逻辑循环。美国经济学家纳尔逊在1956年研究了发展中国家的资本人均构成与人口增长速度之间的关系以及产业产出和人均增长的关系，提出了"低水平均衡陷阱"。冈纳·缪尔达尔在1957年的《富国与穷国》、1968年的《亚洲的戏剧：一些国家的贫困问题研究》中提出了贫困的"循环因果关系"，他认为贫困地区越来越贫困是由这些地区的低收入情况造成的。

因此，学者们认为要想消除贫困，就必须解决资本来源问题，提高资源的利用率和投资的效率，破解资本不足带来的收入水平低下这一经济发展的主要障碍，走出"贫困恶性循环"和"低水平均衡陷阱"。例如，保罗·罗森斯坦·罗丹在1944年的《经济落后地区的国际化发展》中提出为了解决贫困地区的贫困问题，必须通过国家层面的主导方式在全国范围内进行投资。

在贫困破解中，资本资源的重要性在于，提高资本的投入力度能有效提高贫困地区的收入并促进经济增长，经济增长又能使贫困现象得到缓解甚至消除。美国经济学家艾仁特·赫希曼曾在《不发达国家中的投资政策与"二元性"》中提出了"极化—涓滴效应"理论。他认为增长极对区域经济发展会产生"极化效应"和"涓滴效应"。在经济发展初期，有利于发达地区经济增长的极化效应居主导地位，导致区域经济发展差距拉大。但从长期看，发达地区为不发达地区提供的投资和就业等发展机会的"涓滴效应"将缩小区域经济发展差距。后来这一研究从区域经济领域延伸至贫困领域，在经济增长的过程中，虽然穷人只是间接地从中获得较小份额的收益，但随着经济不断增长，收益自上而下如水之"涓滴"不断渗透，形成积累，从而收入分配状况被自动改善，贫困发生率将不断下降。这一理论认为经济增长是改变发展中国家落后状况的最重要因素。因此，需要把经济增长放在优先地位，经济增长是以社会分配不公为代价的，经济不平等是完全可以接受的，否则就会影响积累和经济增长潜力；贫困会在经济增长中自行减缓和消除，救助穷人最好的方法不是救济，而是通过对资本减税促进投资、维持自由放任的市场竞争以推动经济增长；富人的财富积累对穷人有好处，富人对财富的占有可以通过创造就业和其他机会来惠及普通民众。"涓滴理论"影响广泛。20世纪80年代后，该理论为英美等资本主义国家的经济政策制定提供了理论支持。

2.贫困的本质：权利与能力的缺失

经济学家阿玛蒂亚·森在《贫困与饥荒》和《以自由看待发展》中提出了权利贫困[1]。森从饥荒与权利的关系视角出发，将贫困的产生归因于享受权利的不平等和分配的不平等，从而导致了饥荒的蔓延。森分析了隐藏在贫困背后的生产方式的作用，认为贫困的实质是能力的缺乏。如果一群人无法确立支配足够数量食物的权利，那么他们将不得不面临饥荒。[2]森的贫困理论突破传统流行的将贫困等同于低收入的狭隘界限，提出用能力和收入来衡量贫困的新思维，拓宽了对贫困理解的视野。

森认为，一个人免于饥饿的权利依赖于政府能否提供明确的产权保护，是否有充分竞争的市场秩序、能否维持稳定的经济环境，家庭内部的分工、传统观念中对交换权利和互惠权利的规定等方面。[3]森的理论强调了贫困者脱贫中的权利与能力的重要性，贫困的本质是贫困者本身权利与

---

① 阿玛蒂亚·森所说的权利包括：以贸易为基础的权利；以生产为基础的权利；劳动的权利；继承和转移的权利。

② 李鹏,叶兴建.农村精准扶贫:理论基础与实践情势探析——兼论复合型扶贫治理体系的建构[J].福建行政学院学报,2015(2):26—33.

③ 马新文.阿玛蒂亚·森的权利贫困理论与方法述评[J].国外社会科学,2008(2):69—74.

能力的缺失。

基于森的研究，部分学者拓展了"能力缺失"的范围，认为贫困地区本身生态能力的缺失以及人们自身不具备改善生态环境的能力导致了贫困的发生，所以需要通过提高贫困地区的生态减贫能力来摆脱贫困。生态减贫起源于20世纪80年代生态环境的恶化。《我们共同的未来》提出了"穷人为了生存被迫过度使用环境（自然）资源，而他们对资源的过度开采进一步造成贫困"。此后，大量学者开始把注意力转移到环境与贫困的关系上来。如，戴维·皮尔斯等人认为贫困与环境恶劣具有内在耦合性，环境破坏越严重的地区往往是越贫困的区域，"最贫困的人口生活在世界生态恢复能力最低、环境破坏最严重的地区"。莱斯特·R.布朗通过研究非洲的贫困现象后提出："人类与生态环境的发展一同存在与演化，人类对生态环境造成的污染最早是由工业化与产业化的进程引起，接着产生了对生态环境的冲击，最后会引发一系列意想不到的生态贫困问题。"[①] "生态环境恶化—经济发展滞后—生态贫困—生态环境更为恶化—欠发达—生态环境恶化—经济难以良性提升—继续生态贫困"的循环往复现象构成了贫困地区尤其是贫困山区一条相互影响又相互制约的因果链。

生态减贫能力的提高可以通过因地制宜发展生态农业来实现，并需要公民与社会组织的共同参与。克鲁提拉提出："在孟加拉国大力发展生态农业是可行的举措。因为在诸多贫困问题中，农业起到了很好的作用，特别是稻米种植。"[②]美国学者吉布森则认为生态减贫的形成需要有公民与社会组织的共同参与，生态减贫能力分为层级、共同与自我生态减贫能力三

---

① 莱斯特·R.布朗.生态经济:有利于地球的经济构想[M].林自新,戢守志译.北京:东方出版社,2002.

② Krutilla. Conservation: Reconsidered Environmental Resources and Applied Welfare Economics[M]. Washington. D.C.: Norton Publishing House, 2001.

个方面。①生态减贫理论的提出，让人们重视贫困与生态之间的关系，并采取相应措施改善生态脆弱地区的环境来提高人们的生活环境，发展生态农业促进农业集约化，开展生态旅游提高贫困地区的就业与收入。

3. 贫困的破解：贫困者的参与与共享

在对贫困原因的长期分析与总结的基础上，学界对于贫困的研究逐渐侧重于消除贫困的理论方法探讨。根据前述论述，纳尔逊认为依靠贫困地区本身的发展是无法解决贫困的，他强调外力（如政府、社会力量等对贫困地区进行大规模投资）对打破"贫困恶性循环"和"低水平均衡陷阱"的重要作用。缪尔达尔与森则注重收入分配不公与能力缺失对贫困地区的影响，主张通过权力关系、土地关系及教育体制改革等提高贫困人口的基本能力，依靠贫困人群自身能力的提升来促使资本形成，提高贫困地区的产出水平，使社会收入趋向平等。

受缪尔达尔与森的理论影响，学者们进一步提出了参与式扶贫理论。20世纪70年代，国际农业研究网络（International Research Network on Agriculture）发现，回应农户需求有利于提高减贫方案的针对性和有效性，并由此产生了参与式的扶贫方法。参与式扶贫开发是指政府通过投入一定数量的资金，以贫困村为平台，为贫困农户创造表达意愿的机会，赋予贫困农户知情权和监督权，并激发他们的参与意愿，发动群众参与扶贫项目的决策、实施和监督过程，从而提高贫困农户自主脱贫、自我发展能力，从根本上解决贫困问题。参与式扶贫作为提升贫困对象发展能力、改善扶贫项目运作环境的一种比较有效的模式，是对扶贫发展计划和活动全过程的权力再分配。

到20世纪末21世纪初时，发展经济学扩展了参与式扶贫的内涵，提出了益贫式增长理论，使贫困破解理论更加丰富。益贫式增长概念源于钱

---

① Gibson. Ecological poverty alleviation capacities of future government[M]. WA: Resources for the Future Press, 2010.

纳里和阿鲁瓦利于1974年建立的增长利益再分配模型，它分为相对意义和绝对意义的益贫式增长。相对意义的益贫式增长强调穷人在多大程度上分享了经济增长的好处，充分考虑穷人和非穷人收入水平的差距，即经济增长不仅要减少贫困，还要改善收入不平等状况。绝对意义的益贫式增长强调穷人是否分享了经济增长的好处，这种宽泛性标准在具体测度经济增长范式时较为简单明了，即贫困的缓解根本上取决于穷人的收入增长，而与非穷人的收入变化无关。2006年世界银行学者克雷指出了实现益贫式增长的三个主要特征：一是社会平均收入的高速增长；二是穷人在社会平均收入增长中具有高敏感弹性；三是在收入增长中实现减少相对贫困人群数量。三者互为因果，缺一不可。[1]

受森的理论启发，亚洲开发银行于2007年提出了以机会均等与公平共享为核心的"包容型增长减贫理念"（或称"共享型增长减贫理论"）。这一理论认为，制度是造成"贫困陷阱"的一个重要原因。无论是"权利贫困"和"能力贫困"，还是经济增长中贫困缓解的社会条件缺失，均可以视为制度安排和制度环境缺陷所造成的。因此，它强调通过经济增长成果的公平分配来实现有效减贫，要求减少与消除机会不均等来促进社会的公平与共享性，是一种人人机会平等、人人分享成果的减贫模式。[2]不过，它侧重于在机会平等的基础上让穷人获得脱贫的基本条件，并没有集中力量采取针对穷人的帮扶行动。[3]

二、发达国家的减贫模式

发达国家的扶贫方式主要包括以美国为代表的社会保障模式、意大利

---

[1] 段龙龙,李杰. 论贫益式增长与包容性增长的内涵及其政策要义[J]. 改革与战略,2012(2): 31-34.

[2] 谭诗斌. 现代贫困学导论[M]. 武汉:湖北人民出版社,2012.

[3] 李鹏,叶兴建. 农村精准扶贫:理论基础与实践情势探析——兼论复合型扶贫治理体系的建构[J]. 福建行政学院学报,2015(2):26-33.

"专项基金"扶贫开发模式、日本北海道"立法"开发模式以及韩国"新村运动"模式等。

1.美国社会保障模式

以美国为代表的发达国家实施"社会保障"型减贫,有五个方面的原因:(1)欧美发达国家工人运动盛行,这种社会保障型减贫建立在工人运动的基础上;(2)实行福利政策,解决大众贫困是缓和剩余价值生产与实现的矛盾、保证垄断资产阶级利润的需要;(3)福利政策的实施,既是提高劳动生产率的需要,也是劳动生产率提高的结果;(4)在当代资本主义社会,科技生产力的发展使工人阶级结构发生了很大变化,劳动力的再生产费用大大提高,实行福利制度是提高劳动力再生产费用的需要;(5)国际经济利益格局向发达国家倾斜,使得发达国家的垄断资产阶级聚集了巨额财富,具备了实施社会福利制度的财力。[①]

表1-1　二战后美国历届政府的扶贫政策

总统	任期	扶贫政策	内容
杜鲁门	1945—1952年	社会福利保障政策(解决穷人的物质不足)	1946年通过《就业法》,为公民提供有益的就业机会;1949年将最低工资从每小时40美分提高到70美分;1952年贫困率降至29%。
艾森豪威尔	1953—1960年	折中型社会福利保障调整政策	1953年成立卫生、教育与福利部;1953年社会保障综合修正案生效;1956年拨款10亿美元开展创办土地银行计划;1960年贫困率为27.9%。
肯尼迪	1961—1963年	扩大社会福利保障策略(提高穷人自身摆脱贫困的能力)	1961年颁布《地区再开发法》,明确指出,实行区域再开发的目的是为了能够发展和扩大新的或现有的生产能力及资源,通过"经济复兴与增长计划法案";1962年颁布《公共福利修正案》《人力发展和培训法》。

[①] 林乘东.论当代发达资本主义国家的反贫困政策及其实施条件[J].解放军外国语学院学报,1997(2):124-128.

续表

总统	任期	扶贫政策	内容
约翰逊	1963—1968年	"伟大的社会"计划（强化社会保障）	1964年通过"反贫困法案"，并建立经济发展办公室，创建服务美国志愿者组织、国内和平护卫队、失学者工作队、奋发向上计划、邻里青年队、社区行动规划等。1965年，连续颁布了两个具有重要区域指向的法规。一个是《公共工程和经济开发法》（EDA），用以替代原有的《地区再开发法》。新法案对落后地区和困难地区的援助，不再是直接支持私人企业，而是把援助重点放在公共工程投资上。另一个法规是《阿巴拉契亚区域开发法》，并按照该法案，组成了美国第一个由联邦政府和州政府合作管理的机构，即阿巴拉契亚区域委员会（ARC）。
尼克松	1969—1974年	新联邦主义的社会福利保障政策调整	1971年改革未成年人家庭补助计划；1972年实施对老、弱、残特殊人群救助方案，国会通过社会保障水平提高20%提议；1974年通过社会保障修正案，投资25亿美元。贫困率控制在10%以下。
福特	1975—1976年		贫困率控制在10%以下。
卡特	1977—1980年	社会保障政策调整（降低失业率）	1980年，卡特卸任，"收入和工作保障计划"未能付诸实施。贫困率控制在10%以下。
里根	1981—1988年	改革社会福利保障制度	施行里根经济学，对富人施行大规模减税计划，扩大国防支出，尽可能减少或取消现有福利政策；1988年通过《扶持家庭法》。1984年贫困率为11.6%。
乔治·布什	1989—1992年		财政赤字严重，实行储蓄信贷抢救案。
克林顿	1993—2000年	改革福利政策	1996年克林顿签署《个人责任与就业机会协调法》，成立专门机构进行福利改革提议。1993年签署了《联邦受援区和受援社区法案》，这是美国第一个比较系统解决不发达地区发展问题的法案。
沃克·布什	2001—2008年		通过《为自立而工作法案》；建立婚姻委员会、特别工作小组，加强婚姻关系培养。

续表

总统	任期	扶贫政策	内容
奥巴马	2009—2016年	"大社会"政策	2010年实行新医疗保险制度,支援汽车大厂商政策和新税政策。

资料来源:曾福生,曾志红,等.克贫攻坚[M].北京:中央编译出版社,2015:209-210.

注:表中奥巴马的任期在《克贫攻坚》一书出版时尚未结束。

如表1-1所示,二战后美国专注于使用社会福利保障的方式进行减贫。为了保障贫困群体的生活,美国于20世纪60年代开始执行"向贫困挑战"计划,主要包括:一是学费分期偿还制,以帮助贫困家庭的学生完成学业,以期改变"天然人力资本"收入差异和种族间经济差异;二是平等的收入政策,以缩小劳动者之间的收入差距,为妇女提供平等就业和收入机会以提升经济地位,并为保持老年人收入水平和社会福利制定了相关政策;三是负所得税方案,对收入低于贫困线的家庭用所得税补足差额部分,增加向贫困者转移支付。①这些反贫困政策的制定与实施在一定程度上解决了美国财富分配不均的问题。美国在反贫困进程中还采取综合性援助措施,为受援地区或社区创造经济机会,一定程度缓解了这些地区或社区的贫困。

2.意大利"专项基金"扶贫开发模式

意大利南北方经济发展不平衡,南方的贫困问题比较明显。南方的贫困主要在于:一是南部地区平原少,不适宜发展农牧业;二是南方封建主义残余较北方多,大庄园主和教会势力较强,资本主义经济发展缓慢;三是北方市场比南方更能吸引资本,南方资本吸引力较小。南北方的人均收入、产业产值及文化水平方面均存在较大的差距,意大利经济发展缓慢的省份全部集中在南部地区。

为了促进南北方区域经济协调,缩小南北差距,解决南方贫困问题,

① 葛道顺.国外保障困难群体的主要政策措施及启示[J].中国党政干部论坛,2005(9):39-41.

意大利着手进行南方开发计划，对南方投入大规模的专项资金以统筹规划支持南方的工业发展。1950年，意大利政府成立南方开发银行（即南方基金局），通过接受政府拨款服务于整个南方开发计划。该计划共分为四个阶段：

第一阶段（1950—1957年）：工业化准备阶段。大规模投资基础设施和农业开发。国家进行土地改革，将征收的土地以尽可能低的价格和分期付款等方式卖给无地或少地的农民，进行农业开发，缓和社会矛盾；大规模修建基础设施，为工业发展创造有利的环境。

第二阶段（1958—1975年）：加快工业化进程。南方开发银行选定具有一定人口规模、工业基础、金融基础和较大市场潜力的地区为工业发展区，再从中选择核心企业或企业群，开发交通运输、动力能源等配套重工业。

第三阶段（1976—1984年）：发展中小企业缓解失业。因受石油危机影响，意大利经济衰退，为降低失业率、缓解就业压力，南方开发计划从只注重资本密集型大企业转变为大企业与发展中小企业并重。

第四阶段（1985年后）：巩固改革成果。南方地区经过30多年的发展已基本实现工业化，人们生活水平得到较大提高。1984年，意大利政府结束南方基金局使命，成立南方发展促进公司等多个执行机构，对南部地区的基本政策转为"综合性和常规性干预"，更加注重从整个投资环境的营造方面来加强对南方经济的宏观调节。

3. 日本北海道"立法"开发模式

为了有序安置日本复员军人、解决中心城市人口和经济过度集中等问题，阶段性推进北海道地区开发，日本建立了完善的法规体系以保障开发的循序渐进、持久有效。1950年4月，日本国会批准并颁布了《北海道开发法》，确立了北海道开发的"开发与行政分离"原则。这部法案和《引领地球环境时代：北海道综合开发新计划》《北海道中长期开发规划》组成了北海道开发的完整规划体系。在这些相关法律法规的指引下，日本设立了专门管理北海道开发的中央机构（北海道开发厅）和地方机构（北海道开发局），形成了中央直辖、地方辅助的开发体制。基于这些法规体系，1952—2017年，日本已实施了7期北海道综合开发计划，如表1-2所示。

表1-2　北海道综合开发计划

时间段	计划目标	主要措施
第1期综合开发计划（1952—1962年）	资源开发、产业振兴	开发的基本调查；完善和扩建道路、港湾、河川等；增产粮食；开发电源与矿产
第2期综合开发计划（1963—1970年）	推进产业结构升级	发展农林水产业；振兴矿业；完善交通、通信体系；吸引人口迁入
第3期综合开发计划（1971—1977年）	建设高生产能力、高福利社会	推动工业化；确立新交通、通信、能源运输体系；保护自然资源与水资源、国土资源；推进观光开发
第4期综合开发计划（1978—1987年）	形成稳定良好的区域综合环境	提升城市与农村环境；完善交通、通信体系；形成北方的社会文化环境
第5期综合开发计划（1988—1997年）	形成在国内外具有强大竞争力的北海道	形成具有活力的产业群；构建交通、信息、通信网络；建设安全、充裕的地区社会
第6期综合开发计划（1998—2007年）	建设开放、自立、安全、富裕的北海道	建设全球规模的粮食基地；培育朝阳产业；保护北海道美丽的环境；提供多样化的旅游和疗养服务；建设安全、充裕的生活场所
第7期综合开发计划（2008—2017年）	建设开放又有竞争力、美好又可持续发展、多花样又有地域个性的北海道	强化粮食供给能力；建设富有魅力和国际竞争力的旅游胜地；形成与东亚一起成长的产业群；建设富有魅力和活力的北方城市和乡村；加强国土安全、生活场所的充裕

资料来源：何芬，赵燕霞.美、日促进集中连片特困地区减贫的经验借鉴[J].世界地理研究,2015(4):20-29.

为了保障北海道的顺利开发，日本中央政府提供了大量财政金融支持。北海道在开发过程中既享受日本为落后地区开发提供的全国性财政税收优惠政策，也享受一些特殊优惠政策——国库对北海道开发所需要的事业费如河川、国道、港湾、机场等的维修费用给予了高于其他地区的补助①。日本还成立了专门为北海道综合开发提供长期低息贷款的金融机构"北海道东北开发公库"。北海道在进行综合开发的同时也因地制宜地推进中小城市的城市化进程，完善中小城市的基础设施，实现人口的稳定增长；充实产业，发挥区域优势，重点发展农业、渔业、旅游和物流等，构建有利于环境保护的产业结构。与此同时，北海道在进行综合开发时还注重对环境的影响，1978年北海道制定实施了《环境影响评价条例》，明文规定公路、铁路、矿山等16类项目在进行开发前必须进行环境影响评价；并建立地方环境事务所进行环境治理，加强对污染的治理和生态修复。

4.韩国"新村运动"模式

20世纪70年代，为了加大农村基础设施建设，改善农村生活条件，改变农村贫穷落后的面貌，韩国朴正熙政府发起了旨在推动农村现代化的"新村运动"，主要从三个方面对农村进行改造：改善生活环境，改进医疗保健工作，小城镇改造与落后岛屿建设。

改善生活环境。在生活环境的改善上，韩国首先是从房屋改造开始的。包括：一是进行草房屋顶换顶，消除农村草房，减少农村火灾的发生；二是住房更新，对墙体老化、年久失修以及位于低洼地区易遭水害的住房改造返修。其次是村落结构改造，实行消除城乡差别的村落标准化工作。包括：一是设立示范村，并对其进行投资。进行道路、公共设施、附属建筑、排水设备等的现代标准设计，且全国推广进行；二是制定村落的新村型和改良型改造方案。新村型主要是对过于密集的不良村落以及分散在耕地当中的不良村落等，进行根本性的搬迁、改造。改良型主要是搬迁村落中有损美观的建筑物，在不改变村落位置与结构的情况下，对其进行改造，并拆除高速公路边的危房和空房等。再次，改善村落通信。架设通

---

① 如北海道的河川、国道、港湾、机场、渔港维修费及农场灌溉排水费国库分别补助80%、80%、85%、85%、80%、75%，而其他都府县分别是2/3、2/3、55%、2/3、50%、2/3。

信网，在偏僻的岛屿发展无线通信等，实现全国电话一体化，彻底打破城乡之间的隔阂。最后，建设农忙期的短期幼儿园。即在农渔村设置示范托儿所和普通托儿所以保障劳动力的充分动员和幼儿的充分照顾。

改进医疗保健工作。一是在医疗活动方面，实施了巡回医疗制和加强医疗保健体制这两种方案以解决无医村以及偏僻岛屿的民众和低收入阶层的医疗问题。二是在计划生育方面，实行计划生育以解决国土狭小、自然资源匮乏但人口稠密问题，宣传新的生育观以改变多子多福、重男轻女的传统观念。三是实行营养改善工作，为了解决农村居民平均身高低于城市居民、各种营养缺乏症问题，在示范村制订科学饮食计划，建立"营养改善之家"，进行科学饮食和营养缺乏症的防治、幼儿食谱、烹饪练习等方面的教育等。四是对饮水卫生进行改善，解决大量饮用自然水出现的传染性疾病，修建简易供水设施、排水系统和卫生设施，解决由于下水道等缺乏有效管理带来的水体污染问题。

小城镇改造与落后岛屿建设。韩国小城镇的改造分为三个阶段，1971年到1972年改造首尔到各道首府干道之间的小城镇；1973年到1976年改造各道首府到各市、郡干道之间的小城镇；1977年到1981年改造市、郡所在地到各邑、面之间的小城镇。在落后岛屿的建设上，韩国政府于1972年到1979年间对落后岛屿的硬件设施如交通（码头）、供水（行政船）、供电（发电设施）等进行了改善。

该运动还逐渐延伸到大力发展农产品加工，提升农村产业化水平，并在全国倡导精神文明建设，完善全国性的新农村民间组织。"新村运动"的推行，大大提高了农村居民的生活水平，缩小了城乡差别，对加快韩国城市化步伐、实现城乡一体化、促进社会和谐发挥了重要的作用。

三、发展中国家的减贫模式

尽管解决贫困问题是世界各国共同面临的难题，但发展中国家的扶贫实践与发达国家具有其不同之处。发达国家的贫困大多是区域性、小范围的贫困，贫困发生率相对较低，而且发达国家经济实力远强于发展中国家，更容易通过大规模的资金支持（如福利政策、专项基金等）实现脱贫。发展中国家由于市场经济起步较晚，经济实力较弱，多是全国性、大范围的绝对贫困，扶贫方式也是多种多样。发展中国家扶贫的典型模式主要包括：以巴西为代表的"发展极"模式；以印度为代表的"满足基本需求"模式；以孟加拉国为代表的"小额信贷"模式。

1. 巴西"发展极"模式

巴西贫困的原因主要包括五个方面：一是殖民主义和帝国主义的掠夺与统治；二是盲目追求经济增长的发展战略；三是收入分配不公；四是区域发展极不平衡；五是教育水平低下。[①]在长期经济发展过程中，巴西形成了二元经济结构；区域发展不平衡问题十分突出，国家区域形成了"第一巴西""第二巴西"。二战以后，为了缩小"第一巴西"和"第二巴西"的经济差距，平衡区域发展，巴西政府对中西部和北部地区的"第二巴西"进行了减贫开发。巴西建立了基于"发展极战略"的反贫困战略模型，对确定的目标"发展极"给予重点投资，并制定特殊的优惠政策，通过做大经济总量带来的溢出效应实现脱贫。具体的做法包括：

开发农林经济。丰富的森林资源在巴西的反贫困中发挥了重要作用。巴西在农林经济开发中，综合运用技术转移与支持、财政支持、提供信息服务、制定相关法律等手段，积极吸收当地社区与农民参与，充分考虑如何保护穷人的利益，在减贫过程中把对贫困人群的直接补贴与创造就业机会相结合[②]，使得当地贫困人群能够在"离土不离乡"的情况下就地就业，提升收入水平。

建立自由贸易区。为了弥补政府在反贫困中财政投入的不足，1967

---

① 尚玥佟. 巴西贫困与反贫困政策研究[J]. 拉丁美洲研究, 2001(3): 47-51.

② 董妍, 林则昌, 周艳伟, 等. 巴西林业发展与反贫困[J]. 林业经济, 2006(3): 69-73.

年，巴西根据"不平衡增长——发展极"建立了玛瑙斯自由贸易区，通过区域开发反贫困方式，以税收优惠和财政刺激政策吸引本国和国外企业在巴西投资设厂。[①]自贸区的设立，辐射带动了周边贫困地区的发展，极大地鼓舞了巴西国内技术密集型如电子、摩托车等产业及相关配套服务业的发展，也在一定程度上促进了亚马逊州旅游业的发展，促进了当地人尤其是贫困人口的就业。

发挥中小企业的就业带动作用。20世纪80年代后，随着巴西经济的发展，巴西政府开始重视中小企业在减贫方面的作用。巴西通过增加研发投入，改革科技创新体系，成立促进高校与企业开展技术合作的科技成果孵化器机构，让企业发挥在科技创新中的主导地位，并制定相关法律法规对技术开发项目实行税收和信贷优惠，以激励中小企业的技术创新，[②]促进中小企业发展，从而创造更多的就业机会，提高贫困地区人们的收入水平。

此外，巴西在反贫困方面还采取了农村土地改革、全国一体化计划、迁都巴西利亚以及制定最低收入保证计划等措施。

2.印度"满足基本需求"模式

印度贫困的原因主要包括四个方面：一是历史上的殖民剥削和掠夺；二是现有的生产水平较为低下；三是生产资料所有制结构与收入分配不公平；四是持续性的通货膨胀。由于印度农业发展较为缓慢，不能有效吸纳劳动力就业，印度农村的贫困问题一直较为凸显。印度农村的贫困问题又集中表现为粮食问题。1962年，印度政府率先提出在限定时期内使贫困人口享有一个最低生活水平以满足其最低需要的政策。印度政府执行的这种"满足基本需要"战略分为两个阶段：

第一阶段：大力发展农业生产。第四个五年计划投资重点由工业转向

---

① 王俊文.国外反贫困经验对我国当代反贫困的若干启示——以发展中国家巴西为例[J].农业考古,2009(3):209-213.

② 孟昌,刘琼.国外贫困地区开发的三种典型模式与经验[J].林业经济,2011(11):92-96.

农业，推行"绿色革命"以促进农业发展，通过引进、培育和推广高产农作物品种，运用一系列综合农业技术措施来提高产量，以解决粮食问题和农村贫困问题。

第二阶段：加大基础设施建设。第五个五年计划提出了稳定增长、消除贫困、满足最低需要的战略口号，并实施多种计划来帮助和促进贫困地区的发展，包括初等教育、成人教育、农村医疗、农村道路、农村供水、农村电力、乡村环境卫生、乡村就业等社会经济基础设施，还包括农村住房建设和基本生活必需品补贴，以改善农村贫困人口的基本生活条件。

"满足基本需要"战略的实施，使印度在反贫困方面形成了独具印度特色的体系，缓解了印度贫困的程度。在反贫困的过程中，除了印度中央政府制定了相关政策，印度各个邦政府也制定了一系列减贫措施，同时印度的民间非政府机构在反贫困进程中也非常积极、活跃，发挥了重要作用。

3.孟加拉国"小额信贷"模式

孟加拉国的贫困原因主要包括：一是地理环境恶劣，自然灾害频发严重制约了农业发展；二是国内政党纷争，国内秩序相对较为混乱影响国内外投资者的信心；三是孟加拉国产业结构与周边国家趋同，且缺乏其自身的竞争力与吸引力；四是受到信息、交易成本、垄断以及政府不合理的干预等因素的影响，正规金融供给严重不足。在缺少国外投资，国内正规金融市场的发展又受到严重抑制的情况下，孟加拉国中小企业和居民家庭（特别是农村地区）既缺乏有效的抵押品和担保，也无法获得本国充分的正规金融服务，物质资本和人力资本积累较为缓慢，农业发展面临较多障碍，产业结构转型升级困难重重。

为了缓解正规金融供给不足的局面，20世纪80年代，孟加拉国小额信贷兴起。以孟加拉国的格莱珉银行（Grameen Bank）[①]为代表的小额信贷机

---

① 其他比较知名的小额信贷机构还有：印度尼西亚的Bank Rakyat Idonesia Unit Desa(BRI)和Badan Kredit Desa(BKD)、玻利维亚的BancoSol和拉丁美洲的FINCA Village Bank(FVB)。

构，从一开始就显示了与传统正规金融机构不同的特征：一是就功能定位而言，不少小额信贷机构明确地表示，除了提供金融服务外，还提供多种类型的社会服务（如扩大参与、促进女性赋权、扶贫、法律援助等）；二是就服务群体而言，大多数小额信贷机构以那些被正规银行排除在外的人群为贷款对象；三是就贷款规模和还款期限而言，大多数小额信贷机构的规模都比较小，期限较短；四是就贷款风险控制技术而言，同伴选择、同伴监督、动态激励机制、以社会资本为基础的抵押替代等创新性机制被广泛地应用。除此之外，小额信贷在创新性存款机制安排，主张商业化可持续运作等方面也对传统的金融理念和扶贫理念有重要突破。

最近几十年来，以格莱珉银行为代表的主流小额信贷机构得到了迅猛的发展，为大量女性客户（客户中女性比例超过95%）提供了贷款，为许多贫困村庄提供了金融服务。这种操作模式不仅迅速在发展中国家扩散，也在发达国家得到了广泛传播和复制，甚至连一些传统的金融机构也对这种小额信贷的操作模式进行经验总结与借鉴，一些国际捐赠机构也逐渐对小额信贷提供支持与帮助。[①]

综上，尽管各国面临的贫困形势不同，减贫任务也不尽相同，但国外的减贫理论与实践为我国提供了很多经验。我国对这些理论与实践进行了立足本国实际的借鉴、吸收与发展。国外学者认为资本资源的大量缺乏产生了贫困，破解贫困应该加大贫困地区的资金投入，如意大利通过专项基金进行扶贫，孟加拉国则通过小额信贷方式给予贫困地区信贷优惠。我国设立了财政专项扶贫资金，中国农业发展银行发行扶贫专项金融债券支持易地扶贫搬迁。国外探索用"涓滴效应"来提高人们收入、缓解贫困，我国"先富带动后富，最终实现共同富裕"的核心也是通过涓滴效应将经济增长成果向低收入人群扩散，改善收入分配状况。根据森的理论，贫穷产

---

① Morduch. The Microfinance Approach: Does It Deliver on Its Promise?[J]. Journal of Economic Literature, 2009(4): 1569–1614.

生的本质在于权利和能力的缺失，赋予贫困群体相应的权利、提高他们免于饥饿的能力是摆脱贫困的根本选择。从这一视角，我国在扶贫过程中，重视提高劳动者素质、注重"扶志"与"扶智"、加强对贫困地区劳动者的培训力度、进行收入分配改革提高劳动者劳动所得在收入分配中的占比。鉴于贫困地区缺少生态减贫的能力，贫困与环境恶劣具有循环往复性，我国开展了易地搬迁扶贫（高山生态扶贫搬迁）以进行生态减贫，改善生态脆弱地区贫困户的生活条件和生态环境。

近些年来，国外学者发现破解贫困必须提高贫困户的参与程度，使其共享经济增长的成果，以提高减贫政策和措施的针对性、有效性。我国学者总结出了我国扶贫实践中参与方法的三个主要阶段，即社区参与发展、以社区为基础的发展以及社区主导发展。[1]并针对参与式扶贫实施工作中可能出现的贫困群体参与力不从心和扶贫涉及面复杂性等问题，提出了合作型反贫困。在合作型反贫困的视域里，反贫困工作不是由任何一个单一主体的投入即可完成的，贫困被认为是政府、贫困社区和贫困群体所共同面对的"客体"，必须切实提升贫困群体的权利位置，使之处于一个与政府平等对话、平等合作的地位。[2]反贫困实践证明，政府和贫困群体应处于同等的主体地位，并在扶贫行动中通力合作。

各发达国家与发展中国家通过丰富多样的扶贫模式提升了贫困人群的收入水平，缓解了本国贫困，纵览我国的扶贫历程，我国也采取了大量因地制宜、符合本国特色的扶贫行动。[3]一是以美国为代表的福利国家模式，通过财政政策和法律法规形成了一套关于社会保险、福利补贴、医疗卫

---

① 黄承伟,刘欣."十二五"时期我国反贫困理论研究述评[J].云南民族大学学报(哲学社会科学版),2016(2):42-50.

② 周爱萍.合作型反贫困视角下贫困成因及治理——以重庆市武陵山区为例[J].云南民族大学学报(哲学社会科学版),2013(2):81-87.

③ 非洲的贫困情况相对较为极端,贫困面较大,也采取了相应的减贫行动,但本书没有对非洲的减贫模式进行阐述。

生、公共教育和住房保障等方面的完整有效的社会保障机制。我国在扶贫实践中也不断完善兜底措施，在新农合、重特大疾病医疗救助方面给予贫困地区更多扶持。二是以意大利为代表的区域发展模式，制定不同的发展政策以缩小区域差距，实现经济社会的均衡发展。我国于2000年开始的西部大开发，目的之一就在于"把东部沿海地区的剩余经济发展能力，用以提高西部地区的经济和社会发展水平"。三是以日本为代表的国家以立法方式，推进对贫困地区的综合开发。我国部分省市出台了扶贫开发条例，全国层面的扶贫立法也已进入立法计划，以通过明确对象、范围、政策措施等来实现扶贫方面的法治化管理。[1]我国也相继出台了两个扶贫开发纲要，推进扶贫的统筹发展。四是以韩国为代表的"新村运动"，实现了农村人口、就业、收入分配、区域发展、社会保障及生态环境等各方面的协调发展。我国长期以来开展的新农村建设，旨在把农村建设成为经济繁荣、设施完善、环境优美、文明和谐的社会主义新农村，从而实现农村的可持续发展，全面建成小康社会。五是以巴西为代表的"发展极"开发模式，大力开发农林经济、建立自贸区，并加大技术创新投入力度以发挥中小企业的就业带动作用，力求在发展中消除贫困。我国的扶贫实践非常注重产业扶贫，布局"一村一品"，鼓励"大众创业，万众创新"，以推动创业扶贫与就业带动。六是以孟加拉国为代表的国家通过发展小额信贷，缓解正规金融供给不足和资本稀缺问题。我国给缺少抵押和担保的贫困户提供小额扶贫贷款，以满足其生产发展的资金需求。七是以印度为代表的"满足基本需要"模式，对贫困人群的基本生活进行兜底。我国广泛开展的健康扶贫、教育扶贫等，为贫困人群开展健康、教育、文化和职业技能培训，通过减小区域发展差距的方式来进行扶贫开发。

---

[1] 正在促进明年全国扶贫立法工作[EB/OL].(2020-08-27).http://www.scio.gov.cn/xwfbh/xwbfbh/wqfbh/2015/33909/zy33913/Document/1459258/1459258.htm.

国内扶贫开发的战略演进

　　我国政府始终把促进发展、消除贫困作为国家发展的重要目标。学术界普遍认为，中国特色反贫困理论与实践是在马克思反贫困理论基础上，结合我国国情与反贫困实践，实现我国本土化，由中国共产党在不同时期提出、在实践中不断演进并逐步形成的。马克思最早从制度层面分析了资本主义贫困问题，并提出消除贫困、实现共同富裕的反贫困目标。[①]《1844年经济学哲学手稿》《共产党宣言》《资本论》等诸多著作中体现了马克思和恩格斯对贫困的分析。研究包括：一是对贫困产生的根源进行分析，资本主义制度是产生一切罪恶的根源；二是对反贫困目标和途径进行阐释，摆脱贫困只有一条道路，就是"全世界无产者联合起来"，通过革命手段，摧毁资本主义制度，消灭私有制。根据马克思主义的反贫困理论，"只有在解放和发展生产力的基础上，才能实现全人类的共同富裕"。马克思、恩格斯关于反贫困的经典理论，为中国特色反贫困理论的发展提供了重要指导。

---

① 黄承伟,刘欣.新中国扶贫思想的形成与发展[J].国家行政学院学报,2016(3):63-68.

一、毛泽东时期的扶贫战略与实践

在马克思主义贫困理论基础上，毛泽东对社会主义建设发展过程中的反贫困实践进行了经验总结与理论升华，形成了一系列反贫困思想与主张。

新中国成立初期，历经长期战争对经济社会的严重破坏，再加上抗美援朝时西方国家对我国实行经济封锁，全国人民处于大面积极端贫困当中。面对国内大范围的贫困，毛泽东多次强调，帝国主义、封建主义、官僚资本主义"三座大山"是造成社会贫穷与落后的总根源，社会主义是新中国唯一的出路。他从社会主义制度建立的历史背景出发，把根除剥削和消除贫困贫苦作为革命的目标，提出中国共产党是消除贫困的坚定领导力量，广大人民群众尤其是农民群众是反贫困的主导力量。

毛泽东强调："社会主义的革命的目的是为了解放生产力。"[①]1956年党的八大上，他提出："我们的根本任务已经由解放生产力变为在新的生产关系下面保护和发展生产力。"[②]1963年，他又指出："如果不在今后几十年内，争取彻底改变我国经济和技术远远落后于帝国主义国家的状态，挨打是不可避免的。"可见，毛泽东认为消除贫困是发展和巩固社会主义制度的基础。

毛泽东在1955年的《关于农业合作化问题》中提出了"共同富裕"理念，并对如何实现共同富裕进行了具体设想："在逐步地实现社会主义工业化和逐步地实现对于手工业、对于资本主义工商业的社会主义改造的同时，逐步地实现对整个农业的社会主义的改造，即实行合作化，在农村中消灭富农经济制度和个体经济制度，使全体农村人民共同富裕起来。"因此，他的反贫困政策主要从工业化和合作化两个方面进行。一是工业化，工业化是实现反贫困目标的前提和基础。在城市，通过国有化运动完成了

---

① 毛泽东文集：第七卷[M].北京：人民出版社，1999：1.
② 毛泽东文集：第七卷[M].北京：人民出版社，1999：218.

对资本主义工商业的社会主义改造，建立了公有制基础；提出了分两步把我国建设成为一个伟大的社会主义工业化强国的战略构想，制定了"通过发展重工业来带动农业和轻工业发展"的反贫困发展计划。二是合作化，合作化是反贫困的基本战略。在农村，通过土地改革，政府通过土地改革，推翻了土地的私有制，并逐渐形成一个三级所有的集体经济体系。"没有农业社会化，就没有全部的巩固的现代化。"①为了把广大的农民组织起来，毛泽东提出要走集体化的合作社道路，新中国成立后他就开始指引我国农民的合作化建设，他认为只有大多数农民联合起来，向社会主义大道前进，才能摆脱贫困，改善生活。

毛泽东提出"共同富裕"的具体目标是"使全体农民达到中农和中农以上的生活水平"。这一目标是基于建国初期一穷二白的发展基础提出来的，符合当时中国的实际。尽管从新中国成立到改革开放前，我国尚未形成对贫困问题的系统认识，也没有做出专门性的政策安排，但是这一时期我国取得了一定的减贫成效。我国在第一个五年计划中取得巨大的经济成就，初步奠定了工业化的基础。通过农村土地改革、普及农村基础教育、提供免费高等教育、加强医疗卫生及社会保障等一系列扶贫措施，人民生活水平显著提高。所有劳动者进入生产体系，国民识字率大幅提高，劳动者得到大量的就业机会，获得较为平等的工资分配以及在城市中享有社会保障和公共服务，人们的收入差距较小。

二、邓小平时期的扶贫战略与实践

邓小平从制度层面为反贫困指明了目标。在邓小平看来，解放和发展生产力是消除贫困的必然路径。

改革开放之初，我国农村处于普遍贫困状态。面对如何摆脱国家贫困面貌的重大现实问题，邓小平把关于"实践是检验真理的唯一标准"大讨

---

① 毛泽东选集:第四卷[M]. 北京:人民出版社,1991:1477.

论作为解放思想的突破口，开辟了改革开放的新时代。1978年党的十一届三中全会吹响了农村改革的号角，此后，农村逐步实行家庭联产承包责任制，放宽农产品价格，农民获得农业生产自主权，劳动积极性被极大激发，体制改革释放出了巨大的减贫效应。1986年开始启动大规模专项扶贫开发，改变以往救济式、输血式扶贫，确立了开发式扶贫方针，成立扶贫专门机构"国务院贫困地区经济开发领导小组"，扶贫工作步入规范化、机构化、专业化，反贫困成效更加明显。

邓小平继承了毛泽东的共同富裕思想，提出共同富裕是社会主义的本质特征，实现全体人民的共同富裕是扶贫的战略目标。他认为贫困与社会主义是不相容的。1984年6月30日，邓小平在会见外宾时说："社会主义要消灭贫穷。贫穷不是社会主义，更不是共产主义。"1992年初，邓小平视察南方时指出："社会主义的本质，是解放生产力，发展生产力，消灭剥削，消除两极分化，最终达到共同富裕。"邓小平把发展生产力、消除贫困上升到了对马克思主义和社会主义本质的高度来加以认识。1992年的南方谈话，邓小平突破了社会主义只能实行计划经济的"戒律"，提出"计划经济不等于社会主义，资本主义也有计划；市场经济不等于资本主义，社会主义也有市场。计划和市场都是经济手段。"他又以"是否有利于发展社会主义社会的生产力、是否有利于增强社会主义国家的综合国力、是否有利于提高人民的生活水平"（即"三个有利于"）作为判断改革和各项工作是非得失的标准。邓小平认为农村经济的发展、农民生活水平的提高与中国经济的发展、摆脱贫困是紧密结合在一起的。"中国社会是不是安定，中国经济能不能发展，首先要看农村能不能发展，农民生活是不是好起来"，"农民没有摆脱贫困，就是我国没有摆脱贫困"。

在探索建设有中国特色的社会主义过程中，邓小平深刻意识到摆脱贫困的艰巨性、复杂性和长期性。"我们搞社会主义才几十年，还处在初级阶段。巩固和发展社会主义制度，还需要一个很长的历史阶段，需要我们几代人、十几代人，甚至几十代人坚持不懈地努力奋斗，决不能掉以轻心。"①他提出要通过先富带动后富来反贫困，"允许一部分地区、一部分企业、一部分工人农民，由于辛勤努力成绩大而收入先多一些、生活先好起来。一部分人生活先好起来，就必然产生极大的示范力量，影响左邻右舍。这样，就会使整个国民经济不断地波浪式地向前发展，使全国各族人民都能比较快地富裕起来"。他还强调这是"一个能够影响和带动整个国民经济的政策"②，从而最终达到共同富裕的反贫困理想状态。在他看来，"少数人富裕也不是社会主义"，"社会主义的致富是全民共同富裕"。③在具体步骤上通过"三步走"战略来彻底消灭贫困。

邓小平在毛泽东的基础上进一步深化了共同富裕思想，主张在改革、开放和发展中消除贫困，对贫困的实质、反贫困战略及应对措施等方面提出了一系列构想，初步形成了我国的扶贫理论体系。我国在这一阶段的反贫困实践也取得了举世瞩目的成就，1993年末，农村个人和家庭依靠其收入不能维持基本生存需要的贫困人口减少到8000万人。邓小平的扶贫思想，打破了过去受所有制和分配方式局限的社会主义本质认识观，以及单纯强调共同富裕对反贫困的思想禁锢，④极大地丰富了马克思主义的反贫困学说。

三、江泽民时期的扶贫战略与实践

随着计划经济体制的逐步解体，我国进入新的发展阶段，市场发展成为支配社会经济生活的基本力量。在市场机制作用下，一部分地区、一部分人抓住了致富的机遇先富起来，绝对贫困率不断降低，但市场的作用也加重了相对贫困的程度。东中西部差距逐步扩大，西部地区的贫困县占全

① 邓小平文选：第三卷[M].北京：人民出版社，1993：379-380.

② 邓小平文选：第二卷[M].北京：人民出版社，1993：152.

③ 邓小平文选：第三卷[M].北京：人民出版社，1993：172.

④ 黄承伟，刘欣.新中国扶贫思想的形成与发展[J].国家行政学院学报，2016(3)：63-68.

国总量的一半以上，城乡居民收入差距也进一步拉大。中国的反贫困事业进入一个新的阶段。

江泽民把消除贫困当做是共产党的根本宗旨来加以认识。他指出："我们党带领人民搞革命，搞社会主义，就是为了解放和发展生产力，使人民富起来。""打好扶贫攻坚战，是对各级干部特别是领导干部能不能坚持党的宗旨，实践党的根本路线的重大考验。"①他把邓小平的"三步走"战略中第三步进一步具体化，提出了三个阶段性目标。这样，扶贫的具体战略步骤更加具体明确。

《国家八七扶贫攻坚计划（1994—2000年）》《关于尽快解决农村贫困人口温饱问题的决定》《中共中央国务院关于进一步加强扶贫开发工作的决定》等中央文件及其政策使扶贫开发深入推进。我国的扶贫思想内容得到进一步完善，扶贫开发与国家发展战略结合起来，扶贫策略、扶贫主体、扶贫模式等具体问题得到了深刻阐述。

在这一时期，为了缩小地区差距，解决西部的贫困问题，我国实施了西部大开发战略，强调在继续加快东部沿海地区发展的同时要不失时机地加快中西部地区的发展。江泽民将解决剩余贫困人口的温饱问题、缩小地区差距同实现共同富裕结合起来。"下个世纪继续开展扶贫开发，要首先解决剩余贫困人口的温饱问题，巩固扶贫成果，使已经解决温饱的人口向小康迈进，同时在稳定解决温饱的基础上，全面推进贫困地区经济社会发展。这项工作，必须同我们对下个世纪整个经济发展战略的考虑结合起来，同加快中西部地区建设、缩小东西部地区发展差距，实现共同富裕的目标结合起来。"②他提出"不断改善人民生活，是我们党全心全意为人民服务宗旨和'三个代表'要求的最终体现"③。因此，农村的扶贫开发并

---

① 中共中央文献研究室.十五大以来重要文献选编:中[M].北京:人民出版社,2000:859-860.
② 江泽民论有中国特色社会主义(专题摘编)[M].北京:中央文献出版社,2002:138-139.
③ 江泽民论有中国特色社会主义(专题摘编)[M].北京:中央文献出版社,2002:114.

不是一时的权宜之计，而是"贯穿整个社会主义初级阶段的一项重要任务"①。要推进农村开发式扶贫，需要加快发展教育，提高劳动者素质，夯实农业的发展基础；把扶贫资金切实落实到贫困村与贫困户，尽量减少消耗扶贫资金的中间环节；扶贫对象要由贫困地区转变到贫困人口上来，将各级政府与社会各界的"他扶"与农村贫困人口的"自扶"有机结合起来。

江泽民系统回答了"为何扶""扶谁""怎么扶"等扶贫开发中的基本问题，促进了我国扶贫思想与实践的发展，尤其是开发式扶贫及瞄准贫困人口的提出，为我国反贫困理论与实践作出了新的历史性贡献。到2000年，我国农村没有解决温饱的贫困人口由改革开放初期的2.5亿人减少到3000万人，贫困人口占农村总人口的比例由30.7%下降到3%左右。②

四、胡锦涛时期的扶贫战略与实践

进入21世纪后，我国扶贫开发的战略重点从解决温饱转为巩固温饱成果、提高发展能力、加快脱贫致富和缩小发展差距。胡锦涛结合中国实际，提出了科学发展观、社会主义和谐社会及新农村建设等理论思想，对中国扶贫开发作出了重要贡献。

科学发展观是这一时期解决贫困问题的根本指针。党的十六届三中全会以来，胡锦涛多次阐述了科学发展观的内涵："科学发展观，第一要义是发展，核心是以人为本，基本要求是全面协调可持续，根本方法是统筹兼顾。"扶贫开发是"以人为本"的重要体现，是科学发展观的根本要求。他把消除贫困看作是实现社会和谐的基本要求。胡锦涛指出："和谐发展的深刻价值在于保证全局的、整体的和根本的发展……和谐社会就是要兼顾各方面群众的利益……社会主义和谐社会不等于没有差距和竞争，不是

---

① 江泽民论有中国特色社会主义（专题摘编）[M]. 北京:中央文献出版社,2002:139.
② 中华人民共和国国务院新闻办公室. 中国的农村扶贫开发[N]. 人民日报,2001-10-16.

取消竞争，而是承认差距，鼓励竞争，并逐步缩小差距，在差距中求得波浪式的和谐发展，从而形成一种良性的互动、竞争、进取的状态。"[①]党的十六届五中全会上，胡锦涛提出"建设社会主义新农村"，以实现农村的"生产发展、生活宽裕、乡风文明、村容整洁、管理民主"。党的十七大提出要在2020年实现全面建成小康社会的宏伟目标，为新世纪我国反贫困事业提供了新动力和目标方向。

党的十七大以后，我国的反贫困事业进入了一个新的时期，中央实行了更加积极的反贫困政策。如扩大就业、发展教育和医疗卫生、建立和健全社会保障制度等，加大了反贫困的力度。2008年5月，中央出台了《关于共同促进整村推进扶贫开发工作的意见》，明确提出到2010年底前，确保人口较少的民族、内陆边境地区和重点县中革命老区县的24649个贫困村整村推进的规划任务。

胡锦涛坚持全方位扶贫开发的理念和政策，始终强调做好扶贫帮困工作是一项重大的政治任务，要求建立全方位帮扶体系，改善人民生活条件，坚持开发式扶贫和社会保障相结合，坚持外部支持与自力更生相结合，坚持专项扶贫与行业扶贫、社会扶贫相结合。[②]胡锦涛立足科学发展观、和谐社会建设、新农村建设，进一步发展了中国共产党的扶贫思想，对马克思主义反贫困理论的中国化做出了重要贡献。2005年，联合国开发计划署的评估报告认为我国提前完成了千年发展目标中贫困人口减少的目标，为世界反贫困事业做出了榜样。

[①] 胡锦涛总书记关于构建社会主义和谐社会的有关论述[J].党建,2005(4):5-10.

[②] 李志平,杨江帆.胡锦涛农村扶贫思想论析[J].山西农业大学学报(社会科学版),2014(1):1-4.

第三节
西部地区的贫困状况

我国西部地区包括重庆、四川、贵州、云南、广西、陕西、甘肃、青海、宁夏、西藏、新疆、内蒙古等12个省、直辖市和自治区。西部地区，是我国贫困人口分布最多的地区，是贫困程度最深的地区，也是我国少数民族人口分布最多的地区，是我国扶贫攻坚的主战场。习近平当选党与国家主要领导人后对扶贫开发的调查研究也主要集中在西部地区，对西部地区的扶贫开发作出了很多重要讲话。这一方面表明党中央国务院高度关注西部地区的脱贫攻坚，及其精准扶贫精准脱贫任务的限时完成对全面建成小康社会的重要的标志性意义；另一方面也表明我国脱贫攻坚及其精准扶贫最难的地区是西部地区。

一、西部地区的贫困表现

经过改革开放以来的扶贫开发，尤其是近些年来的脱贫攻坚，西部地区整体的减贫事业取得了较快发展，但其存在贫困面广、贫困程度深、贫困集中度高等状况。

1.贫困面广

根据2012年国务院扶贫开发领导小组发布的《国家扶贫开发工作重点

县名单》，我国有592个国家扶贫开发工作重点县，其中，西部地区375个，云南73个，陕西和贵州各50个，甘肃43个，如图1-1所示。

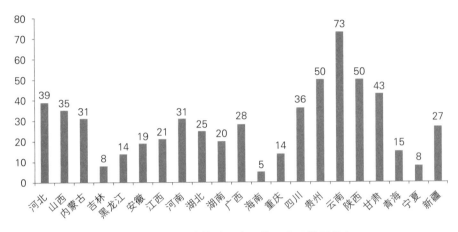

图1-1　各省区市扶贫开发工作重点县数量分布

从贫困人口和贫困发生率来看，按现行国家农村贫困标准测算，2019年末，全国农村贫困人口551万人，比上年末减少1109万人，下降66.8%；贫困发生率0.6%，比上年下降1.1个百分点。分三大区域看，2019年西部地区农村贫困人口323万人，比上年减少593万人；中部地区农村贫困人口181万人，比上年减少416万人；东部地区农村贫困人口47万人，比上年减少100万人。2019年各省份贫困发生率普遍下降至2.2%及以下。其中，贫困发生率在1%—2.2%的省份有7个，包括广西、贵州、云南、西藏、甘肃、青海、新疆；贫困发生率在0.5%—1%的省份有7个，包括山西、吉林、河南、湖南、四川、陕西、宁夏。可知，西部地区农村贫困人口在三大区域中最多，减贫速度最慢（西部地区同比下降64.5%，中部地区69.7%，东部地区68.0%），省份贫困发生率最高（12省市里，仅有重庆、内蒙古贫困发生率在0.5%以下，有7省份在1%—2.2%之间，有3省份在0.5%—1%之间）。①

① 张翼.2019年全国农村贫困人口减少1109万人[N].光明日报,2020-01-24.

2.贫困程度深

贫困程度深表现为三个方面的内容：贫困人口的收入水平与全国平均收入水平之间的差距大；人口抚养比大，家庭负担重；贫困代际传递现象普遍。[①]

城乡居民人均收入较低。根据《中国统计年鉴（2020）》数据，西部地区人均可支配收入在全体居民、城镇居民和农村居民方面均低于东部地区和中部地区，尤其是农村居民收入远低于其他地区，如图1-2所示。

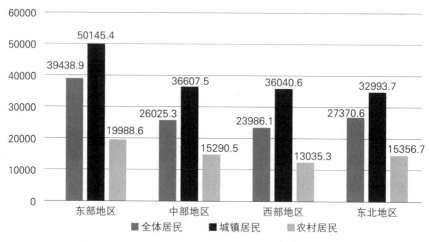

图1-2 2019年东中西部地区及东北地区人均可支配收入比较（单位:元）

人口抚养比较大。根据《中国统计年鉴（2020）》数据，西部12个省份总体人口抚养比较大，仅有4个省市的总抚养比低于全国平均水平（41.56%），人口抚养比较大，负担重，难以支撑经济的平稳发展。如图1-3所示。

---

① 张烁.打赢脱贫攻坚战 层层签订责任状[N].人民日报,2016-03-10.

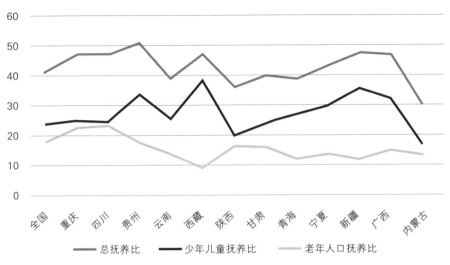

图1-3 2019年西部地区各省区市与全国人口抚养比的比较(单位:%)

文盲率较高。根据《中国统计年鉴（2020）》数据,西部地区有7个省区的文盲人口占15岁及以上人口的比重高于全国水平（4.59%），且男女受教育情况差距大，女性文盲率远高于男性。其中，西藏地区文盲率极高，达到33.11%（男性为23.41%，女性为42.56%），如图1-4所示。

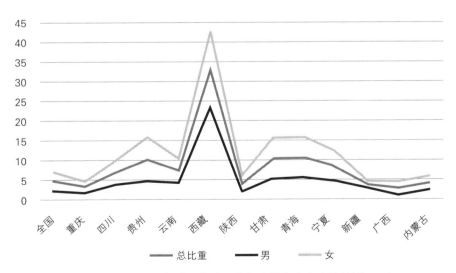

图1-4 2019年西部地区各省区市与全国文盲率比较(单位:%)

3.贫困集中度高

贫困集中在少数民族聚居地。位于西部地区的民族八省区（指的是少数民族人口相对集中的内蒙古、广西、西藏、宁夏、新疆5个自治区和贵州、云南、青海3个省份）贫困人口多。2012—2018年，民族八省区贫困人口从3121万人减少到603万人，贫困发生率从20.8%下降到4%，脱贫攻坚取得重要突破。但在全国范围内，民族八省区贫困人口占比一直居高不下，连续7年维持在30%以上，且有小幅上升趋势。从贫困发生率来看，民族八省区一直远高于全国平均水平，连续7年都超过全国贫困发生率一倍多。由此可见，民族八省区依然是打赢脱贫攻坚战最难啃的"硬骨头"[①]。

表1-3　民族八省区与全国农村分年度贫困人口及贫困发生率

指标		2012年	2013年	2014年	2015年	2016年	2017年	2018年
贫困人口	民族八省区(万人)	3121	2562	2205	1813	1411	1032	603
	全国(万人)	9899	8249	7017	5575	4335	3046	1660
	民族八省区占全国比重(%)	31.5	31.1	31.4	32.5	32.5	33.9	36.3
贫困发生率	民族八省区(%)	20.8	17.1	14.7	12.1	9.3	6.9	4.0
	全国(%)	10.2	8.5	7.2	5.7	4.5	3.1	1.7
	民族八省区比全国高(个百分点)	10.6	8.6	7.5	6.4	4.8	3.8	2.3

数据来源:中华人民共和国国家民族事务委员会.2018年民族地区农村贫困监测情况[EB/OL].(2020-05-30).https://www.neac.gov.cn/seac/jjfz/202001/1139406.shtml.

2018年贫困人口超过百万的有广西、贵州、云南三省（区），三省（区）贫困人口总数达到492万人，占民族八省区的81.6%。三省（区）的贫困人口主要分布在滇桂黔石漠化片区、滇西边境山区和乌蒙山片区等

---

① 中华人民共和国国家民族事务委员会.2018年民族地区农村贫困监测情况[EB/OL].(2020-05-30).https://www.neac.gov.cn/seac/jjfz/202001/1139406.shtml.

地,存在着贫困程度深,致贫因素多元叠加、成因复杂等特殊困难,脱贫攻坚的任务依然艰巨。①

表1-4 2012—2018年民族八省区分地区农村贫困人口及贫困发生率

地区		2012年	2013年	2014年	2015年	2016年	2017年	2018年
民族八省区	贫困人口(万人)	3121	2562	2205	1813	1411	1032	603
	贫困发生率(%)	20.8	17.1	14.7	12.1	9.3	6.9	4.0
内蒙古	贫困人口(万人)	139	114	98	76	53	37	14
	贫困发生率(%)	10.6	8.5	7.3	5.6	3.9	2.7	1.0
广西	贫困人口(万人)	755	634	540	452	341	246	140
	贫困发生率(%)	18.0	14.9	12.6	10.5	7.9	5.7	3.3
贵州	贫困人口(万人)	923	745	623	507	402	295	173
	贫困发生率(%)	26.8	21.3	18.0	14.7	11.6	8.5	5.0
云南	贫困人口(万人)	804	661	574	471	373	279	179
	贫困发生率(%)	21.7	17.8	15.5	12.7	10.1	7.5	4.8
西藏	贫困人口(万人)	85	72	61	48	34	20	13
	贫困发生率(%)	35.2	28.8	23.7	18.6	13.2	7.9	5.1
青海	贫困人口(万人)	82	63	52	42	31	23	10
	贫困发生率(%)	21.6	16.4	13.4	10.9	8.1	6.0	2.6
宁夏	贫困人口(万人)	60	51	45	37	30	19	9
	贫困发生率(%)	14.2	12.5	10.8	8.9	7.1	4.5	2.2
新疆	贫困人口(万人)	273	222	212	180	147	113	64
	贫困发生率(%)	25.4	19.8	18.6	15.8	12.8	9.9	5.7

资料来源:中华人民共和国国家民族事务委员会.2018年民族地区农村贫困监测情况[EB/OL].(2020-05-30).https://www.neac.gov.cn/seac/jjfz/202001/1139406.shtml.

贫困集中在连片贫困地区。我国有14个集中连片特殊困难地区,大多

---

① 中华人民共和国国家民族事务委员会.2018年民族地区农村贫困监测情况[EB/OL].(2020-05-30).https://www.neac.gov.cn/seac/jjfz/202001/1139406.shtml.

分布在西部地区。如西藏，我国唯一的省级集中连片特困地区，是贫困面最大、贫困程度最深的地区。2019年西藏居民人均可支配收入（19501.3元）仅为全国平均水平（30732.8元）的63.5%，是全面建成小康社会最大的挑战和"短板"。云南，有滇西边境山区、乌蒙山区、迪庆藏区、石漠化地区4个集中连片特困地区，共涉及全省15个州市91个片区县，数量居全国第一位。青海，地跨六盘山和四省藏区两个国家集中连片特困地区，扶贫攻坚的责任重大、任务艰巨。①宁夏，"西海固""苦瘠甲天下"，"西海固"地区与甘肃定西、河西并称"三西"，从来就是远近闻名的贫困地区。②

在西部地区部分省区市中，上述二者又相互交织。如新疆，集南疆地区、边境地区、高寒地区于一体，这些在"十三五"脱贫攻坚过程中，既是新疆的硬骨头，也是全国的硬骨头；如四川，境内的贫困地区、民族地区、革命老区范围广，贫困人口规模居全国前列，贫困面宽量大程度深，区域整体性贫困突出，致贫返贫因素多维交织，是脱贫攻坚的主战场。其中，云南是集边疆、民族和山区于一体，是全国农村贫困面最大、贫困人口最多、贫困程度最深的省份之一，贫困人口数量多、贫困片区县和重点县数量居全国第一位，广西集"老、少、边、山、穷、库"于一身③，均是我国脱贫攻坚的主战场。

4.返贫率高

西部地区自然环境的总体特征是地质地貌复杂、生存环境恶劣、自然灾害频发。西部地区80%以上的贫困县分布在高原山区、喀斯特环境危恶区、水土流失严重的地区。贫困地区大多数地处偏远、交通不便、生态环境脆弱、农业生产水平低，贫困与恶劣的自然环境共生共存是西部贫困地

① 国务院扶贫开发领导小组办公室.打赢脱贫攻坚战必须有"横心"[EB/OL].(2017-8-25). http://www.cpad.gov.cn/art/2016/3/11/art_1047_46548.html.

② 朱磊,徐运平.宁夏:精准扶贫奔小康[N].人民日报,2015-10-17.

③ 谢振华.拔穷根要真功夫也要好药方[N].人民日报,2016-03-23.

区的共同特征。由于基础设施落后、贫困人口文化素质相对较低、收入不稳定，抗风险能力弱。

因病返贫是西部贫困地区中诸多返贫中最主要的一类。在不少边远山区贫困家庭，只要一个人尤其是家庭主要劳动力患上重大疾病，家庭在丧失劳动力的同时，治病花费可能会耗尽贫困家庭的全部财力物力，导致家庭收入和积累减少，又可能因此导致看不起病，从而形成"疾病—贫困—疾病"的恶性循环。家庭主要劳动力患上重大疾病，不但使父母这一代贫困不堪，还可能无力供养子女读书，耽误下一代的前程，导致代际贫困。

市场风险也是致贫返贫的重要成因。农作物生产种植存在"蛛网波动"，西部地区市场发育不完善，贫困人口在波动的市场面前十分脆弱。一旦遇到自然灾害、农产品大量滞销等情况，脱贫人口又会重新回到贫困行列。

在扶贫实践中，部分地方政府为了及时完成扶贫任务，选择"集中力量办大事"的方法，把能用的资源集中倾斜到贫困地区，不看重长期效果，在贫困根子未找准的情况下，仅依靠搬运项目、资金、政策和技术支持应付验收，以此推动贫困地区的短期脱贫。但脱贫验收达标后，依靠短时间内集聚各种资源脱贫的贫困地区由于资源"倾斜"回去了，又开始"返贫"。①

此外，西部地区思想观念相对落后也容易导致脱贫人口因婚返贫、因育返贫、因懒返贫。农村婚嫁彩礼价码越来越高，建房结婚使部分家庭债台高筑，从而陷入贫困"陷阱"。受传统观念影响，部分家庭抱着"多子多福"的旧观念，结果陷入"越生越穷，越穷越生"的贫困恶性循环。部分农民形成懒惰、好逸恶劳的品性，对外界帮扶依赖性过高，自身努力不足，虽然经过扶持暂时解决了温饱，但由于没有丝毫积累，抵御天灾人祸和风险的能力相当薄弱，极易返贫。

---

① 覃雯静. 为何"刚脱贫又返贫"[N]. 人民日报，2015–07–15.

二、西部地区的致贫原因

根据前述内容，我们可以把致贫因素大体分为主观和客观两大类。主观因素强调贫困人群的能力缺失，其自愿的行为选择导致了贫困，如不良的生产生活惯，文化水平低下，等等。客观因素则更强调贫困人群在资源禀赋上的劣势以及外在的经济、社会和政治制度等方面。西部地区的致贫原因是主客观因素兼而有之。

1.自然条件恶劣

西部地区是我国生态环境最为脆弱的地区，也是我国自然灾害发生率最高的地区。西部地区气候类型多变，光、热、水、土资源等组合常常不匹配，特别由于高原山地构造，岩溶地貌突出，江河切断、山高谷深，地势高低悬殊，泥石流、滑坡、崩塌等地质灾害常年发生，这也是致贫返贫最主要、最直接的原因。自然灾害等天然的、不可抗力的风险因子限制了西部地区尤其是西部少数民族地区的发展，很大程度上导致该区陷入难以克服且无法跳出的贫困怪圈。西部地区80%以上的贫困县分布在大山、高原、沙漠、戈壁、裸岩、冰川及永久性积雪区域等。这些地区地形复杂多样，大多并不宜居，地理学家胡焕庸在1935年已观察到此现象——即"胡焕庸线"。该线以东地区占国土面积43.71%，养育了94.39%的人口；以西地区占国土面积56.29%，而人口仅占5.61%，表明西部地区的发展深受资源环境的约束。

森林覆盖率低。西部地区2018年森林覆盖率仅为19.40%，处于全国较低水平，低于中部地区的38.29%，也远低于东部地区（39.28%）与东北地区（42.39%），森林资源相对较少。[①]

---

① 国家林业和草原局政府网.2018年度中国林业和草原发展报告［EB/OL］.(2020−05−30). http://www.forestry.gov.cn/main/62/20200427/150949147968678.html.

土地荒漠化。根据第五次全国荒漠化和沙化监测数据①，截至2014年，全国荒漠化土地总面积为261.16万平方公里，这些荒漠化土地主要分布在新疆、内蒙古、西藏、甘肃、青海等西部5省、自治区，西部5省、自治区荒漠化土地面积约占我国荒漠化总面积的95.64%，荒漠化面积分别为107.06万平方公里、60.92万平方公里、43.26万平方公里、19.50万平方公里、19.04万平方公里。全国沙化土地总面积172.12万平方公里，主要分布在新疆、内蒙古、西藏、青海、甘肃等西部5省、自治区，西部5省、自治区沙化土地面积占全国沙化土地总面积的93.95%，分别为74.71万平方公里、40.79万平方公里、21.58万平方公里、12.46万平方公里、12.17万平方公里。全国具有明显沙化趋势的土地面积为30.03万平方公里，主要分布在内蒙古、新疆、青海、甘肃4省、自治区，面积分别为17.40万平方公里、4.71万平方公里、4.13万平方公里、1.78万平方公里，其面积占全国具有明显沙化趋势的土地面积的93.3%。

水土流失严重。西部地区水土流失面积约占全国水土流失总面积的一半。尽管近些年，我国加大了治理力度，水土流失现象得到控制和缓解，水土流失面积也有所减少，但局部地区（如青海）的水土流失问题在加剧，水土流失面积不断增加、程度有所加重。西部地区水土流失中，耕地和草地的水土流失情况最为严重。严重的水土流失不仅使得大量肥沃的表层土壤被冲走，土地质量（肥力）严重下降，加剧了土地的退化状况；也使得河流湖泊等出现泥沙淤积，泥石流、洪灾、滑坡等自然灾害随之时有发生。

恶劣的自然条件使得大部分贫困地区资源要素集聚程度差，招商引资困难，是造成西部贫困地区落后的客观原因。如云南省总面积中有84%是山地，10%是高原，只有6%的山间盆地；贵州省的山地面积占总面积的

---

① 根据《2019年中国国土绿化状况公报》（2020年3月11日），我国已启动了第六次全国荒漠化和沙化监测。

87%，平均海拔1000米，石灰岩山地占73%，境内山高谷深，地面崎岖，素有"地无三里平"的说法，贵州境内石灰岩溶地分布广泛，峡谷起伏，平坝较少，是我国唯一没有平原的省份；四川省境内平均海拔在3000米以上的川西高原和平均海拔在800米以上的盆周山地面积占总面积的90.72%；陕西省高原和山地面积占总面积的81%，黄土分布广泛，厚50—150米。[①]

因此，尽管西部地区因自然灾害遭受损失的人口逐年减小，但西部地区受灾人口占全国受灾人口的比重仍远大于西部地区人口占全国人口的比重，尤其是受灾死亡人口达到全国的59.08%，如表1-5所示。

表1-5 2019年西部地区受灾情况表

省(市)	2019年自然灾害受灾人口(万人次)	2019年自然灾害死亡人口(含失踪)(人)	2019年年末总人口(万人)
全国	13759	909	140005
内蒙古	220.7	8	2540
广西	356	104	4960
重庆	145.9	27	3124
四川	487.6	159	8375
贵州	277.2	76	3623
云南	949.4	70	4858
西藏	11.4	7	351
陕西	458.8	52	3876
甘肃	224.5	22	2647
青海	86.9	9	608
宁夏	14.6	3	695
新疆	74.4	–	2523
占全国的比重	24.04%	59.08%	27.27%

资料来源：《中国统计年鉴(2020)》。

[①] 赵曦.中国西部农村反贫困模式研究[M].北京:商务印书馆,2009.

2.基础设施建设滞后

基础设施建设滞后对贫困的影响是很直接的。水电气网路的建设滞后使得贫困地区农产品生产难以适销对路，致使农业生产水平"低而不稳"，农业生产效率难以提高，农业保障性不强。在信息不对称、农业生产不能很好地与市场对接的情况下，农业生产具有高度不确定性，再加上贫困地区很难接受到经济较为发达的大中城市的辐射作用，致富增收难度剧增。

道路基础设施建设滞后。根据《中国统计年鉴（2019）》和《中国统计年鉴（2020）》，2018年末，全国每万人拥有公共汽电车数为4.06辆，西部地区12个省区市中，除宁夏（4.93辆）外，贵州（1.99辆）、西藏（2.06辆）、广西（2.20辆）、云南（2.35辆）、甘肃（2.47辆）、内蒙古（3.15辆）、四川（3.46辆）、陕西（3.51辆）、新疆（3.54辆）、青海（3.93辆）、重庆（3.95辆）等11省区市均低于全国平均水平；2019年，西部邮政业务总量也仅占全国的8.17%，较2015年下降了15.93%。①此外，西部地区乡村公路里程短，通村通组公路路面等级低，部分行政村尚不能通畅出行。

关于中国城市每万人拥有公交车量的相关规则显示：中小城市每万人拥有7标台，特大城市住建部建议标准是11标台；而全国文明城市A类测评标准，则是每万人拥有公交车12标台。目前，西部各省区市的公共汽电车数量远远小于该标准。交通设施的落后阻碍了贫困地区与外界的顺畅交流，也使得西部贫困地区与外界的交易费用较高，从而出现了贫困地区有产品、市场有需要，但两方面无法有效对接的现象。农副产品流通困难，限制了贫困地区市场范围的拓展，也阻碍了贫困地区利用比较优势发展经济。

---

① 根据《中国统计年鉴（2020）》,2019年年末,全国邮政业务总量为16229.63亿元,其中,内蒙古50.37亿元,广西159.44亿元,重庆166.31亿元,四川447.76亿元,贵州76.05亿元,云南118.32亿元,西藏4.79亿元,陕西193.12亿元,甘肃38.63亿元,青海8.1亿元,宁夏19.98亿元,新疆43.02亿元。

农村电网设施状况较差。尽管西部地区能源资源相对较为充裕，但能源消费水平较低，电网设施密度较低，电网设施整体较为落后。[①]西部地区目前还有部分贫困村未进行农网改造，或者农村电网改造不彻底（只换电表不换电杆和电线），电损耗大，电压不稳定，电费支出高，极大影响了农村生产生活。较低的电网设施密度影响了贫困地区输电能力的提高，不利于能源资源在地区间的流动，不利于保障能源集中消费地区的稳定供应，也不利于设备制造、建筑业等相关工业行业的发展。

农田水利设施建设滞后。西部部分地区江河湖泊较多，汛期容易发生洪涝灾害（如重庆、贵州、广西），但缺少防洪设施，或者防洪设施较为简单、年久失修，难以起到防洪排涝作用。部分地区土地石漠化、沙化严重，常发生干旱灾害（如甘肃、青海），但部分贫困地区常年未修筑灌溉设施，或仅有简易的灌溉设施，农田灌溉大多靠天然雨水，抗旱能力弱。西部贫困地区自然环境恶劣、生态脆弱，农业生产大多依靠后天的水利设施，但由于这些地区集体经济凋零、社会动员能力不足，农田水利设施建设滞后，影响了农业生产的稳定性。

人居环境条件差。人居环境包括安全的住房条件和良好的卫生环境。良好的人居环境是补齐农村发展短板的突破口。西部部分贫困地区还存在危旧房，缺少安全饮用水，入户硬化道路、卫生厕所等配套设施差，建筑结构不牢固，房屋抗灾抗震能力差等问题。部分地区环境卫生条件差，禽畜养殖区和人居区未能科学分离，雨污混流，缺少生活垃圾和污水集中处理设施，农村面源污染严重，居住环境不容乐观。较差的人居环境影响了贫困人口生活质量，不利于乡村旅游业发展和美丽乡村建设，阻碍了贫困地区新的经济增长点的形成。

---

① 何晓萍.基础设施的经济增长效应与能耗效应——以电网为例[J].经济学(季刊),2014(4):1513-1532.

3.公共服务供给不足

公共服务包括教育、科技、文化、卫生、体育等方面，是社会公众参与经济、政治、文化活动的重要保障。西部地区公共服务供给不足主要表现为医疗卫生条件较差、公共教育供给不足，如表1-6所示。

西部地区教育、医疗卫生等基础设施建设相对较为滞后对脱贫攻坚影响巨大。医疗基础设施的落后加剧了贫困地区的"看病难、看病贵"现象，不利于贫困地区疾病的及时治疗及国民身体素质的提高。教育基础设施供给的不足限制了贫困地区人们的劳动技能水平的提升，阻碍了劳动生产率的提高。西部地区的卫生资源和公共教育相对缺乏，这些因素使人们无法积累必要的人力资本并从劳动力市场上获得脱贫所需的酬劳、来不及积累或者逐渐丧失了人力资本而无法获得必需的收入。

（1）医疗卫生条件差

解决因病致贫问题，成为"十三五"脱贫任务最困难的一部分。贫困地区"看病难、看病贵"的现象愈发严重，医疗卫生条件差带来的"脱贫难返贫易""因病致贫、因病返贫"现象还大量存在。

医疗保险保障程度不高。医疗保险尚未实现"基本全覆盖"目标，而缴纳了"新农合"的农民，看病时需要先交钱再报销，部分贫困农民面临着看病时拿不出钱的问题。部分地区"新农合"缴费是头一年进行，第二年出生的新生婴儿若在出生年生病，费用需要自理。部分地区规定的异地就医报销比例与就地就医差别较大，当部分疾病需要异地就医时，贫困人群就面临着两难选择。此外，我国在重特大疾病医疗救助上还存在设有用药限制、报销目录和救助封顶线等问题，这是农村贫困人口因病致贫的重要羁绊。重特大疾病医疗救助是在基本医保、"新农合"大病保障和城乡居民大病保险报销后才予以实施。如果救助对象的个人自付水平较高，受到救助封顶线的限制，重特大疾病医疗救助难以起到"托底"的作用。

医疗卫生机构及人员配备不足。除了经济困难外，医院卫生人员配备

表1-6 2019年西部地区各省、市、自治区教育、卫生、文化相关数据

地区	普通高等学校(机构)(所)	普通高中(所)	中等职业学校(所)	初中(所)	普通小学(所)	特殊教育(所)	医疗卫生机构(个)	卫生人员(人)	儿童读物(种)	广播节目综合人口覆盖率(%)	公共图书馆(个)
全国	2688	13964	7686	52415	160148	2192	1007579	12928335	43712	99.13	3196
内蒙古	53	303	237	701	1662	51	24564	249270	310	99.24	117
广西	78	490	248	1753	8036	82	33679	440387	1584	97.81	116
重庆	65	260	129	867	2860	39	21057	287988	244	99.17	43
四川	126	779	408	3734	5725	129	83756	793401	2692	98.23	206
贵州	72	468	185	2008	6943	77	28511	347145	372	94.63	98
云南	81	547	370	1689	10789	65	25587	429274	791	98.95	151
西藏	7	35	11	101	821	6	6940	38840	77	98.07	81
陕西	95	471	230	1612	4640	66	35404	435556	676	98.87	111
甘肃	49	376	205	1465	5444	44	26697	228512	341	98.57	104
青海	12	108	36	263	724	16	6513	61994	10	98.81	52
宁夏	19	65	30	252	1188	14	4397	68618	40	99.61	27
新疆	54	336	158	870	3640	28	18376	236374	158	98.30	107
西部占比(%)	26.45	30.35	29.24	29.22	32.76	28.15	31.31	27.98	16.69	—	37.95

资料来源:《中国统计年鉴(2020)》。

不足是有病不能及时就医的原因之一。根据《中国统计年鉴（2020）》中的数据来看，2019年西部地区医疗卫生人员占全国的27.98%。其中，在农村每千人口卫生技术人员占有量上，全国平均水平为4.96人，西部地区除陕西（6.94）、新疆（6.84）、云南（5.60）、内蒙古（5.57）、青海（5.45）、宁夏（5.21）、四川（5.05）外，其余5省区市显著低于全国平均水平，甘肃（4.76）、贵州（4.65）、西藏（4.49）、广西（4.35）、重庆（3.65）。在农村每千人口执业（助理）医师数上，全国平均水平为1.96人，西部地区除新疆（2.43）、内蒙古（2.36）、青海（2.15）、宁夏（2.03）、西藏（2.00）、陕西（1.99）外，其余6省区四川（1.90）、云南（1.83）、甘肃（1.76）、重庆（1.51）、贵州（1.51）、广西（1.43）均显著低于全国平均水平。可见，医疗卫生机构人员配备较少，医疗服务能力相对较低，保障能力不足。由于经济发展相对较为落后，西部贫困地区对医疗人才的吸引能力较弱，能力素质高的医生数量较少，重大病患者难以实现就地就医。此外，贫困地区还存在"看病远"现象，据调查显示，我国农村四类地区最近医疗点的距离平均在5公里及以上的比例为11%，而西部有些边远地区农村距最近医疗点的距离更达到30—40公里，甚至更远。①

贫困地区居民的健康状况相对较差。如表1-7所示，根据《中国统计年鉴（2020）》，由于经济条件限制和观念的落后，西部地区人民可能尚未形成及时就诊习惯，在"小病靠熬"观念的影响下，除四川、宁夏外，其余各省区市居民平均就诊次数均低于全国平均水平，急诊病死率却大多高于全国平均水平，居民年住院率也大多高于全国平均水平。

---

① 张道平.解决因病致贫要补齐医疗短板[N].中国县域经济报,2016-03-14.

表1-7 2019年西部各省区市医疗卫生基本情况表

地区	居民平均就诊次数(次)	急诊病死率(%)	病死率(%)	居民年住院率(%)
全国	6.23	0.06	0.4	19.0
内蒙古	4.21	0.13	0.6	14.3
广西	5.27	0.03	0.3	21.1
重庆	5.62	0.07	0.4	24.1
四川	6.69	0.07	0.4	23.7
贵州	4.85	0.04	0.2	23.7
云南	5.81	0.04	0.2	20.8
西藏	4.66	0.06	0.2	8.7
陕西	5.39	0.07	0.3	21.1
甘肃	5.79	0.07	0.1	19.6
青海	4.37	0.18	0.2	17.4
宁夏	6.27	0.10	0.2	17.7
新疆	4.77	0.19	0.4	23.4

资料来源:《中国统计年鉴(2020)》。

（2）公共教育供给不足

"扶贫先扶智"，教育与人才是改变贫困最具有可持续性的因素，同时也是培育时间最长的因素。舒尔茨认为，人力资本的累积是社会经济增长的源泉，是解决贫困问题的唯一真正的途径。人力资本的积累主要靠人的素质提高和观念更新。西部地区的教育问题是扶贫开发"短板"中的"短板"。贫困地区人口文化素质的低下将直接导致其"劳动技能缺乏或单一，市场竞争力弱"。

教育资源配置较少。西部地区尤其是西部少数民族地区受经济因素、语言障碍等制约，教育条件相对较为落后，教育资源配置不均衡，教育环境较差。根据《中国统计年鉴（2020）》，2019年，西部地区普通高等学校数、本专科在校学生数分别占全国的26.45%、26.37%。具体来看，西藏、青海、宁夏等地的教育资源配置严重低于全国平均水平。在高等院校分布上，西藏7所，青海12所，宁夏19所；在普通高中分布上，西藏35所，宁夏65所，青海108所；在中等职业院校分布上，西藏11所，宁夏30所，青海36所；在初中分布上，西藏101所，宁夏252所，青海263所。教育资源配置的不足，导致西部地区普遍升学率不高。尤其对于偏远地区而言，学校分布较少，很多贫困户家庭附近无学校、无校舍、无教师，再加上贫困家庭缺少劳动力等，贫困户家庭孩子失学率较高，影响了西部贫困地区人力资本的积累与培育，摆脱贫困缺少可持续的内生力量。

教育陷入低水平内循环。长期以来，国家对于进入西部民族地区师范学校学习的民族学生，给予了较多政策照顾，招生分数相对较低，从而导致西部民族地区自身培养的教师质量整体偏低。同时，西部贫困地区由于分散封闭、贫困落后，当地留不住人，已培养的教育类人才容易被吸引到东部大城市，人才流失严重。另一方面，西部地区经济水平较落后、生活环境较差，也很难具备从外部引进优质教育类人力资本的优势。在本地培养的人才经过分流、外地人才较难引进的情况下，本地区教师队伍素质相对较低，教育陷入低水平内循环，影响了基础教育水平的提高。

女性受教育机会较少。西部地区既是生态环境脆弱地区，也是少数民族聚居地区。贫困地区的人口尤其是少数民族人口增长的速度较快，人口再生产的潜力相对较大，快速增长的人口却因为多数处于偏远山区、经济发展水平较为落后、文化环境开放性比较低而没有受到相应的教育，人口中文盲比例相对较高，尤其是女性受教育水平更是明显低于男性①。西部地区的贫困家庭长期由"老人、妇女、孩童"留守，妇女在家庭中扮演着赡养老人、家庭劳动力、抚养教育小孩的角色，较低的受教育水平可能会导致妇女接受新兴事物的能力、培养教育小孩的能力都相对较低。这就导致西部贫困地区容易陷入"人力资本水平低—缺乏相应的专业技能—收入难以提高—贫困"的恶性循环。

4.市场体系发育缓慢

市场是社会分工和商品经济发展的必然产物。现代市场体系除各种机制（如价格机制、供求机制、竞争机制）和法规外，主要由商品市场、资本市场、劳动力市场、信息技术市场、土地市场等五个方面组成。市场体系发育对经济发展的重要性是被历史所验证了的。要发挥市场在资源配置中的决定性作用，必须建立统一开放、竞争有序的市场体系。但长期以来，西部地区市场体系发育较为缓慢，这种缓慢既有历史原因也有现实原因。我国历史上没有经历过资本主义社会，资本主义萌芽也主要发生在东部地区，近代的"西学东渐"很少影响到西部地区。新中国成立后，西部地区建立了大量重工业企业，但那些企业大多是在"一五计划"到"三线建设"时期建成的，且是由中央政府直接将东部地区的工业企业移植到西部或者是直接将中央重大项目落地到西部。可见，西部地区缺少市场经济的文化土壤。现代市场经济中，人口的有效集中是市场发育的一个重要因素，只有人口密集，才能产生生产规模、贸易规模和运输规模等规模经济

---

① 根据《中国统计年鉴（2020）》的相关数据显示：2019年，全国文盲人口占15岁及以上人口的比重（%）为4.59，其中男性为2.22，女性为7.01。西部地区12省区中，内蒙古文盲比为4.15，男性为2.43，女性为5.98；广西文盲比为2.73，男性为1.01，女性为4.54；重庆文盲比为3.15，男性为1.71，女性为4.56；四川文盲比为6.81，男性为3.7，女性为9.73；贵州文盲比为10.19，男性为4.77，女性为15.83；云南文盲比为7.31，男性为4.24，女性为10.46；西藏文盲比为33.11，男性为23.41，女性为42.56；陕西文盲比为3.97，男性为2.03，女性为5.94；甘肃文盲比为10.48，男性为5.32，女性为15.68；青海文盲比为10.6，男性为5.69，女性为15.84；宁夏文盲比为8.39，男性为4.72，女性为12.21；新疆文盲比为3.71，男性为2.94，女性为4.47。

效益。而根据第六次人口普查的结果，西部地区人口密度约为54人/平方公里，远低于全国的140人/平方公里的密度。人口的密集程度又限制了西部地区市场体系的发育。

一直以来，缺乏发育成熟的市场体系被认为是一个核心的致贫因素。如果缺少商品市场，个人和家庭即使拥有一定的资源，他们也只能从事仅能糊口的农业生产，而无法与外部市场取得联系，将无法展开贸易并建立比较优势，也无法进行必要的经济分工以提高劳动生产率。如果缺少资本市场，市场经济主体将只能依赖自有资本进行生产，无法从外界获得长期的生产投资。劳动力市场的缺失将导致大量的劳动力无法获得就业机会，从而难以以扩大内需的方式来带动经济发展。土地市场的缺失将导致土地难以流转，农业生产难以规模化；等等。对西部地区而言，市场体系发育缓慢影响脱贫攻坚主要表现在资本市场发育缓慢、劳动力市场和商品市场发育不完善上。

资本市场发育缓慢。当西部地区资本市场发育缓慢时，资本的趋利性促使资本向中东部地区流动以获得更高、更快速的回报。因此，西部地区容易出现"融资难""融资贵"问题。

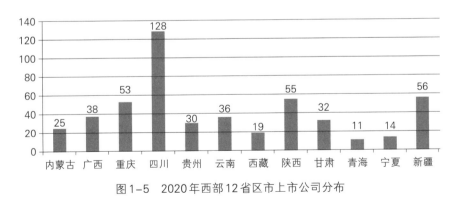

图1-5　2020年西部12省区市上市公司分布

如图1-5所示，截至2020年5月30日，沪深股市共有3600家上市公司，其中西部地区12省份共计497家，少于广东一省的631家。西部地区上市公司数量相对较少，原始股民能够选择的余地也相对较少。在西部地区金融生态环境与政策体系不够完善、中东部地区资本市场相对成熟的情况下，一旦出现套利空间，资本要素容易从西部地区流出，西部地区经济发展出现"失血"现象，陷入"贫困—生产要素流失—更贫困"怪圈。

劳动力市场和商品市场发育不完善。长期以来，西部地区大量劳动力流向东部地区以实现就业。新常态下经济增长动力转变、制造业大量裁员等因素让农民工不得不返乡，但西部地区本身经济发展水平落后于东部地区，短时期之内难以为返乡农民工提供足够多的就业岗位，农民工工作不稳定，失业率居高不下，脱贫困难重重。此外，西部地区商品市场发育也不完善，具体表现在：西部一些企业能够生产出国防、航天等领域的"高精尖"产品，但居民日常生活用品生产能力和竞争能力却堪忧，究其原因，是因为前者有政府订单、后者没有。[①]劳动力收入水平难以提高也将在一定程度上影响西部地区商品市场的发育。

5.生产生活观念陈旧

西部地区贫困人群落后而陈旧的思想观念和生产生活方式，制约了贫困人群的脱贫主动性、积极性和创造性，影响了西部地区经济发展。

小农意识浓厚。西部一些贫困地区在相对落后的环境中形成了浓厚的小农意识，缺乏进取精神，限制了人们积极性和创造性的充分发挥，不利于劳动生产率的提高，也不利于商品经济的发展。这种小农意识主要表现在两个方面。一是市场观念淡薄。由于历史及自然条件的影响，西部贫困地区的人们长期从事传统农业生产，思想较为保守，生产主要是以家庭为基本单位，生活主要靠自给，农产品的市场率较低，这种自给自足的生产、生活方式使得许多人市场观念淡薄，缺乏冒险精神，安于现状，不愿尝试承担风险带来的收益，阻碍了扶贫开发进程。部分好的扶贫项目得不到当地农户的支持，贫困人口接受新科技、新思想的能力差，尤其是在新

① 周克全.西部地区完善现代市场体系需要关注的问题[N].甘肃日报,2013-12-09.

技术、新产品的引进方面，思维方式、生产方式和生活方式落后，发展商品生产、开拓市场的能力较弱。二是缺乏进取精神。小农生产方式下的生活具有稳定性，对于外在环境的变化反应比较迟钝，这使得许多贫困群众将脱贫的希望寄托于政府帮扶上，"等、靠、要"思想较为普遍，缺乏自力更生、勇于致富的劲头，以致国家向这些地区输送的科技人才和资金、项目难以发挥应有的作用。贫困人群也缺乏改变贫困现状的自信和主观能动性，没能形成自我发展、自我强化的动力机制，加大了扶贫开发的难度。

民主法治意识淡薄。西部贫困地区由于大多地处偏远山区和盆地，山地、盆地和洼地意识重，对外开放不足，影响了民主与法治建设的进程。一方面，西部基层尤其是乡村的政治生活中仍存在着"家长制""一言堂"、裙带关系和拉帮结伙等现象，经济生活中出现了官商勾结、以权谋私，社会生活中出现了男尊女卑和歧视妇女等现象。另一方面，西部地区教育不发达，人口素质低，群众用法律维护自身权益的意识不强，民主法治建设整体水平还不高，尤其是广大农牧民的法治意识离民主法治建设的目标还相差甚远。此外，对于西部地区的贫困群众而言，深处市场经济浪潮中，由于其经济条件长期得不到改善，文化和娱乐方面的需求难以得到满足，一些成员出现心理失衡，容易做出违法犯罪行为，如抢劫、盗窃、赌博等，危害社会的健康发展。尤其是赌博，近些年来农村赌博比较泛滥，一些贫困地区的群众赌瘾巨大，因为赌博延误生产、造成邻里纠纷甚至打架伤人的情况时有发生。这些行为对于农村经济发展产生了极大的负面影响，不仅动摇了农民勤劳致富的观念，甚至导致一些农民倾家荡产，为农村地区的社会稳定带来了极大的风险。

缺乏致富的内在动机。事实上，1986年我国根据"1985年农民年人均纯收入低于150元"的标准筛选出331个贫困县时，部分贫困县对其成为被扶助对象是倍感"无奈"的，毕竟，在当时，成为贫困县并不是一件脸上有光的事。30余年过后，人们的观念更趋功利化，对贫困的认识也发生了颠覆性变化，"贫困县"反而成了一个香饽饽，国家政策、机制发挥了逆向激励的指挥棒作用：只有贫穷，才能得到国家的相应政策倾斜；只有足够贫穷，才能得到相应的救助。因此，只要进入贫困县名单，就意味着每年就会有大量的国家拨款和政策优惠，贫困县成为了"摇钱树"，部分贫困地区以"贫困"为荣，缺乏致富的内在动机。

三、西部地区成为精准扶贫的重点地域

"小康不小康，关键看老乡。"2012年12月习近平总书记在河北阜平调研时就强调指出，"全面建成小康社会，最艰巨最繁重的任务在农村，特别是在贫困地区。没有农村的小康，特别是没有贫困地区的小康，就没有全面建成小康社会"。因此，习近平总书记提出，各级党委和政府要把帮助困难群众特别是革命老区、贫困地区的困难群众脱贫致富摆在更加突出位置，各项扶持政策要进一步向革命老区、贫困地区倾斜，推动贫困地区脱贫致富、加快发展。[①]可见，习近平总书记特别强调贫困地区扶贫开发工作的重要性。

我国的贫困地区主要分布在西部地区，西部地区的脱贫成为我国全面建成小康社会的关键，是全面建成小康社会必须补齐的短板。2014年5月28日习近平总书记在第二次中央新疆工作座谈会上的讲话中强调指出，"要加大扶贫开发工作力度，加大扶贫资金投入力度，重点向农牧区、边境地区、特困人群倾斜，建立精准扶贫工作机制，扶到点上、扶到根上、扶贫扶到家"[②]。从《中国农村扶贫开发纲要（2011—2020年）》确立的重点扶贫开发区域来看，《纲要》将六盘山区、秦巴山区、武陵山区、乌

---

① 把群众安危冷暖时刻放在心上 把党和政府温暖送到千家万户[N]. 人民日报,2012–12–31.
② 坚持依法治疆团结稳疆长期建疆 团结各族人民建设社会主义新疆[N]. 人民日报,2014–05–30.

蒙山区、滇桂黔石漠化区、滇西边境山区、大兴安岭南麓山区、燕山—太行山区、吕梁山区、大别山区、罗霄山区等区域的连片特困地区和已明确实施特殊政策的西藏、四省（青海、四川、云南、甘肃）藏区、新疆南疆三地州等14个区域确定为扶贫攻坚的主战场。2014年9月28日习近平总书记在中央民族工作会议上的讲话中也进一步指出："搞好扶贫开发，重点抓好特困地区和特困群体脱贫……打好扶贫攻坚战，民族地区是主战场。要创新思路和机制，把整体推进与精准到户结合起来，加快推进集中连片特殊困难地区区域发展与扶贫攻坚，提高扶贫效能。"①

　　这一方面说明，西部地区成为我国新形势下脱贫攻坚的主战场，另一方面说明少数民族地区与革命老区又是贫困地区脱贫攻坚的主战场。因此，习近平总书记一方面强调精准扶贫，另一方面又特别强调民族地区与革命老区的脱贫攻坚。习近平2013年11月3日赴湘西调研时，在花垣县十八洞村正式提出"要精准扶贫，切忌喊口号，也不要定好高骛远的目标"，强调指出，要加快民族地区发展，核心是加快民族地区全面建成小康社会步伐。②2014年9月28日，习近平总书记在中央民族工作会议上的讲话指出，要坚持输血和造血相结合，坚持民族和区域相统筹，重在培育自我发展能力，重在促进贫困区域内各民族共同发展。③2015年2月13日，习近平总书记在主持召开陕甘宁革命老区脱贫致富座谈会上强调，我们实现第一个百年奋斗目标、全面建成小康社会，没有老区的全面小康，特别是没有老区贫困人口脱贫致富，那是不完整的。④

　　经过多年的开发建设，西部地区经济实力稳步提升，主要指标增速高

---

① 中央民族工作会议暨国务院第六次全国民族团结进步表彰大会在北京举行[N].人民日报，2014-09-30.

② 深化改革开放推进创新驱动　实现全年经济社会发展目标[N].人民日报，2013-11-06.

③ 本报评论员.坚持发展经济与改善民生相结合——二论确保民族地区如期全面建成小康社会[N].中国民族报，2015-09-18.

④ 霍小光.把革命老区发展时刻放在心上[N].人民日报，2015-02-17.

于全国和东部地区平均水平，人民生活水平得到了较大程度的改善，基础设施保障能力全面增强，以高速铁路、高速公路为骨架的综合交通运输网络初步构建。根据《中国统计年鉴（2020）》，2019年年末，西部地区总人口占全国比重达到27.27%，居民人均可支配收入稳步增长，2013—2019年年均增长10%以上，铁路营业里程占全国比重达到38.47%，高速公路营业里程占全国比重达到38.14%。在国家一系列财政、货币、价格和税收等政策的推动下，特色优势产业发展迅速，转型力度加大，产业层次得到提升，产业结构得以优化，产业竞争力、内生发展动力和抗风险能力得到显著加强。大力推动形成绿色发展方式和生活方式，生态文明建设成效明显，新一轮退耕还林还草等重点生态工程稳步实施，初步形成了国家生态安全屏障。大力推进以人为核心的新型城镇化进程，塑造城乡协调发展新格局，基本公共服务体系不断完善，教育文化、医疗卫生、社会保障等覆盖面持续扩大，保障水平稳步提升。根据《中国统计年鉴（2020）》，2019年年末，普通高等学校数占全国比重达到26.45%，本专科在校学生数占全国比重达到26.37%，与中部地区基本持平，医疗卫生机构数量占全国比重达到31.31%，卫生人员数量占全国比重达到27.98%，略高于中部地区。可见，西部地区人力资源不断积累，市场空间不断拓展，对外开放水平不断提升，发展能力不断增强，发展活力竞相迸发，发展动力加快转换。

但我们也必须看到，西部地区经济结构不合理、内生增长动力不足的问题仍然存在，抵御经济异常波动、防范系统性经济风险的能力仍然不强，基础设施薄弱、生态环境脆弱的瓶颈制约仍然突出，加强民族团结、维护社会稳定的任务仍然繁重，促进城乡区域协调发展的任务仍然艰巨。[①]20多年的对口扶贫经验表明，脱贫质量不高，返贫就不可避免，因

---

① 国家发展改革委.西部大开发"十三五"规划［EB/OL］.（2020-07-23）.http://www.gov.cn/xinwen/2017-01/23/5162468/files/56301370765d4fe8975541a2bf221281.pdf.

此，必须确保西部地区的脱贫质量。2016年7月20日，习近平总书记在宁夏银川主持召开东西部扶贫协作座谈会中指出，西部地区特别是民族地区、边疆地区、革命老区、连片特困地区贫困程度深、扶贫成本高、脱贫难度大，是脱贫攻坚的短板，进一步做好东西部扶贫协作和对口支援工作，必须采取系统的政策和措施。①此次会议上，习近平总书记提出东西部扶贫协作和对口支援，是推动区域协调发展、协同发展、共同发展的大战略，是实现先富帮后富、最终实现共同富裕目标的大举措，必须认清形势、聚焦精准、深化帮扶、确保实效，切实提高工作水平，全面打赢脱贫攻坚战。2017年，国家发改委印发了《西部大开发"十三五"规划》，明确指出了西部地区包括构建区域发展新格局、打赢脱贫攻坚战、筑牢国家生态安全屏障方面等在内的10项重点任务。西部地区是国家重要的生态屏障和能源资源接续地，也是打赢脱贫攻坚战、全面建成小康社会的难点和重点，更是我国发展重要回旋余地和提升全国平均发展水平的巨大潜力所在。

---

① 认清形势聚焦精准深化帮扶确保实效　切实做好新形势下东西部扶贫协作工作[N].人民日报,2016-07-22.

| 第四节 |
西部地区精准扶贫的指导思想

2012年党的十八大召开，提出2020年时全面建成小康社会的宏伟目标。解决农村地区和贫困地区脱贫问题成为全面建成小康社会的重点和难点，扶贫开发也步入新的攻坚阶段。

与之前的减贫扶贫相比，新阶段主要有三点变化：一是大幅提高农村贫困标准。2011年国家将农民年人均纯收入2300元（2013年改为2736元，均为2010年不变价）确定为新贫困标准，较2010年1274元贫困标准提高了80%，与国际上通用的发展中国家每人日均1.25美元收入的贫困标准基本持平。贫困标准的变化，使得中国贫困人口的统计数据也"水涨船高"，按原贫困标准，2010年农村贫困人口仅2688万人，而按新贫困标准则达1.66亿人。通过2011年以来的扶贫攻坚，2015年时贫困人口减少到5575万人，"扶贫开发工作依然面临十分艰巨而繁重的任务，已进入啃硬骨头、攻坚拔寨的冲刺期"，因此我们需要科学谋划好"十三五"时期扶贫开发工作，确保农村贫困人口到2020年如期脱贫。[1]二是调整扶贫开发主战场。着力将六盘山区、秦巴山区等11个集中连片特殊困难地区和西藏、四省藏

---

[1] 谋划好"十三五"时期扶贫开发工作 确保农村贫困人口到2020年如期脱贫[N].人民日报，2015-06-20.

区、新疆南疆3地州作为扶贫开发主战场，对集中连片特殊困难地区全面实施扶贫攻坚。三是调整扶贫开发目标和方式。中央从扶贫开发全局和全面建成小康社会全局出发，提出新阶段扶贫攻坚基本要求：到2020年，稳定实现扶贫对象不愁吃、不愁穿，保障其义务教育、基本医疗和住房。贫困地区农民人均纯收入增长幅度高于全国平均水平，基本公共服务主要领域指标接近全国平均水平，扭转发展差距扩大趋势。[1]

这意味着，新阶段的扶贫开发更加注重解决经济发展方式，更加注重增强扶贫对象自我发展能力，更加注重基本公共服务均等化，更加注重解决制约发展的突出问题。综合而言，新阶段农村扶贫开发涉及面更广、目标更高、内涵更加丰富，关系到1.66亿农村贫困人口的生产发展和生活质量、14个连片特殊困难地区的经济社会发展问题，更关系到中国同步实现全面小康社会的宏伟目标；已经不再局限于扶贫开发，而是更加注重采取综合性措施促进贫困地区发展；也不仅仅强调贫困人口的减少，而是更加注重破解农村贫困的根源问题，以彻底消除贫困和根除贫困源头。这种方式的变化意味着中国农村扶贫开发已经进入全新的根除贫困阶段，也意味着完成扶贫攻坚任务实现全面建成小康社会成为2012年党的十八大之后新一届党中央领导集体的核心工作与国家重要发展战略。

在这个新的历史阶段，党和国家领导人习近平高度重视我国农村的扶贫开发，在对扶贫开发实践进行大量调研、思考的基础上，提出了精准扶贫思想，包括精准识别、精准帮扶、精准退出、精准管理和精准扶贫的体制、机制、路径等，成为我国扶贫开发新阶段的重要指导思想。

一、"六个精准"是成败关键

随着扶贫开发工作的推进和贫困人口总量的减少，进入扶贫开发新阶段之后扶贫开发工作的难度越来越大，因为一方面全面建成小康社会的时

---

[1] 中国农村扶贫开发纲要(2011—2020年)[N].人民日报,2011-12-02.

间越来越短，另一方面贫困人口集中的西部农村地区，贫困人口分布比较密集、贫困程度很深、致贫原因复杂。这就迫切需要用新思路、新方法、新途径来贯彻落实精准扶贫工作。2015年1月19—21日习近平总书记在云南考察工作时指出，"现在距实现全面建成小康社会只有五、六年时间了，时不我待，扶贫开发要增强紧迫感，真抓实干，不能光喊口号，决不能让困难地区和困难群众掉队。要以更加明确的目标、更加有力的举措、更加有效的行动，深入实施精准扶贫、精准脱贫，项目安排和资金使用都要提高精准度，扶到点上、根上，让贫困群众真正得到实惠"[①]。针对精准扶贫中存在的问题，真正使精准扶贫切实进行，让贫困群众真正得到实惠，习近平总书记逐步提出了"六个精准"的要求，作为推进精准扶贫工作的主要抓手。

习近平总书记在云南这次考察时就指出，扶贫开发"要增加资金投入和项目支持，实施精准扶贫、精准脱贫，因乡因族制宜、因村施策、因户施法，扶到点上、扶到根上，扶贫项目安排和资金使用都要提高瞄准度，不要大而化之、撒胡椒面，更不能搞不符合当地实际的面子工程"[②]。2015年6月18日习近平总书记在贵州召开的部分省区市党委主要负责同志座谈会上的讲话中指出，"扶贫开发贵在精准，重在精准，成败之举在于精准"[③]。他特别强调，精准扶贫"关键的关键是要把扶贫对象摸清搞准，把家底盘清，这是前提。心中有数才能工作有方。如果连谁是贫困人口都不知道，扶贫行动从何处发力呢？搞准扶贫对象，一定要进村入户，深入调查研究"[④]。2015年11月27—28日，习近平总书记在中央扶贫开发工作会议上指出，要坚持精准扶贫、精准脱贫，重在提高脱贫攻坚成效，要解

① 坚决打好扶贫开发攻坚战　加快民族地区经济社会发展[N].人民日报,2015-01-22.

② 实施精准扶贫、精准脱贫[J].中国扶贫,2015(24):37.

③ 谋划好"十三五"时期扶贫开发工作　确保农村贫困人口到2020年如期脱贫[N].人民日报,2015-06-20.

④ 中共中央党史和文献研究院.习近平扶贫论述摘编[M].北京:中央文献出版社,2018:59.

决好"扶持谁"的问题，确保把真正的贫困人口弄清楚，把贫困人口、贫困程度、致贫原因等搞清楚，以便做到因户施策、因人施策，要解决好"谁来扶"的问题。①习近平总书记还指出，"精准扶贫是为了精准脱贫。要设定时间表，实现有序退出，既要防止拖延病，又要防止急躁症。要留出缓冲期，在一定时间内实行摘帽不摘政策。要实行严格评估，按照摘帽标准验收。要实行逐户销号，做到脱贫到人，脱没脱贫要同群众一起算账，要群众认账"。2016年1月4—6日，习近平总书记在重庆调研时指出，扶贫开发成败系于精准，要找准"穷根"、明确靶向，量身定做、对症下药，真正扶到点上、扶到根上。②2016年2月1日，习近平总书记春节前夕赴江西看望慰问广大干部群众时指出，在扶贫路上，不能落下一个贫困家庭，丢下一个贫困群众，扶贫、脱贫的措施和工作一定要精准，要因户施策、因人施策，扶到点上、扶到根上，不能大而化之。③2016年3月10日，习近平总书记参加十二届全国人大四次会议青海代表团审议时再次指出，脱贫攻坚一定要扭住精准，做到精准扶贫、精准脱贫④。

习近平总书记针对精准扶贫的这些重要讲话精神，集中体现为他在贵州召开的部分省区市党委主要同志座谈会上的讲话和在2015减贫与发展高层论坛上发表的主旨演讲中提出的"六个精准"。在贵州座谈会上，习近平总书记提出，切实做到精准扶贫需要"各地都要在扶持对象精准、项目安排精准、资金使用精准、措施到户精准、因村派人（第一书记）精准、脱贫成效精准上想办法、出实招、见真效。要坚持因人因地施策，因贫困原因施策，因贫困类型施策，区别不同情况，做到对症下药、精准滴灌、

① 脱贫攻坚战冲锋号已经吹响　全党全国咬定目标苦干实干[N].人民日报,2015-11-29.

② 中共中央党史和文献研究院.习近平扶贫论述摘编[M].北京:中央文献出版社,2018:72.

③ 王萍.在扶贫路上,不落下一个贫困家庭一个贫困群众[N].光明日报,2016-04-27.

④ 习近平李克强张德江王岐山张高丽分别参加全国人大会议一些代表团审议[N].人民日报,2016-03-11.

靶向治疗，不搞大水漫灌、走马观花、大而化之"①。2015年10月16日在2015减贫与发展高层论坛上发表的主旨演讲中，习近平总书记指出，"中国将大幅增加扶贫投入，出台更多惠及贫困地区、贫困人口的政策措施，在扶贫攻坚工作中实施精准扶贫方略，坚持中国制度的优势，注重扶持对象精准、项目安排精准、资金使用精准、措施到户精准、因村派人精准、脱贫成效精准等六个精准，坚持分类施策，广泛动员全社会力量"②。

习近平总书记提出的"六个精准"的要求，即扶持对象精准、项目安排精准、资金使用精准、措施到户精准、因村派人精准、脱贫成效精准，是精准扶贫的主要抓手，是做好精准扶贫工作的关键所在。

二、"五个一批"是主要路径

精准扶贫就是要精准解决问题。"六个精准"解决的是"扶持谁""谁来扶""如何退"的问题，还需要解决"怎么扶"的问题。2015年6月18日在贵州座谈会上，习近平总书记指出要因地制宜研究实施"四个一批"的扶贫攻坚行动计划，"即通过扶持生产和就业发展一批，通过移民搬迁安置一批，通过低保政策兜底一批，通过医疗救助扶持一批，实现贫困人口精准脱贫"。一是通过扶持生产和就业发展一批。对有劳动能力、可以通过生产和务工实现脱贫的贫困人口，要加大产业培育扶持和就业帮助力度，因地制宜多发展一些贫困人口参与度高的区域特色产业，扩大转移就业培训和就业对接服务，使这部分人通过发展生产和外出务工实现稳定脱贫。二是通过移民搬迁安置一批。对居住在深山、石山、高寒、荒漠化等生存环境差、不具备基本发展条件的地方，以及生态环境脆弱、不宜开发的地方的贫困人口，要实施易地搬迁，将这部分人搬迁到条件较好的地

① 谋划好"十三五"时期扶贫开发工作　确保农村贫困人口到2020年如期脱贫[N]. 人民日报，2015-06-20.

② 习近平. 携手消除贫困　促进共同发展[N]. 人民日报，2015-10-17.

方，从根本上解决他们的生计问题。三是通过低保政策兜底一批。对丧失劳动能力、无法通过产业扶持和就业帮助实现脱贫的贫困人口，要通过社会保障实施政策性兜底扶贫，主要是纳入低保体系，通过低保和社会救助等方式稳定解决生计问题。四是通过医疗救助扶持一批。因病致贫、因病返贫的贫困具有暂时性、间歇性特征，只要帮助他们解决医疗费用问题，这部分人就可以通过发展生产或外出务工做到脱贫。完善大病保险政策，增加大病报销比例和救助力度，发挥医疗救助保障对防贫、脱贫的重要作用。

2015年11月27日在中央扶贫开发工作会议上的讲话中，习近平总书记在"四个一批"的基础上增加教育扶贫，形成"五个一批"的精准扶贫主要路径。习近平总书记指出，要解决好"怎么扶"的问题，按照贫困地区和贫困人口的具体情况，实施"五个一批"工程。一是发展生产脱贫一批。引导和支持所有有劳动能力的人依靠自己的双手开创美好明天，立足当地资源，实现就地脱贫。二是易地搬迁脱贫一批。对生存条件恶劣、自然灾害频发的地方，通水、通路、通电等成本很高，贫困人口很难实现就地脱贫，需要实施易地搬迁。易地搬迁扶贫，要按规划、分年度、有计划组织实施，确保搬得出、稳得住、能致富。三是生态补偿脱贫一批。在生存条件差，但生态系统重要、需要保护修复的地区，可以结合生态保护和治理，探索一条生态脱贫的新路子。加大贫困地区生态保护修复力度，增加重点生态功能区转移支付，扩大政策实施范围，让有劳动能力的贫困人口就地转成护林员等生态保护人员。四是发展教育脱贫一批。治贫先治愚，扶贫先扶智，国家教育经费要继续向贫困地区倾斜、向基础教育倾斜、向职业教育倾斜，帮助贫困地区改善办学条件，对农村贫困家庭幼儿特别是留守儿童给予特殊关爱。五是社会保障兜底一批。对贫困人口中完全或部分丧失劳动能力的人，由社会保障来兜底，统筹协调农村扶贫标准和农村低保标准，加大其他形式的社会救助力度。此外，要加大医疗保险和医疗救助，防止因病致贫或因病返贫。①

习近平总书记指出，"五个一批"是就主要路径而言的，各地情况千差万别，不要形而上学都照搬一个模式去做，而要因地制宜，探索多渠道、多元化的精准扶贫新路径。

三、因地制宜是实践要求

2013年11月3日习近平总书记在湘西调研扶贫攻坚时指出，扶贫要实事求是，因地制宜，要精准扶贫，切忌喊口号，也不要定好高骛远的目标。在此次调研中，习近平总书记提出在扶贫开发中要将三件事做实：一是发展生产要实事求是，二是要有基本公共保障，三是下一代要接受教育。各级党委和政府都要想方设法，把现实问题一件件解决，探索可复制的经验。他在2015年6月的贵州座谈会上指出，扶贫开发是全党全社会的共同责任，要动员和凝聚全社会力量广泛参与，要坚持专项扶贫、行业扶贫、社会扶贫等多方力量、多种举措有机结合和互为支撑的"三位一体"大扶贫格局。这两次重要讲话中，习近平总书记提出精准扶贫在实践过程中要遵循实事求是因地制宜的基本原则，采取不同的精准扶贫实践模式。

一是要求精准扶贫与农村生产发展和生态保护相结合，通过生产发展与生态保护实现贫困人口的脱贫。2013年11月，习近平总书记在湘西调研时指出，"扶贫开发要同做好农业农村农民工作结合起来，同发展基本公共服务结合起来，同保护生态环境结合起来，向增强农业综合生产能力和整体素质要效益""贫困地区要脱贫致富，改善交通等基础设施条件很重要，这方面要加大力度，继续支持""要切实办好农村义务教育，让农村下一代掌握更多知识和技能"。②2016年7月19日习近平总书记在宁夏永宁

① 习近平.坚持精准扶贫、精准脱贫,坚决打赢脱贫攻坚战.习近平谈治国理政:第三卷[M].北京:外文出版社,2017:83-86.
② 深化改革开放推进创新驱动　实现全年经济社会发展目标[N].人民日报,2013-11-06.

县闽宁镇考察时指出，当地企业在加快自身发展的同时，也要在产业扶贫过程中发挥好推动作用，先富帮后富，最终实现共同富裕。①这在具体实践中表现为产业扶贫、生态扶贫、科技扶贫等实践模式。

二是要求精准扶贫与增强贫困地区的内生发展动力相结合，提高贫困人口的改变贫困落后的精神意愿与素质能力。2015年3月8日习近平总书记在参加十二届全国人大三次会议广西代表团审议时的讲话中指出，坚持精准扶贫"要帮助贫困地区群众提高身体素质、文化素质、就业能力，努力阻止因病致贫、因病返贫，打开孩子们通过学习成长、青壮年通过多渠道就业改变命运的扎实通道，坚决阻止贫困现象代际传递"②。2015年11月，习近平总书记在中央扶贫开发工作会议上的重要讲话中指出，脱贫致富终究要靠贫困群众用自己的辛勤劳动来实现。没有比人更高的山，没有比脚更长的路。要重视发挥广大基层干部群众的首创精神，让他们的心热起来、行动起来，靠辛勤劳动改变贫困落后面貌。③在具体实践中，一方面地方党委政府加强了精准扶贫的宣传，激活了贫困人口的精神动力，另一方面加大了教育扶贫、医疗扶贫、健康扶贫、文化扶贫等模式的推广力度。

三是要求精准扶贫与加强东中西地区的共享发展、协调发展、共同富裕相结合，增强发达地区对贫困地区的帮扶力度。2016年7月19日，习近平总书记在宁夏永宁县闽宁镇考察时指出，推动福建和宁夏开展对口帮扶，加强东西部扶贫协作和对口支援，在对口合作扶贫开发中"闽宁镇探索出了一条康庄大道，我们要把这个宝贵经验向全国推广"④。2016年7月20

---

① 认清形势聚焦精准深化帮扶确保实效　切实做好新形势下东西部扶贫协作工作[N].人民日报,2016-07-22.

② 习近平李克强张德江俞正声刘云山王岐山张高丽分别参加全国人大会议一些代表团审议[N].人民日报,2015-03-09.

③ 脱贫攻坚战冲锋号已经吹响　全党全国咬定目标苦干实干[N].人民日报,2015-11-29.

④ 习近平在宁夏考察[EB/OL].(2016-07-19) http://www.xinhuanet.com//politics/2016-07/19/c_1119245499_3.htm.

日，习近平总书记在宁夏银川主持召开东西部扶贫协作座谈会上再次指出，东西部扶贫协作和对口支援，是推动区域协调发展、协同发展、共同发展的大战略，是加强区域合作、优化产业布局、拓展对内对外开放新空间的大布局，是实现先富帮后富、最终实现共同富裕目标的大举措，必须认清形势、聚焦精准、深化帮扶、确保实效，切实提高工作水平，全面打赢脱贫攻坚战。[①]这在实践中表现为地域之间的政府对口扶贫、地域内的单位对口扶贫、中央部委机关对口扶贫、国有企业对口扶贫、军队对口扶贫等模式。

四是精准扶贫与全社会的力量相结合，积极调动各种社会资源力量形成大扶贫格局。2015年6月，习近平总书记在贵州座谈会上指出，"扶贫开发是全党全社会的共同责任，要动员和凝聚全社会力量广泛参与"，要坚持专项扶贫、行业扶贫、社会扶贫等多方力量、多种举措有机结合和互为支撑的"三位一体"大扶贫格局，要加大中央和省级财政扶贫投入，坚持政府投入在扶贫开发中的主体和主导作用，增加金融资金对扶贫开发的投放，吸引社会资金参与扶贫开发。要积极开辟扶贫开发新的资金渠道，多渠道增加扶贫开发资金。调动全社会力量参与扶贫开发及其精准扶贫，这在具体实践中表现为行业扶贫、金融扶贫、电商扶贫、旅游扶贫、慈善扶贫等模式。

四、组织领导是重要保障

在全面建成小康社会的决胜时期和关键阶段，扶贫攻坚成为党委政府重中之重的工作任务。2012年12月29—30日，习近平总书记在河北阜平看望慰问困难群众时强调指出，各级党委和政府要把帮助困难群众特别是革命老区、贫困地区的困难群众脱贫致富摆在更加突出位置，因地制宜、

---

① 认清形势聚焦精准深化帮扶确保实效 切实做好新形势下东西部扶贫协作工作[N].人民日报,2016-07-22.

科学规划、分类指导、因势利导，各项扶持政策要进一步向革命老区、贫困地区倾斜，进一步坚定信心、找对路子，坚持苦干实干，推动贫困地区脱贫致富、加快发展。[①]2015年6月，他在贵州座谈会上要求"各级党委和政府必须增强紧迫感和主动性，在扶贫攻坚上进一步理清思路、强化责任，采取力度更大、针对性更强、作用更直接、效果更可持续的措施，特别要在精准扶贫、精准脱贫上下更大功夫"。因此，习近平总书记特别强调精准扶贫中相关组织制度的保障作用，指出精准扶贫"关键是要找准路子、构建好的体制机制，在精准施策上出实招、在精准推进上下实功、在精准落地上见实效"。

一是建立党政一把手负总责的扶贫开发工作领导责任制。2015年3月8日习近平总书记参加十二届全国人大三次会议广西代表团审议时强调指出，"贫困地区各级领导干部要立下军令状，好干部要到扶贫攻坚一线经受磨练"。2015年6月在贵州座谈会上，他明确强调，要切实落实党的领导责任与政府的主导责任，"强化扶贫开发工作领导责任制，把中央统筹、省负总责、市（地）县抓落实的管理体制，片为重点、工作到村、扶贫到户的工作机制，党政一把手负总责的扶贫开发工作责任制，真正落到实处。党政一把手要当好扶贫开发工作第一责任人，深入贫困乡村调查研究，亲自部署和协调任务落实"。为此，2016年2月中共中央办公厅、国务院办公厅印发了《省级党委和政府扶贫开发工作成效考核办法》，明确了中西部地22个省市到2020年的扶贫工作任务。

二是完善中央与地方扶贫攻坚的职能职责协调运行机制。2015年6月在贵州座谈会上，习近平总书记明确强调指出，"中央要做好政策制定、项目规划、资金筹备、考核评价、总体运筹等工作，省级要做好目标确定、项目下达、资金投放、组织动员、检查指导等工作，市（地）县要做好进度安排、项目落地、资金使用、人力调配、推进实施等工作"。

---

① 习近平. 在河北省阜平县考察扶贫开发工作时的讲话[J]. 求是,2021(4):4-13.

三是构建精准扶贫精准脱贫的时间考核机制。2015年11月，习近平总书记在中央扶贫开发工作会议上指出，精准扶贫与精准脱贫重在提高脱贫攻坚的成效，精准扶贫是为了精准脱贫；要设定时间表，实现有序退出，既要防止拖延病，又要防止急躁症；要留出缓冲期，在一定时间内实行摘帽不摘政策；要实行严格评估，按照摘帽标准验收。要实行逐户销号，做到脱贫到人，脱没脱贫要同群众一起算账，要群众认账。

四是抓好带领群众扶贫攻坚的基层党组织建设。2015年6月在贵州座谈会上，习近平总书记指出，"做好扶贫开发工作，基层是基础。要把扶贫开发同基层组织建设有机结合起来，抓好以村党组织为核心的村级组织配套建设，鼓励和选派思想好、作风正、能力强、愿意为群众服务的优秀年轻干部、退伍军人、高校毕业生到贫困村工作，真正把基层党组织建设成带领群众脱贫致富的坚强战斗堡垒。选派扶贫工作队是加强基层扶贫工作的有效组织措施，要做到每个贫困村都有驻村工作队、每个贫困户都有帮扶责任人。工作队和驻村干部要一心扑在扶贫开发工作上，有效发挥作用"。

五、全面小康是目标指向

精准扶贫的目的是精准脱贫，而精准脱贫是全面建成小康社会的前提条件，也是全面建成小康社会的标志。2012年12月习近平总书记在河北省阜平县考察扶贫开发工作时就指出，"消除贫困、改善民生、实现共同富裕，是社会主义的本质要求"[①]。全面建成小康社会，最艰巨最繁重的任务在农村、特别是在贫困地区。没有农村的小康，特别是没有贫困地区的小康，就没有全面建成小康社会。2016年3月10日，习近平总书记在参加

---

① 习近平.在河北省阜平县考察扶贫开发工作时的讲话[J].求是,2021(4):4-13.

十二届全国人大四次会议青海代表团审议时再次强调，"十三五"时期是脱贫攻坚啃硬骨头、攻城拔寨的时期，必须横下一条心，加大力度，加快速度，加紧进度，齐心协力打赢脱贫攻坚战，确保到2020年现行标准下农村牧区贫困人口全部脱贫，贫困县全部摘帽。①因此，精准扶贫的目标指向是全面建成小康社会。

对于全面建成小康社会，2015年10月29日习近平总书记在中共十八届五中全会第二次全体会议上的讲话中指出，"全面建成小康社会，强调的不仅是'小康'，而且更重要的也是更难做到的是'全面'。'小康'讲的是发展水平，'全面'讲的是发展的平衡性、协调性、可持续性。如果到2020年我们在总量和速度上完成了目标，但发展不平衡、不协调、不可持续问题更加严重，短板更加突出，就算不上真正实现了目标，即使最后宣布实现了，也无法得到人民群众和国际社会认可"②。在这次会议上，习近平总书记全面阐释了"全面小康社会"中"全面"与"小康"的涵义与相互关系，明确指出"农村贫困人口脱贫是最突出的短板"，因此要把"农村贫困人口脱贫作为全面建成小康社会的基本标志，强调实施精准扶贫、精准脱贫，以更大决心、更精准思路、更有力措施，采取超常举措，实施脱贫攻坚工程，确保我国现行标准下农村贫困人口实现脱贫、贫困县全部摘帽、解决区域性整体贫困"。2017年2月22日，习近平总书记在中共中央政治局第三十九次集体学习时强调指出，"农村贫困人口如期脱贫、贫困县全部摘帽、解决区域性整体贫困，是全面建成小康社会的底线任务，是我们作出的庄严承诺。要强化领导责任、强化资金投入、强化部门

---

① 习近平李克强张德江王岐山张高丽分别参加全国人大会议一些代表团审议[N].人民日报，2016-03-11.

② 中共中央文献研究室.习近平总书记重要讲话文章选编[M].北京:中央文献出版社,2016:272.

协同、强化东西协作、强化社会合力、强化基层活力、强化任务落实，集中力量攻坚克难，更好推进精准扶贫、精准脱贫，确保如期实现脱贫攻坚目标"[1]。也就是说，通过精准扶贫，实现贫困人口的全部脱贫，真正实现全面建成小康社会的百年奋斗目标。

---

[1] 更好推进精准扶贫精准脱贫　确保如期实现脱贫攻坚目标[N].人民日报,2017-02-23.

第二章

西部地区精准扶贫的实践路径

　　党的十八大以来，以习近平同志为核心的党中央将扶贫开发上升到全面建成小康社会、实现第一个百年奋斗目标的新高度，扶贫投入不断加大，扶贫方式持续创新，取得举世瞩目的成就。2011—2015年，现行标准下农村贫困人口减少1亿多人，贫困发生率下降了11.5个百分点。截至2015年底，我国还有5630万农村建档立卡贫困人口，主要分布在832个国家扶贫开发工作重点县、集中连片特困地区县（以下统称贫困县）和12.8万个建档立卡贫困村，多数西部省份的贫困发生率在10%以上，民族8省区贫困发生率达12.1%。①确保到2020年现行标准下农村贫困人口全部脱贫是全面建成小康社会的底线目标。2016年全国1240万人脱贫，实现了"十三五"期间脱贫攻坚的良好开局。余下的贫困群众，贫困程度更深、致贫因素更加复杂。实现2020年打赢脱贫攻坚战的目标，时间特别紧、任务特别艰巨。作为精准扶贫的主要战场，西部各省区市创新工作思路，探索各具特色的精准扶贫模式，并通过系列实践取得了可推广可复制的宝贵经验。本章以具体地区的实践为研究案例，系统梳理西部地区精准扶贫各种模式的原理、举措和成效，对因地制宜推广脱贫先进经验、加速推进脱贫攻坚进程、提升脱贫攻坚效率具有重要作用。

---

① 国务院印发《"十三五"脱贫攻坚规划》[N]. 人民日报，2016-12-03.

易地扶贫搬迁

贫困在一定程度上是资源环境问题。贫困的发生和程度大小与资源环境状况密切相关，常为资源短缺和环境脆弱的伴生现象。最贫困的人口往往生活在世界上生态恢复能力最差、环境破坏最严重的地区。西部大量贫困区域在地理空间上与重点生态功能区重合，这些地区普遍生态环境脆弱、生存条件恶劣，贫困与环境约束相互交织、互为因果。根据国务院2010年发布的《全国主体功能区规划》，全国范围内，限制开发区域（国家重点生态功能区）共有25个，其中西部地区18个。根据主体功能区划分的禁止开发区域①中，国家级自然保护区共覆盖县级行政单位319个，250个属于西部地区，其中114个是贫困县。此外，世界文化遗产39个，西部地区12个；国家级名胜景区共182个，西部地区71个；国家地质公园共138个，西部地区51个。西部地区的生态环境水平直接关系到我国整体生态环境质量，无论是限制开发区域还是禁止开发区域，在西部地区的覆盖范围均比较广泛，生态保护受到国家层面的高度重视。

习近平总书记指出，要按照贫困地区和贫困人口的具体情况解决好"怎么扶"的问题；对很难实现就地脱贫的要实施易地搬迁；要加大贫困

---

① 即禁止进行工业化城镇化开发的重点生态功能区。

地区生态保护修复力度。易地扶贫搬迁是西部地区脱贫攻坚的重中之重，既是破解环境约束下扶贫开发困境的不得已之举，又是推动生态建设与经济发展协同共进的主动作为。

一、扶贫开发与生态保护的两难困境

西部地区地形地貌复杂，生态环境脆弱、地质灾害高发或地方病高发之地广布，经过多轮扶贫开发，余下的贫困群众贫困程度更深、分布更加零散、致贫因素更加复杂。贫困群众就地脱贫难，在于陷入了资源禀赋与传统生产生活方式相互制约的恶性循环。以农业为主的人类生产生活与自然环境相生相伴、相互影响。一方面，人类生产生活需要从生态系统中攫取各类自然资源（如水、土地、树木等）以维持自身的发展；另一方面，人类的生产生活活动会给生态系统带来副作用（如水资源污染、土地污染、资源消耗与生态破坏等）。对于贫困群众，原住地生态承载能力明显不足、基础设施极其缺乏、公共服务严重滞后且市场发育迟滞，客观环境将农业生产束缚于传统低附加值产品种植上，农民靠天吃饭，通过不断扩大开垦面积保障收成。粗放生产方式与落后生活方式叠加，进一步增加生态系统承载的压力，资源容蓄能力不断下降。贫困地区陷入了"越穷越垦、越垦越穷"的怪圈，农民收入水平低、波动大且生态环境趋于恶化。

扶贫和生态保护之间的两难困境并非不能打破。从区域经济循环发展的更高层次上看，扶贫开发与生态保护是辩证统一的。一方面，科学合理的扶贫开发为生态保护提供物质保障。只有大力推进扶贫开发，提高贫困地区经济发展水平，才能为生态保护与生态修复提供必要的人力、物力和财力支持。另一方面，扶贫开发若忽视环境保护则会遭到大自然的报复。现实中，有的地区脱离自然条件搞开发，竭泽而渔，导致生态环境严重恶化，虽然获得暂时经济收益，但长期发展基础丧失，很快重新返贫。现实告诫我们，打赢脱贫攻坚战，必须扶贫开发与生态保护并重。①

易地扶贫搬迁充分利用劳动力这一生产要素流动性相对较大的特点，通过人口外迁转移赋予其新的资源禀赋。新环境中的生产要素组合，赋予贫困群众突破传统低附加值农产品生产怪圈的可能性。迁出地人口数量的下降缓解了人地冲突导致的生态压力，生态系统提供生态公共产品和特色效益产品的能力得以增强。人口的相对聚居为土地适度流转和新业态的发展留出空间，通过农业生产方式改造和二、三产业的快速发展，提高贫困群众的劳动生产效率，实现收入水平快速提升。同时，迁入地相对完善的基础设施和配套公共服务可显著降低生产生活成本，极大改善贫困群众的福利水平。易地扶贫搬迁通过优化生产要素的空间配置，实现了生态环境与经济发展的良性循环。人类的生产生活行为与生态系统相协调，精准脱贫进程与生态系统修复相耦合。

二、易地扶贫搬迁的发展历程和工作原则

易地扶贫搬迁在中国的实践时间长、范围广，是精准扶贫的重要模式之一。基于长期工作经验提炼出的工作原则，有效提升了易地扶贫搬迁的工作成效。

1.易地扶贫搬迁的发展历程

易地扶贫搬迁原称异地扶贫搬迁或自愿移民搬迁，2007年"十一五"规划将其正式定名为易地扶贫搬迁。我国关于易地扶贫搬迁的实践始于20世纪80年代。1983年，针对甘肃河西、定西和宁夏西海固等地区②严重干旱缺水和当地群众生活困难的情况，我国试行移民搬迁。"三西吊庄移民扶贫"是全国第一个包含搬迁在内的开发式扶贫，取得了良好的经济、社会和生态效益，开启了搬迁扶贫的先河。随后，因为地质灾害、生态保护

---

① 龙迎伟.坚持扶贫开发与生态保护并重[N].人民日报,2017-10-27.
② 统称为"三西"地区。

或大型工程项目的修建，全国各地陆续实施了多个易地搬迁项目。易地搬迁这种方式在保护环境的同时解决了许多贫困户的生存问题，具有生态保护和脱贫的双重功效。

易地扶贫搬迁逐步得到国家层面的推广。2001年国家决定在内蒙古、贵州、云南、宁夏4省区实施易地扶贫搬迁试点工程，随后又扩大至全国17个省区市，将其作为扶贫的重要方式之一。易地扶贫搬迁主要是把居住在深山区、石山区、生态环境脆弱地区以及"一方水土养不活一方人"的生产生活条件极为艰苦地区的贫困农户搬迁出来，安置到条件较好的地区，彻底改变其生产生活条件，从根本上解决长期困扰他们的生存问题。这是新时期扶贫开发的一项重大战略举措，是适应新阶段、新形势扶贫工作需要的有效扶贫手段。[1]2001—2015年，累计安排易地扶贫搬迁中央补助投资363亿元，支持680多万贫困群众完成搬迁。[2]

精准扶贫精准脱贫方略实施以来，国家有计划大规模地推动易地扶贫搬迁工作。2015年，习近平总书记在减贫与发展高层论坛上首次提出"五个一批"脱贫措施，易地搬迁扶贫是"五个一批"的重要构成。后续该方法被写入《中共中央国务院关于打赢脱贫攻坚战的决定》《"十三五"脱贫攻坚规划》和《中共中央国务院关于打赢脱贫攻坚战三年行动的指导意见》等党和国家脱贫攻坚的顶层规划中。2015年全国还有约1000万人生活在"一方水土养不了一方人"的地区。党中央、国务院决定用5年时间分步完成搬迁工作，使这1000万贫困群众彻底摆脱恶劣的生产生活环境。

2.易地扶贫搬迁的工作原则

按照"搬得出、稳得住、有就业、逐步能致富"的要求，易地扶贫搬迁遵循以下工作原则。一是群众自愿，资源聚合。各级政府是易地扶贫开

---

① 王永平,袁家榆,曾凡勤,陈妮.贵州易地扶贫搬迁安置模式的探索与实践[J].生态经济,2008(1):400.

② 童章舜.新中国成立以来易地扶贫搬迁工作的成效与经验[J].中国经贸导刊,2019(19):40-43.

发工作的责任主体，通过政策导向、典型示范、思想政治工作等方法，引导和动员群众自愿参与搬迁。充分尊重农民群众意愿，不搞强迫命令，防止以易地扶贫搬迁为名搞"运动式"搬迁。加强统筹谋划和资源整合，动员政府、市场等多方力量共同参与。二是精准识别搬迁对象。易地扶贫搬迁的对象主要是居住在深山、石山、高寒、荒漠化、地方病多发等生存环境差、不具备基本发展条件以及生态环境脆弱、限制或禁止开发地区的农村建档立卡贫困人口。对于自愿一同搬迁的非贫困户，在基础设施方面的扶持上，国家政策一视同仁，但在安置房的建设上需自筹资金予以解决，严格把握对象精准的"界线"。三是保障基本生活生产条件。建档立卡贫困人口的搬迁安置住房建设以"保障基本、安全适用"为原则，建设面积严格控制在人均25平方米以内。对于按照一户一宅方式安置的，可在分配的宅基地上预留续建空间，由贫困户自主决定后续是否扩建。享受政策的建档立卡搬迁户，在未稳定脱贫前，不得自主举债扩建，以托住搬迁不举债的"底线"。四是统筹扶贫搬迁与产业发展。实行先开发后搬迁或者搬迁与开发并举，加强必要的生产性设施和必需的生活设施建设，从实际出发，因地制宜地扶持产业发展，整合各种资源和力量，通过发展小城镇、培育优势特色产业、加强多种技能培训等途径，为搬迁群众自我发展、脱贫致富搭建广阔的平台。[①]

三、易地扶贫搬迁的实践做法

西部各省区市结合自身情况开展易地扶贫搬迁工作，形成了多种形式的探索路径，极大地丰富了易地扶贫搬迁的内涵。重庆市的高山生态扶贫搬迁和陕西省的避灾扶贫生态移民是不同条件下易地扶贫搬迁实践的典型代表。

---

① 孙永真,高春雨.新时期我国易地扶贫搬迁安置的理论研究[J].安徽农业科学,2013(36):14095-14096.

1.重庆高山生态扶贫搬迁

重庆市有14个国家级贫困县、4个市级贫困县，[①]主要分布于渝东北的秦巴山区和渝东南的武陵山区，是重庆扶贫对象最多、贫困发生率最高、扶贫工作难度最大的区域，也是《中国农村扶贫开发纲要（2011—2020年）》规划的扶贫攻坚主战场。渝东北所在的三峡库区是对国家生态安全具有重要作用的"水源涵养重要生态功能区"，渝东南所处的武陵山区是国家重要的"生物多样性与水土保持生态区"，均肩负着生态保护的重任。

高山生态扶贫搬迁是重庆市结合自身要素禀赋、贫困成因和经济社会发展特点所形成的易地扶贫搬迁具体形式，在充分体现易地扶贫搬迁工作要求的基础上又有所突破，对易地扶贫搬迁及其背后蕴含的绿色发展、协调发展本源进行了生动实践。按照全市整村脱贫攻坚"建八有、解八难"的要求（如表2-1所示），通过引导移民搬迁、发展特色产业、强化基础设施建设构建起贫困地区内生发展的硬件基础，通过推进基本公共服务覆盖、创新工作机制构建起扶贫开发与生态保护良性互动的柔性环境。

表2-1 重庆市整村脱贫攻坚总体要求："建八有、解八难"

解八难	建八有
贫困户稳定增收难	有一个特色主导产业
便捷出行难	有一条硬(油)化村社公路
安全饮水难	有一个便民服务中心
住房改造难	有一套落实社保政策到户的具体措施
素质提升难	有一个整洁的村容村貌
看病就医难	有一个坚强有力的村级班子
子女上学难	有一支稳定的驻村工作队
公共服务难	有一个有效的结对帮扶机制

---

① 此为截至2015年的数据。

（1）举措

优化流动要素配置，突破内生发展瓶颈。以人的流动打破高山地区内生发展要素的相互制约，提升有限资源的产出水平。在农户自愿的前提下，政府统筹整合各类涉农资金，向高山生态扶贫搬迁工作重点倾斜。通过提高补助标准、地票交易、小额贷款贴息、机关单位结对帮扶、社会援助等多种方式筹集资金，建立起"市级统一购买服务、市级平台统一承接资金、区县实施主体代建项目"的高山生态扶贫搬迁融资运作机制。聚居点的建设注重传承村落特色风貌，完善聚居地卫生处理、生活便利化等配套服务。贫困地区的生态空间得以修复，贫困群众的生活、生产空间得以优化，奠定了内生发展的基础。

加速基础设施建设，补齐内生发展短板。全局谋划，统一部署，将贫困地区基础设施建设置于经济社会发展的优先地位。加速高速路网向边远乡镇延伸，提高村组道路硬化建设标准，大力推进村内生产便道、人行便道建设，畅通贫困地区交通网络。全面解决贫困村安全饮水问题，强化农村水利基础设施建设，大力整治维修山坪塘。以"安全可靠、节能环保、技术先进"为目标，实施农村电网升级改造工程。强力推进贫困地区乡村环境整治，提高市级项目资金配套比例。基础设施的改善，有效解决了高山地区群众出行难、农产品运输难、信息闭塞等问题。

培育特色竞争优势，加速提升经济效益。特色产业是支撑贫困群众持续增收、自主脱贫的载体。高山地区拥有丰富的动植物资源、森林资源和旅游资源，发展特色一三产业具备比较优势。布局独具三峡特色的农产品和生态旅游纪念品，大力发展生态旅游、文化旅游、乡村旅游、休闲旅游。支持贫困区县建设产出强度和产业集中度较高的特色生态工业园，优先发展符合生态环保要求的特色加工项目。深化农村产权制度改革，在确权颁证的基础上促进土地经营权的流通变现，从经营性收益、财产性收益和务工收益三个角度提升贫困群众收入。通过搬迁工程与后续产业发展规划同步推进，增强移民自身的"造血"能力。

推动基本公共服务全覆盖，消除移民后顾之忧。强力推进贫困地区基本公共服务均等化，并进一步向贫困群众倾斜。加大贫困家庭子女全学业阶段资助，以全科教师为抓手强化乡村教师队伍建设，推广职业教育培训，着力推进教育扶贫进程。全面完成贫困村卫生室标准化建设，建立针对贫困人口的城乡居民合作医疗保险、大病保险、补充商业保险、医疗救助相衔接的医疗保障制度，贫困户大病医疗、补充商业保险实现全覆盖。实现扶贫开发与农村低保"两线合一"的有效衔接，切实发挥农村低保的兜底作用。通过基本公共服务的多维覆盖，形成保证贫困群众基本生活水平的多级安全网。

提升基层治理能力，化解减贫执行困境。基层组织是扶贫政策执行主体和精准脱贫的带头人。以基层党组织建设为依托，将贫困的问题与提升后进组织能力同步思考、同步解决，为贫困地区留下一支讲规矩、重感情、有能力的发展带头队伍。狠抓入户走访、院坝摆谈、村民小组、村两委会、驻村干部"五道关口"，避免"被贫困"；加强村民代表参与、村民财务监督、村级财务公示、村财乡管镇管、乡镇政府自查"五个加强"，在资金使用上精准管理，避免"被扶贫"；实行村两委会、"第一书记"、驻村工作队、对口帮扶单位、乡镇政府"五方认定"，避免"被脱贫"。完善精准扶贫基层治理体系，努力提升精准脱贫工作效率。

（2）成效

通过构建起硬件软件相互支撑融合的工作体系，高山生态扶贫搬迁实现了良好的社会效益、生态效益和经济效益。截至2017年4月，重庆已累计搬迁70万余贫困群众。高山生态扶贫搬迁通过人口下山聚居、外迁转移，有效降低高山地区人口容量，实现了经济发展与生态保护的良性互动。对于移民，搬迁赋予其新的资源禀赋。贫困群众自主拼搏的内生发展动力更足、生产结构更优、社会稳定基础更实。

2.陕西避灾扶贫生态移民

陕西省地势南北高、中间低,北山和秦岭把陕西分为三大自然区:北部是陕北高原,面积约占全省总面积45%,多风沙;中部是关中平原,面积约占全省总面积19%;南部是秦巴山地,面积约占全省总面积36%,丘陵沟壑密布。陕西部分地区,群众自建房屋质量很差,陕南、陕北的大量民房选址也极不科学,地震、泥石流、滑坡等地质灾害时刻威胁着部分群众的生命财产安全。2011年,陕西省正式启动避灾扶贫生态移民工程。"十二五"期间,陕西省共投入资金595亿元,建设集中安置点2252个,搬迁安置32.4万户111.89万人。通过搬迁,群众生产生活条件得到根本改善,山区"循环式受灾"的魔咒得以打破。陕南共减少41万贫困人口,75.2万搬迁群众进城入镇。在与国家易地搬迁工程对接后,陕西易地搬迁工作范围进一步扩大,并呈现提速增效态势。新一轮搬迁统筹扶贫搬迁、避灾搬迁、生态搬迁和其他搬迁四大类,到"十三五"末,陕西省完成近300万人的搬迁安置工作。

(1)举措

围绕"三精主线",全面推进易地搬迁流程管理。始终紧扣"精准搬迁、精确施策、精细管理"主线,提升易地扶贫搬迁工作成效。在精准搬迁方面,以搬迁群众的基础信息动态化精细管理为基础,在国家政策框架下,持续做好搬迁对象精准管理、搬迁安置地精准规划、安置房精准建设、搬迁户精准入住和脱贫户精准退出工作。在精准施策方面,围绕搬迁精准实施"搬迁政策",围绕后续发展能力精准实施"产业扶贫",围绕稳定就业精准落实"就业脱贫",围绕资源整合精准统筹"叠加政策"。在精细管理方面,规范"一户一档"精细管理搬迁对象,按照年度计划精细管理搬迁计划,按照进度要求精细管理搬迁项目,整合社会公共服务开展精细社区管理。①

完善配套设施，确保贫困群众搬得出稳得住。对照"小型保基本、中型保功能、大型全覆盖"的要求，严格执行建设标准，在完善安置点配套设施上花更大气力。深入实施贫困村通村通组沥青（水泥）路、农村安全饮水巩固提升全覆盖和自然村通动力电等基础设施"三提升"工程，加强污水、垃圾处理设施建设，提高安置点承载能力。注重与教育扶贫、健康扶贫等政策衔接，同步规划、同步建设教育、卫生、文化、体育以及其他便民保障设施，满足贫困户基本公共服务需求。

优化产业布局，多措并举拓宽就近就业渠道。立足安置点的资源禀赋和贫困户实际情况，推动产业脱贫项目在安置点优先布局。发展适宜的劳动密集型工业，积极推广"楼上居住、楼下建厂"和"山上建园区、山下建社区、农民变工人"的社区工厂模式，将贫困户嵌入农产品加工、资源深加工、绿色食品、大工业配套等产业链条中。引导搬迁贫困户土地有序流转，扶持一批贫困户参与度高的新型农业经营主体和特色农业基地，培育新型职业农民。在靠近城镇、景区和交通枢纽的安置点，引导贫困群众从事商贸物流、乡村旅游、农村电商等服务业，实现收入来源多样化。统筹做好劳务输出、技能培训、创业服务、公益岗位设置等保障工作，精准落实符合劳动力特征的岗位需求，实现搬迁与脱贫衔接、生产与生活同步、安居与乐业统筹。

加强安置点服务管理，提升搬迁群众融入感。健全社区组织机构，创新社区管理服务模式，有针对性地提高安置点物业、文化、福利、商业等各领域服务水平。强化搬迁贫困户权益保障，按照"搬出地管理林和地、迁入地管理房和人"的基本思路，既保障搬迁户在原集体经济组织相关权益，又保障搬迁群众在迁入地平等享有基本养老、低保、就业、就医、上

---

① 参见《陕西省脱贫攻坚指挥部关于深入推进全省易地扶贫搬迁"精准搬迁、精确施策、精细管理"工作的意见》，陕脱贫发〔2017〕44号。

学等社会保障，确保搬迁群众在安置点遇事有人管、就近可保障、公平享受基本公共服务。

大力推进旧宅腾退工作。做好搬迁群众拆旧复垦后的土地确权颁证工作，加快推进旧宅基地腾退和复垦复绿、生态修复。强化基层干部旧宅基地腾退复垦的培训工作，做到真正学懂弄通拆旧复垦相关政策，化解部分基层干部存在畏难情绪、个别同志政策掌握不够清楚等问题，进一步严格规范管理，守住政策底线。认真做好搬迁群众思想工作，保障搬迁群众知情权、参与权和受益权。

（2）成效

截至2018年10月，陕西全省"十三五"易地扶贫搬迁28.45万套的住房建设任务已全部开工，竣工占比96.82%。50.9万易地扶贫搬迁群众喜迁新居，累计建设集中安置社区2276个，集中安置率达到90.73%，城镇安置率达到64.72%。47万人在安置社区附近实现就地就近就业，催生了"社区工厂"等新兴就业模式的形成和发展。基础设施、公共服务设施相继配套，大幅改善了贫困地区生产生活条件，易地扶贫安置社区及配套的产业园区成为贫困地区的亮点工程，有效助推全省新型城镇化，促进城乡公共服务均等化水平的提升，"一举多赢"的溢出效应显现。已有24.7万涉及减贫计划的易地扶贫搬迁群众脱贫退出，实现了"挪穷窝、移穷业、断穷根"的工作初心。[①]

四、易地扶贫搬迁实现精准脱贫与生态保护的双赢

易地扶贫搬迁，实现了良好的脱贫效果，根源在于打破了狭隘的资源观、优势观、发展观，坚定不移地走绿色发展之路。充分承认生态环境的价值，通过重塑人与自然的关系，将生态优势转化为现实的经济效益。首

---

① 数据来源:刘国中省长、陈国强副省长在全省易地扶贫搬迁工作经验交流座谈会上的讲话，http://www.shaanxi.gov.cn/info/iList.jsp? tm_id=168&cat_id=14715&info_id=130361.

先，搬迁为生态环境的修复进程留足空间，生态体系的自然资源容蓄能力增加。其次，顺应规律选择特色产业，让各地的生态系统做自身最擅长的事情，形成提供特色产品和服务的潜在比较优势。通过政府适当引导，补齐产业发展、特色产品流通的短板，将潜在优势转化为现实的竞争优势。深化发展的认识、拓展发展的外沿，易地搬迁与相应配套政策共同作用，以绿色发展之路构建起贫困地区和贫困群众的内生发展能力。

四川的生态建设扶贫、贵州的易地扶贫搬迁、宁夏的生态移民工程和内蒙古自治区农牧交错带生态脆弱区移民扶贫等易地扶贫搬迁的具体形式各具特色、成效显著，在实践中极大地丰富了易地扶贫搬迁的内涵。以搬迁为抓手，在摆脱贫困的同时实现了区域经济"活"、政治"清"、文化"兴"、社会"和"、生态"优"，优化生产、生活、生态空间，为绿色发展、可持续发展奠定基础。

截至2020年3月底，全国累计建成易地扶贫搬迁安置住房266余万套，947万建档立卡贫困人口搬迁入住，搬迁入住率达99%。河北、内蒙古、吉林、安徽、福建、江西、山东、河南、广西、贵州、甘肃、青海、宁夏、新疆等省份已全面完成搬迁入住。各地已拆除旧房182万套，拆旧率88%，已为超过900万建档立卡搬迁人口落实后续扶持措施，89%的有劳动力搬迁家庭实现一人及以上人口就业。

提升贫困地区涉农产业的营运能力是构建贫困地区和贫困群众内生发展能力的基础。贫困地区市场体系发育普遍滞后、交易信息严重不对称，产品定价与实际价值偏差较大。在传统的农产品价值单向传递链条中，农民处于上游，议价能力弱，俘获产品价值的能力极其有限。如何优化贫困地区产业价值链，让贫困群众从农业经营中获得更多收益，是产业脱贫的重大问题。农村电子商务依托网络平台，借助现代物流配送方式实现了商品从农村的商家到城市消费者之间的直接转移，将贫困地区的农产品直接销往城市，并将农民日常生产和生活所需的工业品直接带到农村。[①]国家坚持农业一体化和农村电商优先发展，促进农村经济健康发展、农民就业增收，农村电商已经发展成为了解决"三农"问题，提升脱贫成效的重要手段。

一、传统产业价值链下农民价值俘获能力欠缺

我国农业年总产值约10万亿元，从农业发展的现状来看，模式转变和

[①] 文慧群. 上思县农村电子商务发展的现状及对策研究[D]. 南宁：广西大学. 2019：11-16，42-48.

技术提升每年可创造约10%的产值提升空间，孕育近万亿的市场体量。然而，现实中我国的农业总产值增速却逐年减缓。[①]我国的农业经营大多以家庭为单位，因单个经营主体的人力财力所限，难以达到规模化、机械化、科学化的门槛，分散的经营主体处于"贫穷但有效"的状态。农民在产业链、价值链，尤其是流通环节缺乏议价能力。单个经营主体在生产资料购买和特色产品销售定价权的缺失，进一步固化其在产业经营活动中重生产轻流通的特点。

传统农业发展面临三大"痛点"。一是流通环节多，效率低、成本高。我国山区和丘陵占国土面积比重大，农村基础设施建设存在巨大差异，物流条件差造成农产品流通困难。传统的价格变动模式是：农产品从生产者到各大批发市场，再到销售地批发市场，中间价格上浮15%—20%；从销售地批发市场到各级分销网点和店铺，价格再次上浮15%—20%；农产品最终到达消费者手中时，价格再次上浮15%—20%。在整个流通环节中，农产品层层加价，物流费用占比偏高。产品价格上涨的收益难以传导到农民手中，导致农民生产积极性不高，规模化生产更加难以实现。二是标准化品牌化建设困难。农产品的标准化是农产品品牌化的基础。我国虽初步形成了以国家标准为主，行业标准、地方标准、企业标准相配套的农业标准体系，但在实际农业生产中标准运用率低，执行力度明显不足。品牌化建设虽快速发展，但是受限于资金、能力、推广力度和品牌保护等因素，品牌竞争力不强、附加值低。三是现代农业人才较少。我国农民整体文化素质较低，大部分地区的农业生产主要依赖祖祖辈辈传下来的经验。虽然我国接受高等教育的人数增加，但愿意回乡发展和从事农业生产的人数比重很小，导致农业现代化发展的进程较慢。

农民在产品价值链上俘获的产品价值低，在传统的农产品价值单向传导模式下脱贫难度越来越大。贫困地区的优质产品无法转化为农民的收

---

① 参见中国农业科学院《中国农业产业发展报告2019》。

入，"富饶的贫困"成为常态。电子商务扶贫以电商平台运用为突破口，用现代销售模式逆向变革产业价值链，带动贫困群众增收取得良好效果。

二、电子商务扶贫的发展历程和工作原则

电子商务扶贫根植于中国农村电子商务产业，起步时间虽晚，但发展成效显著。随着农村基础设施不断完善对农村电商发展的补充和推动，电子商务扶贫体量不断上升，成为进入门槛较低、扶贫成效显著的扶贫方式之一。

1. 电子商务扶贫的发展历程

中国的农村电子商务萌芽于20世纪90年代末。经过十几年发展，2013—2014年，B2B、C2C、C2B等各种商业模式相继出现，农村电商发展进入成熟期并逐步迈向高峰。自2014年起，电商扶贫取得显著成效，京东、阿里、苏宁、美团等多家头部电商平台都开通了电商扶贫频道。近年来，中央和地方政府非常重视并纷纷开始探索电商扶贫，出台了一系列支持农村电商发展的政策文件。

自2014年起，历年中央一号文件逐步加码推动农村电商发展。从加强农产品电子商务平台建设，到深入实施电子商务进农村综合示范，再到扩大电子商务进农村覆盖面，核心目标在于畅通推动农产品进城、工业品下乡的双向流动通道。[①]2015年，《中共中央国务院关于打赢脱贫攻坚战的决定》明确"实施电商扶贫工程。加快贫困地区物流配送体系建设，支持邮政、供销合作等系统在贫困乡村建立服务网点。支持电商企业拓展农村业务，加强贫困地区农产品网上销售平台建设。加强贫困地区农村电商人才培训。对贫困家庭开设网店给予网络资费补助、小额信贷等支持"。2018年，《中共中央国务院关于打赢脱贫攻坚战三年行动的指导意见》明确电

---

① 中共中央国务院关于抓好"三农"领域重点工作确保如期实现全面小康的意见[N].人民日报，2020–02–06.

子商务是产业扶贫的重要支撑，要求"实施电商扶贫，优先在贫困县建设农村电子商务服务站点。继续实施电子商务进农村综合示范项目。动员大型电商企业和电商强县对口帮扶贫困县，推进电商扶贫网络频道建设"。商务部、财政部、国务院扶贫办等部门也多次出台相关政策，目标是以贫困县（832个）、贫困村（12.8万个）和建档立卡贫困户为重点，注重农产品上行，促进商品流通，拓宽贫困地区特色优质农副产品销售渠道和贫困人口增收脱贫渠道。[①]

2.电子商务扶贫的工作原则

围绕"畅通推动农产品进城、工业品下乡双向流通"，更多惠及贫困地区和贫困人口的目标，电商扶贫遵循五大基本原则。一是政府引导、市场主导。坚持政府引导、扶持不干预、服务不包揽，充分发挥市场在农村电商资源配置中的决定性作用，培育发展贫困地区电商产业，带动贫困人口通过就业增收脱贫。二是多元平台、突出特色。选择国内较为成熟的第三方电商服务平台开展合作，结合不同电商企业发展方向和贫困地区实际情况，注重农副产品上行，突出特色、因地制宜，搭建贫困地区产品和电商平台间的桥梁。三是先易后难、循序渐进。对具有一定资源优势、产业和电商基础好、工作积极性较高的贫困县，可率先列入电商扶贫示范点，边探索、边总结、边推广。四是社会参与、上下联动。整合各类扶贫资源，鼓励引导市场化电子商务平台和电子商务服务商广泛参与，充分调动贫困群众利用电子商务、参与电子商务产业链的主动性积极性。五是鼓励创新、典型引路。坚持以基层实践推动政策体系创新，及时发现和总结电商在推动精准扶贫精准脱贫方面的典型模式，总结推广一批可学习、可操

---

① 《关于促进电商精准扶贫的指导意见》国开办发〔2016〕40号［EB/OL］.（2016–11–04）. http://www.scio.gov.cn/xwfbh/xwbfbh/wqfbh/35861/36885/xgzc36891/Document/1557351/1557351.htm.

作、可复制、可推广的经验。[1]

三、电子商务扶贫的实践做法

农村电子商务发挥扶贫功能是产业生态中多种要素共同作用的结果。西部地区在电子商务扶贫实践中，围绕电子商务产业不断完善支撑要素，为贫困地区优质农特产品在更大市场中获得更多价值创造了条件。甘肃陇南是电子商务扶贫的先行地之一，云南省用电子商务破解特色农产品品类多、产量小的难题，起到良好示范作用。

1.甘肃陇南化解"贫困的富饶"

甘肃省陇南市在电商扶贫方面先行一步，从最初的微博推销，到如今相对完善的电商服务体系，总结出了一套相对成熟的工作体系，形成了"政府引导、市场推进、社会参与、协会运作、微媒助力"的电商扶贫模式，助力贫困群众脱贫致富。

（1）举措

政府引导平台搭建，变革特色产品流通渠道。聚焦农村电商发展的物流体系、产品供应体系、配套市场体系三个核心问题，推进多层级本土电子商务平台建设。强化市级农村电子商务服务中心、乡级服务站和村级服务点功能的分工与协作。深度对接阿里巴巴、京东和苏宁等大型平台的农村电商计划，借助其全国性销售网络拓宽产品市场。大力推动村级示范网点建设，涌现出了"陇南珍品汇""舌尖上的陇南"等一大批致富带动能力强、示范引领作用突出的品牌。农村电商平台的发展，打通了农产品进城、工业品下乡的双向渠道，实现农产品优价卖、农资品低价买，助力农民俘获更多产品价值。

---

①《关于促进电商精准扶贫的指导意见》国开办发〔2016〕40号［EB/OL］.(2016-11-04).
http://www.scio.gov.cn/xwfbh/xwbfbh/wqfbh/35861/36885/xgzc36891/Document/
1557351/1557351.htm.

完善商贸服务体系，提升电商战略发展能力。以农村电商的服务链支撑产业链、供应链。完善特色农产品网上销售的信息交流、交通运输环节，通过物流补贴、税费减免等方式，鼓励和扶持物流企业在乡镇建立配送门店，在贫困村建立快递服务点，开展集中收购、集中配送。加强电商交易辅助功能的外包业务承接，依托三级运营服务中心，为网店经营者提供策划、IT功能外包、美工、客服等专业服务；依托电子商务示范基地、电商产业园、创业孵化园，为网上创业提供孵化服务。电子商务配套服务的完善，降低了准入门槛，显著提升贫困群众电商创业的参与度。

强化产品品质控制，提升特色产业品牌价值。优化特色产业布局，通过集群化发展打造源产地品牌效应，形成强大的市场影响力。以龙头企业和专业合作组织为依托，推进贫困地区农业标准化项目建设。通过无公害农产品、绿色食品、有机农产品和农产品地理标志"三品一标"资质认定，不断提升特色农产品附加值。到2017年底，全市特色农产品总面积稳定在1000万亩以上，"三标一品"农产品覆盖90%以上贫困村。

深度挖掘大数据资源，实现扶贫进程实时优化。整合多方资源建成大数据精准扶贫系统。深度兼容甘肃省大数据平台，并基于地理信息技术，深度挖掘三农大数据资源。跨界分析各类致贫、返贫因素，精准匹配扶贫措施，实时监测脱贫返贫状况、动态反映相关责任单位、驻村工作队工作进度，监督预警扶贫措施落实情况等。及时发现、总结经验，提出改进意见，为优化脱贫攻坚进程提供详实资料。

（2）成效

在电商扶贫的探索中，陇南市陆续建立了网络销售、网络供货、物流配送和宣传展示四大平台。四大平台互相联动，进一步开创出电商网店、电商产业、电商创业、电商就业和电商入股五种电商脱贫模式。借助五种脱贫模式，陇南市的电商扶贫试点贫困村共开办网店800多家，带动贫困户18万余人。一些建档立卡贫困户、返乡青年、未就业大学生和残疾人投入到电商创业和就业之中，全市利用电商平台开展"双创"的人数达到18000余人。电子商务产业链积极吸纳建档立卡贫困人口务工就业，增加贫困群众收入，为全市提供就业岗位8万多个，其中吸纳贫困户就业2万多人。2013年，全市建档立卡贫困人口共83.94万人，贫困发生率34.1%，居甘肃省第一。截至2017年底，陇南市贫困人口减少到了31.69万人，贫困发生率进一步下降到13.4%。[①]

2.云南特产的电商"出山"路

云南是我国生物多样性最丰富的省份之一，世界上超过50%以上的生物在云南省都能找到，特色农产品品类繁多。然而云南农产品同时也有规模小、分布广等特点，在传统商业模式下产品流通困难、产业体系无法建立。针对这一情况，云南省以电商为抓手，促进农村流通现代化。

（1）举措

建立电商发展减贫利益联结机制。建立农村电商发展与贫困地区、贫困人口减贫增收的利益联结机制，以"贫困户+合作社+加工企业+电商平台"为代表模式，实现贫困地区农产品生产规模化、加工标准化、网销品牌化、渠道多样化，引导贫困农户立足农村、对接城市，帮助贫困农户利用电商创业就业，提高增收致富能力。在促进贫困地区产品上行方面，组织电商扶贫企业借助村淘、聚划算等兴农扶贫平台，让贫困地区优质农产品商品化，扩大产品上线规模和覆盖范围。

构建重点产业供应链体系助力脱贫。围绕云南"绿色食品牌"八大重点产业，构建以"产品库+公共服务+营销渠道"为架构的"一部手机云品荟"供应链平台。支持传统商贸流通企业、合作社等新型农业经营主体开展农产品分级、包装、产地预冷、初加工配送等基础设施建设，规范农产品的标准化生产流程和采后商品化处理流程，促进农产品种、养、加工、包装等品质控制标准化。鼓励建立农产品种植、加工生产的地方标准和行业标准；支持开展农产品品牌培育，支持开展农产品"三品一标"等认证。州市统筹打造区域公共品牌，建立区域公共品牌运行、管理和使用制度。开展农产品的全链条追溯体系建设，鼓励在农村电商质量追溯体系建设中加快区块链技术的运用。

完善公共服务体系保障电商脱贫成效。建设州市、县电子商务公共服务中心，承担数据处理、人才培训、产品展示、企业集聚、创客孵化、政务服务、管理办公室、摄影中心等功能，推动县域网络交易数据采集统计分析、培训孵化、产品对接、品牌建设、网络推广、便民服务、农产品上行供应链管理等工作，为区域内企业、网商、服务商等提供业务咨询和技术服务。建设本地农特产品O2O展示展销中心。将现有的供销社网点、"万村千乡"农家店、便利店、村民活动中心等改造升级为乡村服务站，承担产品零售、实体体验、网络代购、物流配送、技术服务、农产品收储等综合功能。拓展代收代缴、代买代卖、小额存取金融服务、保险、生活缴费服务等功能，增强电子商务服务体系可持续发展能力。

优化农村物流体系降低物流成本。建设、改造县域电商仓储配送服务中心，支持乡村物流配送中转站点的建设改造，形成以县域电商仓储配送服务中心为枢纽、乡村物流配送中转站为神经末梢的仓储体系。建立农村物流管理系统，对接双向流动物流需求方与提供方，发挥指挥调度作用，实现合理、顺畅、高效的货物流转。整合全县物流资源，鼓励邮政、供销、商贸流通、城乡公交、第三方物流等各类主体，采取市场化的方式建立农村电子商务上下行流通解决方案，降低下行物流成本；通过县域电商仓储配送中心，集中统一开展农产品上行，降低上行物流成本。

分类开展电商培训提升应用水平。针对不同群体需求开展针对性、分阶段、分层次培训，让培训对象真正掌握电商应用技能。针对政府机关工作人员，开展电子商务政策、理论、规划、管理和分析等培训。针对涉农企业、专业合作社，开展电商应用、开设网店和网络营销培训。针对有意学习电子商务的农村群众、返乡青年、退伍军人和待就业大学生，开展电子商务技能培训。针对农村服务站点工作人员、产品经销商，开展服务技能培训。针对农村群众，开展电商普及培训和宣传，并结合扶贫工作要求加大对建档立卡贫困户的培训力度。

（2）成效

截至2020年初，云南省电商扶贫服务网络覆盖建档立卡贫困村3378个、建档立卡贫困人口564.22万人，带动贫困人口就业创业68.95万人，农村网络零售额增长了近20倍。全省96个县（市、区）被列入全国电商进农村综合示范县，示范县数量在全国排名第一位，88个贫困县全部被列入电商进农村综合示范县。共建成81个县级电商公共服务中心，710个乡镇电商服务站，5576个村级服务网点。在云南省重点打造的"一部手机云品荟"平台上，专门开设了线上扶贫专栏，对接贫困县"三品一标"企业，实现624户生产企业、678个品牌、6705个品类入驻。此外，还遴选出34个"电商扶贫优秀农产品"品牌和"电商扶贫重点扶持农产品"品牌产品，入驻扶贫联盟平台，上线产品规模和品牌认证数量居全国第一。①

四、商业模式变革提升贫困群众市场价值俘获能力

将电子商务融入精准扶贫，是对贫困地区产业价值创造模式的革新。在电子商务市场体系下，产品的价值链从单向传递变为多点接入。电商扶贫的突破口在于开放性交易平台的准入，打通了产品上线渠道和农资下沉渠道，极大地缓解贫困地区的信息不对称，农民在产业经营中的价值俘获能力大幅度提升。此外，交易平台累积的大数据是不断优化产业价值链的宝贵基础性资源，有利于构建贫困地区特色产业的后发优势和内生优化机

---

① 李丹丹.云南省决战决胜脱贫攻坚第二场新闻发布会举行——电商扶贫带动68.95万贫困人口就业创业[N].昆明日报,2020-03-26.

制，并最终转化为强大的产业竞争优势。

电子商务助力精准脱贫是多种机制共同作用的结果。一是扩大销售市场。在互联网平台上，信息的流动突破组织和地域的界限，将相对分割的市场整合起来。二是降低准入门槛。电子商务对终端服务器的性能要求不断降低，生产主体掌控流通渠道的成本降低。三是大数据支撑特色产品的布局和质量优化。通过数据挖掘，甄别出产品受欢迎的特质、预测需求走势，对及时调整生产计划、提升产品质量并优化产业发展布局具有先导性意义。电商扶贫以电商平台运用为突破口，用现代销售模式逆向变革产业价值链，带动贫困群众增收取得了良好效果。

电商扶贫在全国范围内取得显著成绩。一是电子商务进农村工作稳步推进。截至2021年第一季度，已在全国1180个县，特别是832个贫困县，搭建起以物流配送、公共服务、人才培训为主要内容的农村电商运营体系，助力农产品出村和农民增收。二是国家级贫困县农村电商销售额逆势增长。2020年第一季度，全国832个国家级贫困县农村电商网络零售额达565.6亿元，同比增长5.0%，高出全国农村平均增速1.9个百分点。其中实物商品网络零售额336.9亿元，同比增长30.3%。同时，农村家居用品、药品器械等生活物资线上消费旺盛。三是农产品电商交易活跃。2020年一季度，国家级贫困县农产品网络零售额83.2亿元，同比增长49.7%，高出全国农村平均增速11.5个百分点。四是农村电商创新创业势头不减。截至2020年3月底，832个国家级贫困县网络电商总数为246.9万家，同比增长7.0%。据估算，国家级贫困县电商吸纳用工就业超过900万人。①

---

① 中华人民共和国商务部.商务部例行新闻发布会［EB/OL］.(2020-04-30).http://www.mofcom.gov.cn/xwfbh/20200430.shtml.

金融扶贫

精准脱贫的根基是贫困地区和贫困群众的内生发展能力，能力塑造需要长期大量的资源投入并有效化解发展风险。一是基础设施建设和产业发展引导均需要持续投入大量资金。二是贫困群众和贫困地区市场经营主体抗风险能力弱，经营波动性大。金融业在资源汇聚、时间空间再配置和风险控制上专业性强，具备助力精准脱贫的天然优势，理应在脱贫攻坚中发挥更大作用。

金融活动本质上是信用交易。金融机构在供需匹配、资源定价、资源配置中起主导作用。金融机构是市场化运营主体，资源配置遵循市场化原则。一方面，资本的逐利属性本能地追求更高收益率，贫困地区的资金流向能产生更多收益的发达地区；另一方面，金融体系作为经济运行中的枢纽性行业，其系统重要性要求机构进行严格的风险控制。在纯粹市场化运营条件下，信息不充分导致贫困群众被金融机构拒之门外，市场失灵情况显著。解决金融体系的对象挑剔困境，必须创新金融制度安排，在市场机制发挥主导作用的基础上，以政策性手段弥补市场缺陷，大力推进普惠金融、特惠金融，完善农村金融生态，让贫困地区和贫困群众享受到资金融通和风险分担的便利。

一、市场机制下金融体系的"对象挑剔"

金融资源的配置是收益和风险之间的权衡。金融机构作为资金融通的中介机构，必须向其股东和债权人负责，追求利润、降低风险是本能选择。与财政扶贫单纯的转移支付相比，金融扶贫不仅要讲究资金配置的效率，还要讲究资金回收的路径和通道。因此，金融机构只会选择有能力的人和有诚信的人配置资金：有能力的人经营能力强，资金的收益率高；有诚信的人不乱用钱，资金回收的风险小。贫困群众自身发展能力欠缺、缺乏充足的资产进行抵押担保且信用信息基本缺失。基于市场规律运营的金融机构会自发地忽视贫困群众的资金需求。从资金的空间布局看，贫困地区资金持续流出；从资金发放的对象看，越富裕的人越容易获得资金。在金融运行实践中，"富县不富民、帮富不帮贫"的情况普遍存在。

金融扶贫是金融机构通过一定的制度安排和业务操作，以市场化的运作方式向特定对象提供金融服务，满足群众需求，扶持贫困人口脱贫致富的过程。[①]金融扶贫既可以通过将资金在不同的贫困户之间优化配置，向效果更优的贫困户或者企业、产业倾斜，提高资金的边际脱贫作用；也可以优化运作方式，发挥规模递增效应来提升金融运作效率。然而随着脱贫进程的深入，传统金融扶贫形成了一些固化理念：一是金融扶贫等同于贷款；二是扶贫贷款必定是低利率（承贷主体为吸收贫困户资金和劳动力资源的企业）或者0利率（承贷主体为贫困户）；三是贷款运营偏离市场化原则，成为行政目标。[②]

经过长期发展，传统金融扶贫存在以下痛点。一是金融机构贷款发放动力不断减弱。金融机构的信贷资金有多重成本，扶贫贷款由于笔数多、

---

① 王山松,齐录明,梁立铭,等.对当前金融精准扶贫工作的思考及建议[J].华北金融,2016(10):75-79.

② 罗煜,贝多广.金融扶贫的三个误区[J].中国金融,2016(22):20-21.

单笔金额低、贷款主体分散、管理难度高，资金成本普遍高于金融机构平均成本，扶贫贷款大多为基本保本或亏损业务。且贫困户大多生产经营方式传统，风险抵抗能力弱，资金回收面临较大风险。多种因素综合作用，金融机构贷款发放意愿不断下降。二是金融扶贫贷款的边际效用不断降低。我国贫困户以从事传统农业为生，粮食作物和部分经济作物附加值较低，导致贫困户收入较低、收入结构单一，扶贫贷款作用有限且边际效用不断降低。三是扶贫贷款的承贷主体规模被动缩小。扶贫贷款的承贷主体主要来源于建档立卡的贫困户名录，金融机构没有直接参与对贫困户的识别，无法了解贫困户的真实信用状况和信贷需求，导致有需求有能力的贫困户被漏掉。

长期存在的政府"越位"和贫困户"缺位"，使得金融扶贫虽然具备短期效应，但发展后劲不足，脱贫的成效有限。发挥金融扶贫优化资源配置、厚植发展根基的作用，必须创新金融扶贫方式、多措并举构建起益贫助贫的农村金融生态。

二、金融扶贫的发展历程和工作要求

我国的金融扶贫工作大体可分为三个阶段。一是以扶贫贴息贷款为主的阶段（1986—2000年）。1986年，国务院决定，从当年起连续5年，每年发放10亿元专项贴息贷款，支持全国重点贫困县开发经济，发展商品生产，解决群众温饱问题。投放的重点是投资少、见效快、有市场、家家户户都能干、适合发挥本地资源优势、有助于尽快解决温饱的生产项目。[①]二是小额信贷与扶贫贴息为主的阶段（2001—2010年）。2001年，《中国农村扶贫开发纲要（2001—2010年）》印发，要求中国农业银行继续安排并增加贷款的规模，同时中央财政对优惠贷款进行贴息。实践中，贴息贷款逐步向政府引导、市场运作的方向转变。小额信贷的制度设计得到国家认

---

① 参见《中国人民银行、中国农业银行扶持贫困地区专项贴息贷款管理暂行办法》。

可。三是多重政策结合的综合发展阶段（2011年以后）。这一时期的金融扶贫从过去以政策工具为主转换为基本公共服务。在推动农村基础金融服务建立过程中，逐步推广普惠金融。

瞄准性问题一直是金融扶贫的重点和难点。尤其是新的扶贫阶段，金融资源的精准性配置更加重要。2015年，中共中央、国务院印发《关于打赢脱贫攻坚战的决定》，要求将精准脱贫作为基本方略。在"六个精准"的工作要求中，创新金融扶贫机制、提升金融资源的瞄准性是应有之意。2016年，中国人民银行等七部委印发《关于金融助推脱贫攻坚的实施意见》。2017年，中国人民银行等四部门联合印发《关于金融支持深度贫困地区脱贫攻坚的意见》。2019年，保监会印发《关于保险业支持深度贫困地区脱贫攻坚的意见》。新时代金融扶贫的政策框架逐步完善。

金融助推精准脱贫的主要任务和工作原则。一是精准对接脱贫攻坚的多元化融资需求，提升金融服务的瞄准性。精准对接贫困地区发展规划、特色产业、贫困人口就业就学、易地扶贫搬迁和重点项目以及重点地区金融服务需求。二是大力推进贫困地区普惠金融发展，提升金融扶贫的益贫性。深化农村支付服务环境建设，加强农村信用体系建设，重视金融知识普及。三是构建多层次金融扶贫主体体系，提升金融扶贫可及性。发挥好开发性、政策性金融的作用，下沉商业性金融服务重心，强化农村中小金融机构支农市场定位，创新发展精准扶贫保险产品和服务，引入新兴金融业态支持精准扶贫。四是完善支持保障措施，提升金融扶贫的可持续性。设立扶贫再贷款，发挥多种货币政策工具引导作用。加强金融与财税政策协调配合，引导金融资源倾斜配置。实施差异化监管政策，优化银行机构考核指标。

三、金融扶贫的实践做法

金融扶贫包含诸多形式。基于跨时间、跨空间配置金融资源并获取收益的内涵，金融扶贫包含信贷、保险、证券等多种形式。围绕金融资源的精准性、可及性、普惠性和带动性，西部省区市整合资源，不断创新，持续优化农村金融生态，良好地发挥了金融资源的扶贫成效。宁夏的信贷扶贫创新和甘肃的保险扶贫创新是其中的典型代表。

1.宁夏信贷扶贫创新

信贷是覆盖面最广、受益人数最多、脱贫效果相对直观的金融扶贫形式。宁夏以"金扶工程"为平台，精准对接资金需求，提升经营主体营运能力。

（1）举措

完善制度设计，汇聚扶贫资源。宁夏多部门联动协调，搭建"金扶工程"服务平台，指导银行类金融机构主动对接贫困地区和贫困群众的发展需求。在推进普惠金融的基础上加大信贷产品和服务创新力度，推动针对贫困群众的特惠金融服务。与人民银行分支机构签订合作总协议，并与银行业当地机构签订合作协议，逐步完善金融脱贫的实施方案。清晰的顶层设计充分调动了地方和金融机构的扶贫积极性，让贫困群众直接享受到信贷支持和服务。

深化信用建设，化解参与障碍。相对完善的信用信息是信贷机构筛选资金发放对象和确定服务价格的基础。农村居民居住分散、信息搜集成本高，信用信息缺失成为金融机构参与扶贫的拦路虎。宁夏下沉金融服务力量至村头，充分利用现有基层行政资源、社会资源，积极推进建档立卡贫困户评级授信工作。发挥农村熟人社会治理机制在信息搜集、规范信贷行为中的积极作用，打破了以往贫困群众因抵押不足而无法融资的逆向选择和资金使用的道德风险困境。

尊重市场规律，补偿运行风险。信贷扶贫资金收益低、风险大，必须按照市场规律进行适当补偿才能健康循环。宁夏整合各类资金设立风险补偿金近2亿元，分三类政策补偿信贷扶贫资金风险。财政贴息政策主要对建档立卡贫困户的贷款利息贴息；货币信贷政策通过支农再贷款、支小再贷款、再贴现、差别准备金动态调整等具体措施对银行给予支持；信用环境政策针对在信用等级评定工作中，被评定为信用户、信用村、信用乡（镇）以及农村青年信用示范户、青年示范社的主体，财政扶持资金给予倾斜，信贷资金给予扩量。综合性风险补偿措施的出台，有效控制和分散区域金融体系的系统性风险，奠定了金融扶贫长效运行的基础。

优化产品设计，激励产业升级。强化金融服务主办行制度，引导信贷机构设计出各具特色的扶贫产品。扶贫产品具有明确的指向性，并进一步探索了信贷资金更加有效的使用途径与风险分担机制。深化农产品供应链环节融资，通过产品条款的设计，引导发展订单式生产，促进农业生产向适度规模化、标准化、现代化转变。适度的规模化生产有利于提升贫困农户抵御农业生产自然风险、市场风险的能力以及在要素市场和产品市场的议价能力。

（2）成效

宁夏金融精准扶贫工作进展顺利，扶贫贷款稳步增长，基本满足扶贫信贷需求。贫困地区融资成本显著降低；贫困户授信额度提高，期限延长，较好满足了农业生产需求。截至2018年6月，宁夏金融精准扶贫贷款（含已脱贫人口）余额同比增长8.9%。其中，个人精准扶贫贷款（含已脱贫人口）余额同比增长71.2%；产业精准扶贫贷款余额同比增长9.1%，共帮扶4.47万建档立卡户；项目精准扶贫贷款余额同比增长2.2%。中资大型银行及农合机构个人精准扶贫贷款余额占全区同类贷款的88.7%；政策性银行及中资大型银行的产业精准扶贫贷款余额占全区产业精准扶贫贷款的88.5%；政策性银行的项目精准扶贫贷款余额占全区项目精准扶贫贷款的91.3%。自2016年人民银行创设扶贫再贷款以来到2018年上半年，宁夏使用扶贫再贷款的借款机构累计借用扶贫再贷款近28亿元，撬动借款机构累计发放金融精准扶贫贷款72亿元。①

2.甘肃保险扶贫创新

贫困不仅指物质的匮乏，还包括风险和面临风险时的脆弱性。保险业作为风险管理的行业，通过精准的产品设计和合理的风险转移定价，能够为贫困群众和贫困地区产业发展提供风险转移机制，成为精准脱贫的"安全网"。甘肃加强保险扶贫制度设计和产品创新，探索保险扶贫的有效方式，织牢农业扶贫保险、特困民生保险、贫困户创业贷款保证保险"三张网"。

（1）举措

完善制度设计，拓展保险服务广度深度。甘肃保险业加强保险扶贫制度设计，相关部门联合出台《甘肃省保险业助推精准扶贫精准脱贫工作的实施意见》，从扶贫小额贷款保证保险、农业保险、贫困人口意外伤害保险三个层面将保险扶贫纳入甘肃"1+17"精准扶贫方案的政策框架。将农业保险对贫困户的覆盖比例纳入县区党政干部考核体系，统筹运用政府和市场资源，打通农险"最后一公里"。2018年，《甘肃省2018—2020年农业保险助推脱贫攻坚方案》出台，推动保险扶贫由制度全覆盖向人群全覆盖转变，由保自然灾害风险向保市场价格风险延伸，切实提升精准脱贫效果。

聚焦"大灾种"，织牢农业生产保障网。一是落实大宗农险。办好11个中央财政补贴险种，实现中央农险在全省县区全覆盖，指导6个县区试点使用扶贫资金减免建档立卡贫困户个人自缴保费。二是开办省级险种保护种养主体。开发甘肃省种养产业综合保险，将贫困户所有特色种养产业全部纳入保险范围。针对有好收成但没好价钱的问题，探索自然灾害和市场价格波动"双保险"。三是开发"一县一品"特色农险。紧贴扶贫产业实际，开办百合、玫瑰等近30个地方险种，探索"玉米目标价格保险+

---

① 中国人民银行银川中心支行. 宁夏金融精准扶贫工作成效显著[EB/OL].(2018-09-11). http://yinchuan.pbc.gov.cn/yinchuan/3167332/3624838/index.html.

期货"试点。突破传统以品种为条线的承保模式,进行菜单式投保承保,实现"一单保所有"。

聚焦"普惠+特惠",织密特困民生保障网。一是提升普惠大病保险质效。针对全省因病因残致贫比例高的特点,2018年6月1日起提高大病保险筹资标准。个人保费缴纳水平大幅降低,实现大病保险广覆盖。二是创新"两保一孤"特惠保险。突出政策兜底功能,财政投资将农村一、二类低保户及五保户、农村孤儿作为支持重点,开发针对50种重大疾病和意外伤害的扶贫保险产品。三是发展贫困群众专属保险。在暴雨、泥石流、地震等自然灾害比较频繁地区,推出农房保险、农房地震保险等专属保险。同时,支持保险公司开发"政企扶贫宝""精准扶贫100"等扶贫综合保险。

聚焦"增信+直投",构建贫困户创业融资保障网。一是探索"保险+"融资支持扶贫产业发展。鼓励各地大胆试点,通过险资引导银行放贷支持扶贫产业发展。二是开发扶贫小贷险解决贫困户贷款难问题。鼓励保险公司设计开办"政保银"小额贷款、农业保险保单质押贷款、承包土地经营权抵押贷款、农房财产权抵押贷款等保证保险,为金融机构吃下"定心丸",引导信贷资源投放。三是引入保险资金支持贫困地区发展。鼓励保险公司以"直投"方式支持贫困地区建设发展,引导险资共同参与重大建设项目。

(2)成效

保险工具是保险发挥扶贫作用的主要抓手,通常由系列扶贫险种有机组合,贯穿于贫困发展演变的整个流程,是对致贫风险的精准化解。保险在精准扶贫上的作用体现在三方面:保障、增信、融资。一是保障,以农业保险、大病保险为代表,防范农民因病、因灾、因意外事故的致贫返贫风险。二是增信,以小额贷款保证保险、农业保险保单质押为代表,以保险提升贫困群众信用水平,协同信贷机构破解农户融资难、融资贵问题。

三是融资，保险资金支农融资、保险资金直接投资，均可促进贫困地区发展。

截至2018年底，甘肃省已办理特色种养产业自然灾害和市场价格"双保险"产品14个，地方险种近30个，"一县一品"特色农险呈现百花齐放良好发展态势。"两保一孤"特惠保险已推广至11个市州41个县区，覆盖35个深度贫困县、涉及213.67万贫困人口，提供风险保障超678亿元、支付补偿金6109.85万元。全省9个县开展"政银保"小额贷款保证保险，吸引银行向580家涉农小微企业放贷超过2亿元。保险资金支持贫困地区建设发展，累计投资项目达到88个，落地资金450.8亿元。①

四、金融生态优化增强贫困地区贫困群众内生发展动力

精准扶贫精准脱贫基本方略实施以来，西部地区在金融扶贫方面的实践创新在优化贫困地区金融生态方面迈出坚实步伐。通过更有效的制度安排和产品设计，充分调动了政府、信贷机构、保险机构和贫困户的积极性。贫困户内生发展能力强化，夯实了金融扶贫的基础；政府加快金融基础设施建设，降低了金融扶贫成本；银行机构创新金融扶贫产品和服务，提升了金融扶贫质效；保险公司发挥农业保险作用，给予金融扶贫强有力的保障。贫困地区金融生态的优化，提升金融扶贫参与各方的协同发展水平，重塑贫困群众和贫困地区的内生发展动力。

风险补偿弥补市场机制的缺陷是金融生态优化的关键。政府牵头补偿金融扶贫资金的风险可引导金融资源流向、维持健康循环、防范系统性风险，弥补了金融体系在扶贫攻坚中的市场失灵。风险补偿资金的来源，无论是财政资金、社会资金或是对口帮扶，都是对贫困群众的无偿转移。正是这笔转移支付，撬动更多金融资源投向贫困地区和贫困群众，改变其在资源竞争中的弱势地位。贫困群众获得相对平等的资金融通机会，重新获

---

① 中国保监会甘肃监管局. 甘肃省建立保险扶贫"三张网"为脱贫攻坚保障兜底[EB/OL]. (2018-11-12).http://gansu.circ.gov.cn/web/site14/tab810/info4125435.htm.

得因贫困现状而被剥夺的发展权利。相对于财政扶贫，金融扶贫对贫困群众内生发展能力的提升效果更加显著。一是金融扶贫侧重对贫困群众生产资料的补充，优化内生发展基础。二是贫困群众通过正规的金融体系融资，实际资金使用成本更低。三是金融产品的条款设计鼓励生产方式向适度规模化转变，探索由信贷资金向资本、债权向股权的转变，实现了生产风险共担、生产收益共享。四是正规的金融制度安排推动贫困地区市场经济意识的建立，贫困群众作为资金的需求方，能够更有尊严地参与经济活动，通过个人能力的提升来消除贫困。

金融扶贫形式多样，在我国的精准扶贫体系中占有重要地位。中国证监会开辟贫困地区"IPO绿色通道"，全国贫困地区企业IPO适用"即报即审、审过即发"政策[①]，是引导资本流向贫困地区并做实产业的重磅利器。截至2016年上半年，新三板130余家企业位于贫困地区，7家公司发布IPO辅导公告。保险业助力脱贫攻坚成效显著。截至2017年12月末，农业保险为全国2.13亿户次农户提供风险保障金额2.79万亿元，同比增长29.24%；支付赔款334.49亿元，增长11.79%；4737.14万户次贫困户和受灾农户受益，增长23.92%。[②]截至2019年3月，以扶贫小额信贷、扶贫再贷款、扶贫金融债为代表，每年超过万亿金融资金投向贫困地区和与脱贫攻坚直接相关的项目。对发展产业缺少启动资金的建档立卡贫困户，提供5万元以下、3年以内、免担保免抵押、以基准利率放贷的扶贫小额信贷支持，累计发放贷款5500亿元。针对易地扶贫搬迁，金融机构发放了1000多亿元中长期贷款。[③]

---

① 中国证监会关于发挥资本市场作用服务国家脱贫攻坚战略的意见(证监会公告〔2016〕〔19号〕)〔R〕.2016-09-12.

② 保监会新年定调强监管　将重点整顿哪些乱象〔EB/OL〕.(2018-01-26).www.xinhuanet.com/finance/2018-01/26/c_129800137.htm.

③ 十三届全国人大二次会议记者会,国务院扶贫办主任刘永富答记者问〔EB/OL〕.(2019-03-07).http://tv.cctv.com/2019/03/07/VIDEc15v27gtQq66sT5ysdtG190307.shtml.

| 第四节 |
健康扶贫

因病致贫、因病返贫是脱贫攻坚面临的艰巨任务。习近平总书记指出要将防范和化解因病致贫、因病返贫作为啃下脱贫攻坚"硬骨头"的主攻方向。实施健康扶贫工程，精准施策实施疾病"靶向治疗"，同时建立防范和化解因病致贫返贫的长效机制，既是脱贫攻坚的重要举措，也是提升国民体质的良好机遇，为全面建成小康社会奠定坚实的健康基础。

一、健康缺失侵蚀贫困群众发展能力

统计数据显示，2013年因病致贫、因病返贫的人口占全部贫困人口的42.2%。随着脱贫攻坚持续推进，2015年底因病致贫、因病返贫所占比例进一步提升至44.1%，涉及近2000万人。在因病致贫、因病返贫的家庭中，患大病、重病的约有330万人，患长期慢性病的约有400万人，其中15—59岁劳动年龄段的患者占41%。随着脱贫攻坚的不断深入，因病致贫、因病返贫成为贫困增量的主要原因，且这一现象将长期存在。①

健康是基础性的财富，是个人和家庭内生发展所必备的资源。一个人

---

① 国务院新闻办就《健康扶贫工程"三个一批"行动计划》有关情况举行发布会[EB/OL].
(2017—04—21).http://www.gov.cn/xinwen/2017—04/21/content_5188005.htm#allContent.

离开了健康，谈不上发展的可持续。健康缺失，于贫困群众而言有四大影响。一是对当期物质资本的攫取。因病产生的治疗费、药费和辗转就医的食宿行等各种费用给贫困群众造成巨大经济压力，是贫困群众的直接经济损失。二是长期发展能力逐步丧失。病来如山倒，病去如抽丝。疾病的治疗和身体的恢复是一个漫长过程。在此过程中贫困群众的劳动技能退化、发展机会流失，长期发展能力不断削弱。同时在有限的物质资本条件下，疾病治疗必然会侵占生产资料积累基础。三是对贫困群众精神状态的打击。精气神相互依存，健康的身体是物质基础。"好汉最怕病来磨"，坚强能干的人在病魔面前也脆弱不堪，一人生病全家发愁，逐步失去脱贫致富的信心。四是对子代人力资本的掠夺，造成贫困代际传递。因病导致的家庭主要劳动力收入水平下降，促使家庭终止子女的教育投资，子女转而形成替代劳动力补充家庭收入。终止教育投资极大概率会切断子女的经济地位上升路径，削弱贫困群众的健康风险抵御能力，从而形成贫困的代际传递。

健康扶贫既是医疗卫生领域的重点工作，也是打赢脱贫攻坚战的重要经济手段。习近平总书记提出，要采取一些"靶向治疗"的措施和办法攻克因病致贫、因病返贫的顽疾。健康扶贫针对农村贫困人口因病致贫、因病返贫问题，抓重点地区、重点人群、重点病种，采取有效措施提升农村贫困人口医疗保障水平和贫困地区医疗卫生服务能力。全面提高农村贫困群众健康水平，为农村贫困人口与全国人民一道迈入全面小康社会提供健康保障，既是对致贫因素的精准破解，也为提升农村地区人口健康素质奠定坚实基础。

二、健康扶贫的发展历程和工作原则

2016年以前，健康扶贫的要求和具体工作在各种扶贫纲领性文件中均有所体现，主要是作为配套政策出现。2016年国务院在《深化医药卫生体制改革 2016 年重点工作任务》中首次提出"健康扶贫工程"。随后，在《"十三五"脱贫攻坚规划》中将"健康扶贫"单独作为正式的扶贫方式。为贯彻落实中共中央、国务院在《关于打赢脱贫攻坚战的决定》中"健康扶贫重点做好医疗保险和医疗救助，保障贫困人口享有基本医疗卫生服务"要求，2016 年国家卫计委等部门发布了《关于实施健康扶贫工程的指导意见》，提出了实施健康扶贫的具体目标、工作任务和保障措施等。2017 年国家卫计委等六部门联合制定了《健康扶贫工程"三个一批"行动计划》，按照"大病集中救治一批、慢病签约服务管理一批、重病兜底保障一批"的要求，组织对患有大病和长期慢性病的贫困人口实行分类分批救治。2018 年国家卫生健康委等五部门联合印发《健康扶贫三年攻坚行动实施方案》，聚焦深度贫困地区和卫生健康服务薄弱环节，坚决打赢健康扶贫攻坚战，保障贫困人口享有基本医疗卫生服务，防止因病致贫、因病返贫。

围绕提升医疗卫生服务能力、提高医疗保障水平、加强疾病预防控制和公共卫生三大任务，健康扶贫遵循四项基本工作原则。一是坚持党委领导、政府主导。充分发挥各级党委的领导核心作用，强化各级政府的主导作用，加强组织领导，落实部门责任，发挥政治优势和制度优势，确保健康扶贫工程顺利实施。二是坚持精准扶贫、分类施策。在核准农村贫困人口因病致贫、因病返贫情况的基础上，采取一地一策、一户一档、一人一卡，精确到户、精准到人，实施分类救治，增强健康扶贫的针对性和有效性。三是坚持资源整合、共建共享。以提高农村贫困人口受益水平为着力点，整合现有各类医疗保障、资金项目、人才技术等资源，引导市场、社会协同发力，动员农村贫困人口积极参与，采取更贴合贫困地区实际、更有效的政策措施，提升健康扶贫整体效果。四是坚持问题导向、深化改革。针对贫困地区医疗卫生事业发展和农村贫困人口看病就医的重点难点问题，加大改革创新力度，加快建立完善基本医疗卫生制度，切实保障农村贫困人口享有基本医疗卫生服务。①

三、健康扶贫的实践做法

实践中，健康扶贫的成功实施由四大构件组成。一是如何让贫困群众"看得起病"，涉及贫困群众医疗费用从哪来。二是怎样使贫困群众"看得好病"，涉及如何培养有资质、有水平的医务人员。三是怎么让贫困地区的群众"方便看病"，涉及医疗设施的布局和质量提升。四是怎样达成"少生病"的目标，这是长期性任务，是健康扶贫的更高层次，涉及贫困地区人口素质提升长效机制的构建。西部地区省区市多措并举创新工作方式，为实现健康扶贫四大任务做出有益探索。

1.四川"五大行动"补齐贫困地区医疗保障短板

四川省开展贫困人群医疗救助扶持、贫困地区卫生人才培植、贫困地区医疗能力提升、贫困人群公共卫生保障和贫困地区生育秩序整治五大行动，着力补齐贫困地区医疗保障短板。

（1）举措

实施医疗救助扶持行动，让贫困群众看得起病。开展全省建档立卡贫困人口"因病致贫、因病返贫"调查和核准，实现贫困患者精准识别。建档立卡贫困人口家庭医生服务签约率达100%。实施"十免四补助"政策，对贫困人口实行院内会诊、一般诊疗、白内障复明手术、妇幼健康服务等10项服务免费；对手术治疗包虫病、6岁以下残疾儿童手术康复等4项服务给予对应补助。对全省建档立卡贫困人口参加城乡居民医保的个人缴费部分，由财政部门按各统筹地区制定的最低档次缴费标准给予全额代缴。实施"先诊疗后结算"制度，建档立卡贫困人口住院不缴纳住院押金。贫困人口的医疗费用按照基本医保、大病保险和县域内住院政策依次适用，

---

① 中华人民共和国中央人民政府.关于实施健康扶贫工程的指导意见[EB/OL].(2016-06-21).http://www.gov.cn/xinwen/2016-06/21/content_5084195.htm.

运用报销救助、民政医疗救助、疾病应急救助予以保障，并统筹使用医药爱心扶贫基金、卫生扶贫救助基金、重大疾病慈善救助基金予以救助。同时，严格规范医务人员职业操守、严格实施分级诊疗、严格控制费用支出、规范县域外重大疾病诊疗行为并完善医疗扶贫公示制度。

实施卫生人才培植行动，让贫困群众看得好病。推进贫困地区卫生人才提质增量：组织医学院校举办"民族班""基层班""定向班"等学历教育；通过远程培训、对口帮扶、项目支持等方式，5年内将贫困地区医务人员轮训2次，实现县、乡、村培训全覆盖。建立城市青年医师服务基层新机制，积极推进城市医院青年医师下沉到贫困地区工作，持续提升贫困地区医疗服务能力和水平。以贫困地区乡镇为单位，积极探索建立以聘用管理、合同管理、签约服务管理为基础的乡镇卫生院和村卫生室人员队伍统筹管理体制。支持88个贫困县开展医疗机构绩效工资改革，打破绩效工资总额控制的现行政策，完善收入分配制度，健全激励约束机制。

实施医疗能力提升行动，让贫困群众方便看病。提升贫困县县乡村三级医疗卫生机构能力。一是加强县医院以人才、技术、重点专科为核心的能力建设，重点加强县域内发病率排名前十位、近3年县外转诊率排名前五位疾病病种对应科室的临床专科建设，确保县级医院对200种常见病、多发病的诊断治疗率达95%。二是加快88个贫困县所辖乡镇卫生院和全省贫困村村卫生室基础设施建设，实现每个乡镇有1所标准化乡镇卫生院。三是实现"退出村"卫生室标准化建设达标，每个卫生室至少有1名合格乡村医生/执业（助理）医师。不断提高医疗服务公平性、可及性。通过城乡对口支援、集中治疗、远程医疗、巡回医疗和义诊活动"四驾马车"，促进优质医疗资源下沉到贫困地区。在民族地区基层医疗机构开展技术大练兵行动、设备使用率提升行动和健康管理全覆盖行动，强化民族地区基层卫生机构履职尽责。

实施公共卫生保障行动，让贫困群众少生病。加强基本公共卫生服务：为贫困人口建立城乡居民健康档案；重点加强建档立卡群众中高血压、糖尿病、重性精神病、肺结核等患者的精准健康管理；树立"治未病"理念，开展贫困人口免费健康体检，积极开展中医体质辨识、预防保健等服务，指导患者进行自我干预。加强传染病防控和卫生监测：强化贫困地区预防接种工作，做到免疫规划全覆盖，防止传染病暴发流行；加强贫困地区艾滋病、结核病、乙肝、麻风病、包虫病、大骨节病等重大疾病防治。加强贫困县职业与放射卫生、饮用水卫生、环境卫生、学校卫生、食品安全风险监测工作，强化对基层人员业务培训，加强实验室建设，确保人民群众身体健康和饮食安全。加强慢性病综合防控，建立健全"政府主导、部门负责、社会参与"的综合防控机制。深入推进全民健康生活方式行动，开展"减盐、减油、减糖，健康口腔、健康体重、健康骨骼"等专项行动；强化贫困地区健康生活方式养成，将其与新型城镇化、城乡环境综合治理、爱国卫生运动相结合，推进贫困地区形成"党政主导、部门落实、人人负责"的工作机制。

此外，针对省内相对落后区域生育秩序混乱的情况，实施贫困地区生育秩序整治行动。加强重点区域按政策生育目标管理，落实按政策生育"五项制度"，并完善按政策生育基层工作基础。

（2）成效

四川省的健康扶贫工作取得显著成效。"五大行动"深入推进，建立起了覆盖因病致贫返贫群众共计63万贫困户、184万贫困人口的动态管理数据库，做到精准到户、到人、到病；贫困人口100%参加基本医保，个人缴费部分由财政全额代缴。2016年，贫困患者县域内住院医疗费用实际个人支付比例已控制在10%以内。"看病难"极大缓解，"看病贵"基本解决，传染病高发频发得到纠正，慢性病管理得到加强，基层建设成效显著，基层队伍增量提质，政策外生育得到遏制。

2.广西优化制度汇聚健康扶贫合力

广西将健康扶贫作为脱贫攻坚政策体系中的重要构成，促进脱贫攻坚与贫困地区医药卫生体制改革无缝对接，推动精准扶贫与现有基本医疗保险、大病保险等制度汇成合力，坚决打赢脱贫攻坚战。

（1）举措

攻坚医药卫生体制改革，推动优质资源下沉基层。破除行政区划、财政投入、医保支付、人事管理等方面存在的壁垒，因地制宜探索组建由三级公立医院或业务能力较强的县级医院牵头，不同级别、不同类别城乡医疗机构或者专科之间优势互补、分工协作的"医联体"。发展面向基层和边远山区的远程医疗协作网，推动优质医疗资源共享和下沉基层，提升基层医疗水平。加快落实分级诊疗机制，探索有利于医疗资源上下贯通的分配激励机制，以更好满足基层群众疾病预防、方便就医和健康护理等需求。

促进完善有效衔接机制，提升基本医疗保障能力。有效衔接基本医疗保险、大病保险、疾病应急救助、医疗救助等制度，形成协同互补保障合力。将符合条件的因病致贫、因病返贫人口全部纳入农村最低生活保障和医疗救助范围予以兜底保障，实现贫困人口参加城乡居民基本医疗保险全覆盖。鼓励和探索对建档立卡贫困户购买商业健康保险给予保费补贴，所需经费由县级人民政府筹措。通过基本医保、大病保险、医疗救助和商业健康保险等制度的综合补偿后，个人自付费用仍超过10%的部分，鼓励有条件的地方予以适当补助。①推进"一站式"直接结算信息化建设，建档立卡贫困人口出院时只需缴纳其个人自付费用，其余费用在"一站式"信息系统内结算。

统筹常规非常规救治行为，强化医疗卫生服务能力。加强对贫困人口

---

① 广西着力实施健康扶贫工程助力脱贫攻坚[EB/OL].(2017–04–28).http://gx.people.com.cn/n2/2017/0428/c179430–30110833.html.

疾病的非常规救治，实行分类和靶向救治，对能够一次性治愈的实施集中救治，对需要长期治疗的开展重点救治。落实常规救治健康扶贫便民措施。定点医疗机构落实首诊负责制。各级公立医疗机构安排一定比例的扶贫病床，确保患病需住院治疗的建档立卡贫困人口能及时住院治疗，并免除部分个人自付费用。贫困县县域内定点医疗机构实行"先诊疗、后付费"，贫困群众签订协议后无需缴纳住院押金，直接住院治疗。优化门诊特殊慢性病服务。

优化基层人才培训制度，加快基层医疗卫生人才培养。优先扶持贫困地区基层医疗卫生机构能力建设，开展基层执业医师特岗计划和二级以上医疗机构对口帮扶工作，落实订单定向医学生免费培养向贫困地区倾斜政策。重点为贫困地区每个乡镇卫生院平均免费培养1名订单定向医学本科生和2名订单定向医学专科生。安排在岗乡村医生免费培训和到县级医疗卫生机构或有条件的中心乡镇卫生院脱产进修，每年接受免费培训不少于2次，累计时间不少于2周。推广中医药民族医药适宜技术，基层中医药服务能力提升工程"十三五"行动计划的实施向贫困地区倾斜。

（2）成效

截至2019年11月，广西已有112.13万贫困患者得到诊疗服务，总救治率达到96%，其中，累计救治大病病人5.91万人。实行门诊特殊慢性病贫困患者"先享受待遇后备案"制度，全自治区建档立卡贫困人口办理门诊特殊慢性病卡人数达45.07万人，有效降低了贫困人口的就医负担。广西74家三级公立医疗机构和277家二级公立医疗机构参与医联体建设，并向乡镇卫生院延伸，组建医联体141个（紧密型43个）、城市医疗集团9个、专科联盟159个，县域医共体354个，覆盖全部国家扶贫开发工作重点县，乡镇卫生院参与率69.19%。[1]全自治区各县（市、区）均有1所二

---

① 广西推进健康扶贫 超百万贫困患者得到诊疗服务［EB/OL］.(2019-11-18).http://www.xinhuanet.com/2019-11/18/c_1125246334.htm.

级及以上公立医院（含中医院），每个乡镇均有1所公办卫生院，每个行政村均有1个村卫生室。通过招聘和上级医疗机构医生巡诊派驻相结合，基本实现了全自治区所有行政村卫生室均有合格乡村医生提供基本医疗卫生服务。

四、兜底性保障夯实贫困群众发展身心基础

健康扶贫，协调以卫生部门、人社部门、药监部门、民政部门为主的政策制定主体，医疗机构、公共卫生机构和医保机构为主的政策执行主体，药品生产供应企业、商业医保、慈善组织为主的补充主体，实现了政策之间的有效衔接、政策执行的精准落地和多方力量汇聚共赢。通过加强标准化建设，开展远程医疗和对口支援，提升医疗服务能力，完善医疗卫生体系。强化公共卫生建设，进行地方病传染病防治，加强母婴保健，完善公共卫生体系。衔接基本医保、大病医保、医疗救助和疾病应急救助，建立多路径的医疗保障体系。逐步构建起医疗卫生体系、公共卫生体系和医疗保障体系相互协同的健康扶贫格局。[①]

健康扶贫极大降低了贫困群众看病就医的负担，为缓解贫困家庭经济压力、提升贫困群众身体素质设定了兜底性保障网。从物质财富角度，短期内，健康扶贫的系列具体措施对因病产生的医事服务费、药费、耗材费用以及其余杂费给予极大比例补助，降低贫困群众财富损失，为贫困家庭及时"止损"；长期看，患病群众身体机能的恢复，对保持其劳动能力、维系经济来源奠定了坚实基础，在发展能力不恶化的前提下保留进一步提升的空间。从精神的角度，健康扶贫提升了贫困群众以自身努力实现脱贫的信心，生产生活更有奔头，实现了"扶贫先扶志"中信心基础的确立。

截至2018年11月，全国农村贫困人口医疗费用个人自付比例从2016

---

① 方鹏骞,苏敏.论我国健康扶贫的关键问题与体系构建[J].中国卫生政策研究,2017(6)：60-63.

年的43%下降到11.9%，累计900多万患者得到分类救治，其中大病专项救治病种范围扩大到21个病种。963家三级医院与所有贫困县1180家县级医院建立了对口帮扶关系，互联互通的远程医疗网络成形，城市三级医院医务人员被派驻到贫困县县级医院年均超过3万人次。贫困地区医疗卫生机构基础设施、服务条件明显改善，服务能力显著提升。包虫病、艾滋病等重大地方病、传染病得到有效遏制。在健康扶贫和其他扶贫措施的帮扶下，因病致贫返贫贫困户已经脱贫581万户，与全国整体脱贫进度基本同步，为脱贫攻坚取得决定性进展做出重要贡献。①

---

① 国务院扶贫开发领导小组办公室. 社会力量参与健康扶贫协作论坛在京召开[EB/OL]. (2018-10-18).http://www.cpad.gov.cn/art/2018/10/18/art_2624_90408.html.

| 第五节 |
教育扶贫

　　贫困地区经济基础差，社会事业特别是教育发展水平滞后，劳动力素质整体偏低，不能适应产业现代化要求，形成教育和经济发展的恶性循环，成为制约脱贫成效的重大瓶颈。2013年，习近平总书记在河北省阜平县考察时指出，治贫先治愚，把下一代的教育工作抓好，把贫困地区孩子培养出来，是扶贫的根本之策。

　　在实现脱贫的诸多要素中，人是最根本的要素。要通过教育提升贫困家庭成员的劳动力素质。一方面改变其在劳动力市场竞争中处于劣势、薪资获取能力不足的境况，使其通过就业获取收益进而脱贫；另一方面促进家庭人力资本的积累，截断贫困的代际传递。扶贫当治本，教育责无旁贷地成为治本的力量源泉。

一、物质贫困与知识贫困形成恶性循环

　　教育扶贫是斩断贫困恶性循环和代际传递的治本之策，具有重要的经济价值、社会价值和政治价值。一是教育扶贫提升劳动力素质，促使贫困家庭摆脱贫困。教育扶贫通过对贫困家庭成员的知识投资，形成人力资本，使贫困人口从简单劳动向复杂劳动转变，增强劳动竞争力，并借此形

成良性循环，改变贫困现状。受教育程度与家庭收入的正相关关系已经被众多学科的大量研究证实。随着中国经济市场化程度深化，受教育程度与收入之间的正相关关系进一步巩固。二是教育扶贫激发贫困主体脱贫的主动性。教育提升贫困群众的视野，改变贫困群众的观念，成为"治愚""扶智"的主要抓手，助力克服"等、靠、要"等落后思想，把"要我脱贫"变为"我要脱贫"。只有激发出扶贫对象的主体意识，才能避免在外力扶持下脱贫、失去外力即返贫的问题。三是通过教育扶贫促进人的全面发展。通过赋予每个人平等的受教育权，实现个人能力的全面发展、个人需要的全面发展和个人个性的自由发展。四是教育扶贫降低扶贫总体成本。尽管短期来看，教育扶贫需要消耗一定的社会资源，但立足长远，教育扶贫是减少"输血"式投入的有效途径，能够降低减贫所需的总体投入。

在教育促进减贫的实践中存在以下痛点。一是贫困家庭教育投资的积极性不高。教育作为一种人力资本投资，其投入和回报存在时序差异，即投入必须在较长时间之后才能产生回报的现金流。在家庭的当期消费支出类别中，教育的收入支出弹性较高，越是贫困的家庭对教育投入的占比越低。因此，贫困家庭的教育必须由政府主导、以公共服务的形式提供。二是贫困地区教育公共投入能力有限。贫困地区由于经济发展水平落后，自身财力不足，教育公共服务提供普遍不足。越是贫困的地区，基础设施越是落后，教育硬件设施的建设成本越高，对教育工作者的吸引力越低，提供的教育服务质量越差。教育质量差导致劳动力知识积累不足，经济发展驱动能力弱，教育服务提供能力进一步恶化，逐步陷入物质贫困与知识贫困逐步累积的恶性循环。三是在教育扶贫实际推进过程中距离"精准"的要求仍有差距。表现为扶贫参与主体对教育扶贫价值的认识尚不全面，教育扶贫制度安排尚不健全，教育扶贫的落实机制仍显粗放，多渠道、多层次的教育扶贫合力尚未形成。

二、教育扶贫的发展历程和工作原则

我国历来重视教育在减贫中的作用。在不同的经济社会发展阶段，教育减贫的工作重心逐步演变，为减贫贡献了巨大力量。中国的教育扶贫实践大体经历六个阶段。一是从新中国成立到改革开放之前普及工农教育阶段。教育发展的重心是普及教育，全国农村基本形成了生产大队办小学、公社办中学、"区委会"办高中的农村教育格局，创造了"政府补贴+公社公共经费分担"的全民办教育模式。二是在农村经济改革时期普及初等教育与重点发展职业教育。这一期间要求在贫困地区有条件地发展和普及初等教育，重点发展农村职业教育，加速培养适应山区开发的各种人才。三是开发式扶贫时期普及初等教育及农村实用技术培训与扫盲。四是国家"八七"扶贫攻坚时期普及九年义务教育与扫除青壮年文盲。五是基本消除贫困时期加强基础教育与普遍提高贫困人口受教育程度。六是精准扶贫时期实行教育精准扶贫。

党的十八大以来，习近平总书记关于教育扶贫的系列论述形成了治贫先治愚、扶贫必扶智、教育阻断贫困代际传递、优质教育资源共享等教育精准扶贫思想，推动教育扶贫的顶层设计和实践从"大水漫灌"向"精准滴灌"转变。2013年，教育部等六部委联合印发《关于实施教育扶贫工程的意见》，围绕提高基础教育的普及程度和办学质量、提高职业教育促进脱贫致富的能力、提高高等教育服务区域经济社会发展能力和提高继续教育服务劳动者就业创业能力四大总体目标持续推动教育扶贫。[①]2016年，教育部等六部门印发《教育脱贫攻坚"十三五"规划》，采取超常规政策举措，精确瞄准教育最薄弱领域和最贫困群体，促进教育强民、技能富

---

① 中华人民共和国教育部. 关于实施教育扶贫工程的意见[EB/OL].(2013-07-29).http://old.moe.gov.cn//publicfiles/business/htmlfiles/moe/moe_1779/201309/157306.html.

民、就业安民，坚决打赢教育脱贫攻坚战。①2018年，教育部、国务院扶贫办共同印发《深度贫困地区教育脱贫攻坚实施方案（2018—2020年）》，聚焦深度贫困攻坚难点。

教育精准扶贫遵循以下原则。一是加快发展，服务全局。坚持教育优先发展，尽快补齐贫困地区教育发展短板，全面提升建档立卡等贫困人口受教育水平，积极推进教育参与产业发展、公共服务的深度和广度，拓展教育服务区域脱贫攻坚的空间和能力。二是分类施策，精准发力。坚持量力而行、尽力而为，准确把握不同地区、不同群体教育需求，分类制定教育脱贫举措，找准教育脱贫实施路径，推动教育脱贫政策精准实施、脱贫资金精准投放。三是就业导向，重在技能。大力发展职业教育和培训，以提升建档立卡等贫困人口的基本文化素质和技术技能水平为重点，全面提升贫困地区人口就业创业、脱贫致富能力。四是政府主导，合力攻坚。落实地方政府主体责任，充分发挥教育系统人才优势，广泛动员社会力量参与，激发贫困地区内生动力，构建多方参与、协同推进的教育脱贫大格局。②

三、教育精准扶贫的实践做法

西部地区各省区市着眼全局，根据各地区的需求精准施策，投入大量资源补齐贫困地区教育发展短板。云南省根据省内不同地区不同群体的教育需求进行差异化资源分配，重庆市着力完善分类别人才成长的全周期教育帮扶措施，积极推动教育扶贫探索，取得良好成效。

1.云南综合施策保证贫困群众的受教育机会

云南省在推进教育扶贫进程中将面上统筹与点上突破精密结合，织就

---

① 中华人民共和国教育部. 教育脱贫攻坚"十三五"规划［EB/OL］.(2016–12–16).http://www.moe.gov.cn/srcsite/A03/moe_1892/moe_630/201612/t20161229_293351.html.

② 中华人民共和国教育部. 教育脱贫攻坚"十三五"规划［EB/OL］.(2016–12–16).http://www.moe.gov.cn/srcsite/A03/moe_1892/moe_630/201612/t20161229_293351.html.

了一张既广且密的教育扶贫网。

（1）举措

补齐短板，夯实教育脱贫根基。完善贫困地区教育发展的硬件基础，推进"全面改薄"工程，提升贫困地区教学空间、学生住宿、教师周转宿舍等设施条件，提升信息化教学水平。发展学前教育，建立县域内"县—乡"和"乡—村"两层结对帮扶关系；对在公办、民办幼儿园就读的建档立卡户、城乡低保户等家庭经济困难的幼儿，每人每年资助300元。巩固提高九年义务教育水平，在县域内建立"市—县""县—乡"和"乡—村"三层结对帮扶关系；对不足100人的村小学和教学点，按100人核定公用经费，对寄宿制学校公用经费在普通学校标准上再按照200元/（生·年）核定，实施学生九年免费义务教育。加强乡村教师队伍建设，"国培计划"指标向贫困地区重点倾斜，加强城乡学校教师互派锻炼，以全科教师培养为抓手提升教师执教水平，落实连片特困地区乡村教师生活补助政策，提升贫困地区教职人员的生活保障水平。

应需而动，提升教育脱贫能力。根据市场需求和区域特色大力发展实施应用型教育。在市域内建立"职教集团—市"和"示范校—县"两层结对帮扶关系，实现中等职业教育全免费。在滇西10个州市，结合当地特色优势产业，以"办好一个学院、振兴一个产业、致富一方群众"为目标，采取总部加若干特色学院、研究中心的开放式办学构架建设新型应用技术大学，所属各特色学院按"空间贴近、辐射滇西"的原则布局在产业聚集区，启动了普洱茶学院、珠宝学院、傣医药学院。面向贫困地区农村开展公益性继续教育，打造"一村一名大学生计划"国家开放大学升级版，为贫困区县每一个行政村培养若干后备干部、创业青年和致富带头人。

着眼长远，拓宽教育脱贫通道。实施普通高中结对帮扶，建立县域内"省—县"和"市—县"的"二对一"结对帮扶关系。对高中教育阶段贫困学生减免学杂费，并给予生活补助。深化实施高校招生倾斜政策，保留并进一步完善边疆、山区、牧区、少数民族聚居地区少数民族考生高考加分优惠政策。完善就学就业资助服务体系：建档立卡户等贫困户子女享受每年8000元国家生源地助学贷款，还款期限延长至20年；考入一本院校的建档立卡贫困户子女，在本科学习期间，除享受其他政策外，由省级财政给予每人每年5000元学费奖励；享受城乡居民最低保障家庭、3个藏区县、8个人口较少民族、残疾毕业生和享受国家助学贷款的毕业生，可享受1000元的求职创业补贴；特殊教育学校年生均公用经费2016年达到6000元。在迪庆州、怒江州率先实施14年免费教育，并逐步向"直过民族"聚居地区和其他地区推行。

聚焦特殊地区，实行重点倾斜帮扶。针对云南省少数民族群众多、边境线长的特点，聚焦边疆民族等特殊贫困地区，出台专门措施实行重点帮扶。优先保障贫困地区民族学校办学条件改善，鼓励8个民族自治州和29个民族自治县教育局建立民族教育专门机构。科学推进双语教学，加快民族贫困地区国家通用语言文字的普及，加强以基本语文、实用数学、创业知识与技能、家庭生活知识与技能、公民生活知识与技能相结合的扫盲课程体系建设，促进"直过民族"等少数民族掌握汉语。鼓励支持高校对民族地区定向招生。健全教育对口支援机制，构建省内教育发达地区优质学校与民族地区学校结对帮扶平台，加大省内对民族地区双语教育、职业教育和学前教育的支援力度，帮助民族地区培训和选派中小学校长、班主任、骨干教师，形成帮助培养各类人才的长效机制。

（2）成效

云南省教育扶贫在多个方面取得显著成效。一是义务教育。2016—2020年，中央财政投入乡村教师生活补助奖补资金共计22.71亿元，补助12.58万名乡村教师；2020年补充基础教育教师3.28万人。投入资金46亿元，资助建档立卡贫困家庭学生153.26万人。二是学前教育和高中阶段教育普及攻坚。截至2020年底，建设乡村幼儿园5560所，创建一级示范幼儿园139所，实现"一县一示范、一乡一公办"全覆盖，全省学前三年毛入园率达87%以上。提升高中办学条件，新建、改扩建学校133所，新增校舍面积360万平方米，解决普通高中学位21.6万个，2016—2020年共录取建档立卡贫困家庭学生3.6万余名。三是职业教育。2015—2020年，省财政共对两州农村中职学生发放生活补助6743.5万元，1.67万人次受益。四是普通话培训。2016—2020年，累计投入资金4661万元，完成4969名少数民族教师和9.96万名"直过民族"、人口较少民族劳动力国家通用语言培训；发放语言扶贫定制手机2万台，39.18万人通过手机APP学习普通话。①

2.重庆完善人才成长全周期教育扶贫措施

重庆在教育精准扶贫进程中以补齐教育短板为突破口，优化人才成长全周期教育扶贫体系，重点资助建档立卡贫困家庭学生，关爱特殊群体促进教育公平，凝聚多方力量开展对口支援，不断提升贫困区县教育普及水平和教育扶贫水平。

（1）举措

补齐区域性教育短板，优化人才成长全周期教育扶贫体系。一是普及贫困地区学前教育。完善农村学前教育办学体制，推进学前教育资源向贫困村延伸，提升农村学前教育保教质量。二是推动义务教育均衡发展。统筹推进区（县）域内城乡义务教育一体化发展，不断强化义务教育控辍保学举措，加快推动教育信息化扶贫力度，实施好贫困区县农村义务教育学生营养改善计划。三是推动贫困地区普通高中特色化发展。支持贫困地区普通高中建设，普通高中改造计划优先支持贫困地区。抓好贫困地区特色高中创建工作，推动贫困地区普通高中课程体系与学校管理特色化。四是

① 中华人民共和国教育部.云南省坚持扶贫先扶智全力打赢教育脱贫攻坚战［EB/OL］.（2021-04-08）.http://www.moe.gov.cn/jyb_xwfb/s6192/s222/moe_1757/202104/t20210408_525028.html.

以就业为导向发展职业教育。在贫困地区统筹立项建设一批职业技能实习实训基地，发展服务当地特色优势产业和基本公共服务的现代职业教育。实施中等职业教育协作计划，广泛开展职业技能培训。五是提高高等教育扶贫贡献率。继续实施高校专项招生，除精准落实国家政策外，每年从全市农村小学全科教师定向招生计划单列一定数量计划招录贫困家庭高中毕业生。实施高校毕业生就业创业促进计划。

完善全周期资助体系，不让一个学生因贫困失学。针对困难学生比例偏大、国家资助政策不能全部覆盖的问题，市级层面增项、提标、扩面，针对不同阶段完善资助体系。学前阶段扩面至"应助尽助"，将建卡贫困户在园幼儿全部纳入资助范围，做到应助尽助。幼儿园免收建卡幼儿的保教费和生活费。同时，实施国家贫困区县学前儿童营养改善计划。义务教育阶段"扩面提标"。在国家"两免一补"和"营养改善计划"的基础上，将国家资助政策未纳入的非寄宿建卡贫困子女纳入补助范围，实现免费提供一顿午饭。对所有义务教育学生免地方教材费、作业本费，对初中学生免教辅资料费。高中阶段"增项提标"。在国家规定基础上增加对建卡家庭学生免教科书费，对中职建卡家庭学生免住宿费；同时，将国家助学金由2000元/年提高到3000元/年。高等教育"提标增项"。对符合条件的家庭经济困难学生给予助学贷款，确保"应贷尽贷"；贷款限额在国家基础上提高至本专科最高可贷1.6万元，研究生、博士生最高2万元。对重庆籍建卡家庭学生以8000元/年为限资助学费。各学校同步完善"奖助勤免"等模式，加大对建卡家庭学生资助力度。①

加强乡村教师队伍建设，提升贫困地区师资水平。通过实施"特岗教师计划"、选派"三区支教教师"、培养"农村小学全科教师"等方式，重

---

① 重庆市教育委员会.健全三个体系 打赢教育脱贫攻坚战[EB/OL].(2019-10-22).http://www.moe.gov.cn/jyb_xwfb/xw_zt/moe_357/jyzt_2019n/2019_zt27/jyjs/chongqing/201910/t20191022_404762.html.

点解决农村学校师资短缺问题。实施农村教师素质提高工程，构建乡村教师、校长专业发展支持服务体系，各类教育培训项目、培训经费继续向农村贫困地区倾斜。采取多种形式，满足贫困地区教师个性化培训需求，达到轮训全覆盖。提高贫困地区教师待遇。实施贫困地区乡村教师周转宿舍建设工程，解决特岗教师、支教交流教师和离家较远教师住宿问题。落实乡村教师岗位生活补助政策。设立贫困地区优秀教师奖励基金，接受公益捐赠，用于激励长期扎根基层的优秀乡村教师。

关爱特殊群体，促进教育公平发展。继续实施特殊教育提升计划，重点支持贫困地区和农村地区普通中小学开展随班就读，推行融合教育。加快发展以职业教育为主的残疾人高中阶段教育。为家庭经济困难的残疾儿童和残疾少年提供包括义务教育、高中阶段教育在内的12年免费教育。构建关爱留守儿童长效机制。全面建立留守儿童档案，有针对性地开展关爱和帮扶，加强对留守儿童个性化学习指导，加强思想道德、心理健康和法制安全教育。将贫困地区进城务工人员随迁子女全面纳入城市义务教育经费保障范围，在生均公用经费保障、报名、编班、表彰、升学等各方面与城区居民子女享受同等待遇。

（2）成效

截至2017年底，重庆市教育精准扶贫取得显著成效。一是贫困区县基本办学条件明显改善。第三期学前教育三年行动计划、"全面改薄"工程、高中扩容改造工程、职业教育产教融合项目等资源重点向贫困区县倾斜。18个市级贫困区县仅有147所义务教育学校未达到"20项底线"要求，占比降至4.75%。二是乡村教师支持计划成效显著。每年向贫困区县选送"三区支教教师""特岗教师""全科教师"和"免费师范生"4100余人，市级每年补助18个贫困区县乡村教师岗位生活补助资金2.5亿元，惠及乡村教师6.9万名。三是贫困家庭学生上学和就业通道明显拓宽。实施贫困区县定向招生计划和有关专项计划，2017年单列计划招收贫困家庭学生

4514人。优先帮扶建卡贫困家庭学生就业，全市家庭经济困难毕业生就业率为94.8%，高于全市平均水平5.2个百分点。[①]

四、人力资本积累变革长期财富分配格局

接受教育是劳动力投资增值的过程。这一过程是经济循环的中间生产环节，通过迂回的生产提升劳动力的产出效率，在贫困家庭发展要素数量不变的约束下实现质量提升。打破物质贫困和知识贫困的恶性循环，提升教育投资的激励水平，关键是要解决好教育的投入产出在时间维度上的错位问题。教育扶贫以公共服务的形式降低贫困群众接受教育的成本，降低教育的准入门槛，提升贫困群众受教育的机会。

教育扶贫从改薄、提质、扩面、减负的多维目标出发综合施策，改变了教育"奢侈品"的产品属性，保证贫困群众，尤其是贫困青少年拥有受教育的机会。受到良好教育的孩子通常创造力、抗压力更强。以教育为基础，提升个人素质，促进人力资本积累，带动家庭脱贫，并进一步阻断贫困的代际传递。

教育扶贫的长远影响是改变社会财富分配格局。从中国劳动力的年龄和地域构成看，农村地区的青少年是未来新增劳动力的主要来源，其中西部贫困地区青少年占比可观。教育扶贫以机会的均等提升贫困地区潜在劳动力的人力资本积累水平，提高其在劳动力市场上的竞争能力，进而影响财富分配格局。于整体，教育扶贫提升未来中国劳动力的整体素质；于结构，教育扶贫对改善社会收入分配和财富分配格局有利；于趋势，截断贫困代际传递渠道，促进国民素质提升。"扶贫先扶智"决定了教育扶贫的基础性地位，"治贫先治愚"决定了教育扶贫的先导性功能，"脱贫防返

---

① 重庆市人民政府. 重庆市教委紧扣办学短板助推教育扶贫攻坚[EB/OL].(2018−01−15). http://www.cq.gov.cn/zwxx/zwdt/202001/t20200114_4664910.html.

贫"决定了教育扶贫的根本性作用。①

全国教育精准扶贫取得显著成效。2016—2019年上半年，已累计安排中央预算内投资302亿元，支持中西部贫困地区7100余所义务教育学校建设，全国30.96万所义务教育学校（含教学点）办学条件达到"20条底线"要求，占义务教育学校总数的99.76%。全国97.6%的中小学校实现网络接入，93.4%的学校已拥有多媒体教室。连续实施3期学前教育行动计划，全国学前3年毛入园率达79.6%。"国培计划"累计培训乡村教师和校园长540万余人次。实施农村教师特岗计划，全国28万名农村特岗教师活跃在中西部22个省（区）1000多个县3万多所农村学校。有28个省份通过在学免费、学费补偿和国家贷款代偿等方式，每年吸引4.1万名高校毕业生直接到农村中小学任教。持续实施定向招生专项计划，2012年起所有"211工程"高校和中央部属高校安排专门计划，面向贫困县累计招生37万人。从贫困学生资助体系上看，实现了"三个全覆盖"，即学前教育、义务教育、高中阶段教育、本专科教育和研究生教育所有学段全覆盖，公办民办学校全覆盖，家庭经济困难学生全覆盖，从制度上保障了"不让一个学生因家庭经济困难而失学"。②

---

① 刘传铁.教育是最根本的精准扶贫[N].人民日报,2016-01-27.

② 中华人民共和国教育部.对十三届全国人大二次会议第4771号建议的答复[EB/OL].(2019-08-30).http://www.moe.gov.cn/jyb_xxgk/xxgk_jyta/jyta_ghs/201910/t20191025_405233.html.

| 第六节 |
文化扶贫

　　贫困是多重因素交织的综合性社会发展问题，物质贫困和精神贫困互为因果循环。在脱贫攻坚持续推进背景下，物质援助的边际脱贫成效递减，精神脱贫重要性日益凸显。文化建设在提升公众素养、推动经济发展、优化社会氛围、引领先进价值理念方面的作用不可或缺。文化扶贫在"扶能""扶智"解决人的物质贫困基础上，强化文化精神或精神文化的"扶志"作用，重塑贫困地区人民群众生活意识和习性，以同步解决物质贫困和交往层面、精神层面上的贫困。摆脱贫困，必须物质脱贫和精神脱贫两手抓两手都要硬，文化扶贫大有可为。

一、精神贫困阻碍精准脱贫进程

　　扶贫是具有高度复杂性和不确定性的综合过程，中国前期减贫的成就，相当大部分源于中国经济高速发展的支撑。随着脱贫攻坚不断深入，扶贫的价值维度不断丰富、精准性要求越来越高，以经济增长为重心推动国家扶贫的方式，其实并不适应复杂的扶贫形势，经济增长的减贫效应也在减弱。①传统的文化扶贫，侧重于教育、科技、场馆建设等物质投资和功能辅助性帮扶，并制订一系列可量化的脱贫标准。这种功能辅助性的文化帮扶，易让贫困地区和群体陷入"消费社会"的怪圈，造成对自我文化特性和定位的迷茫与困惑。造成经济脱贫后又陷入"文化贫困"的怪圈，最终形成脱贫又返贫的突出问题，成为巩固脱贫成果的重大挑战。②

文化是民族的血脉，是人民的精神家园，是国家强盛的重要支撑。文化扶贫在新的时代背景和要求下，拥有完整的意义系统和价值系统，可分为三个维度。一是功能辅助性的文化帮扶，主要侧重公共服务扶贫领域的基本保障。二是内容层面的文化帮扶。这是文化扶贫的内核支撑，它通过对贫困地区自有文化的创意研发，形成具有精神和经济双重价值的社会效益，并倡导贫困群体形成一种具有文化自信与自觉的生产、生活方式的基本保障。三是文化供给与消费通道的建立。最终，文化扶贫要形成物质层面的文化帮扶和内容层面的文化帮扶自循环的生态系统，建构对接贫困地区文化供给与消费的常态化通道，实现贫困地区的内生发展和真正脱贫。③

文化扶贫以文化设施为载体、文化产品为核心，其目的在于满足广大农村地区随经济社会发展而不断提档升级的精神需求，其重心在于人的转变。文化扶贫内涵丰富，具有公共性、文化性与产业性，包含公共文化服务提供、文化相关产业发展潜力挖掘转化、优秀文化遗产的传承和发扬、社会主义先进价值取向的引导以及社会发展氛围的重新塑造等诸多方面。文化扶贫同时发挥文化在惠民、富民、教民、睦民等多个方面的重要作用，提升扶贫攻坚的温度和人文关怀，形成"扶能""扶智""扶志"的良

---

① 李小云,于乐荣,齐顾波.2000—2008年中国经济增长对贫困减少的作用:一个全国和分区域的实证分析[J].中国农村经济,2010(04):4–11.

② 章军杰.中国文化扶贫四十年:从专项扶贫到精准文化扶贫[J].甘肃社会科学,2019(2):52–58.

③ 章军杰.中国文化扶贫四十年:从专项扶贫到精准文化扶贫[J].甘肃社会科学,2019(2):52–58.

性循环，为中国特色社会主义建设在贫困地区取得胜利提供长期战略保障。

二、文化扶贫的发展历程和工作原则

改革开放之前，扶贫的重点是农业的生产与再生产，尽管文艺工作是大规模扫盲运动的重要构成，文化扶贫尚在孕育。改革开放以后，中国文化扶贫演变成为自觉的行动。大体可分为四个阶段。一是1979—1993年的早期探索与尝试。主要侧重乡村科教、实用技术，强调通过技术教育增强国家扶贫的"造血"功能，对贫困地区人民的精神文化需求关注则比较缺乏，但"扶贫扶人，扶智扶文"已成社会共识。二是1994—2000年开发式扶贫中的探索。《国家八七扶贫攻坚计划》明确提出"改变教育文化卫生的落后状况"的扶贫任务，文化扶贫开始走向常规化。这段时间文化扶贫延续文化福利分配的思路，侧重于公共文化建设，政府主导的文化供给与贫困群众的需求错位，贫困群体在文化扶贫实践中基本被边缘化。三是21世纪前十年综合扶贫中的文化扶贫。《中国农村扶贫开发纲要（2001—2010年）》将提高贫困地区群众的科技文化素质作为增加贫困人口经济收入的重要措施。2006年《国家"十一五"时期文化发展规划纲要》印发，推动产生了一系列具有文化扶贫性质的成果。2008年中国扶贫开发协会启动文化扶贫工程，文化扶贫由临时性的文化福利变为常态化的系统安排。四是精准扶贫中的文化扶贫。2013年习近平总书记正式提出"精准扶贫"理念，文化扶贫迈向精准化的新阶段。文化部、新闻出版广电总局相关人员进入国务院扶贫开发领导小组，文化部门正式进入国家扶贫决策机构。2014年文化部、财政部联合印发《藏羌彝文化产业走廊总体规划》，凸显文化扶贫的战略意图。2015年底，文化部等7部委颁布《"十三五"时期贫困地区公共文化服务体系建设规划纲要》，中央层面首次对贫困地区公共文化建设作出规划安排。2017年，文化部发布《"十三五"时期文化扶贫工作实施方案》。2018年文化和旅游部组建，推动文旅融合进入新阶段。

推动文化扶贫遵循四项基本原则。一是因地制宜，精准扶贫、精准脱贫。变"大水漫灌"为"精准滴灌"，因地制宜采取精准措施解决贫困地区文化发展中存在的突出问题。二是以人为本，激发群众内生动力。着力满足贫困地区人民群众日益增长的精神文化需求；充分调动贫困地区广大干部群众积极性、主动性、创造性，依靠自身努力改变贫困落后面貌。三是重心下移，突出重点、讲求实效。着力加强基层文化建设主体责任，以县、乡、村三级为重点，促进文化资源更多向贫困地区倾斜，着力解决基层文化建设面临的难题。四是统筹推进，改革创新、激发活力。实施项目带动，补齐短板弱项，加强改革创新，不断完善机制，形成合力，激发贫困地区文化发展的活力。[①]

三、文化扶贫的实践做法

文化既是抽象的，也是具体的。西部地区地域广阔，文化种群多样，优秀传统文化、红色革命文化、中国特色社会主义先进文化以及民族特色文化交相辉映相互促进，是扶贫攻坚的价值宝库。提升文化扶贫的效果，必须尽力发掘文化的多重价值，在发掘中保护，在保护中利用，在利用中传承、提升和发扬。

1.青海挖掘文化多重价值的利民成效

青海省拥有丰富的民族文化资源，在常规文化扶贫基础上充分挖掘民族文化资源的产业潜力。文化多重价值的挖掘，取得了良好的利民成效。

（1）举措

提升公共文化服务水平，实现文化惠民。下沉文化公共服务资源配置。贯彻落实中宣部牵头实施的"贫困地区百县万村综合文化服务中心示

---

① 中华人民共和国文化部."十三五"时期文化扶贫工作实施方案［EB/OL］.(2017-05-25). http://www.cpad.gov.cn/art/2017/8/16/art_1747_843.html.

范工程"要求，按照一个文化活动广场、一个文化活动室、一个简易戏台、一个宣传栏、一套文化器材、一套广播器材、一套体育设施器材等"七个一"标准进行建设，加快推进贫困地区公共文化服务载体建设。分阶段为建成的村文化室配备基本文化设施。实施文化共享工程，推进基层图书馆网络互联互通，面向贫困县图书馆分步部署扶贫专题平台，提升贫困地区图书馆服务推广能力。对接"春雨工程"——全国文化志愿者边疆行、"大地情深"——国家艺术院团志愿服务走基层和"阳光工程"——中西部农村文化志愿服务行动计划，向贫困地区重点倾斜。依托公共文化设施和文化惠民工程，积极开展惠农服务和技术培训，帮助贫困群众掌握实用技术，提升科学素养。

厚植特色文化产业根基，实现文化富民。遵循"在保护中求发展，在发展中守特色"原则，紧抓丝绸之路文化产业带、藏羌彝文化产业走廊建设带来的机遇，挖掘整合当地的历史文化、民族文化资源，以"热贡艺术"为轴心，突出唐卡、堆绣、泥塑在发展文化产业中的核心地位。围绕"文化带动旅游，旅游促进文化"这一发展理念，成功注册"热贡文化"旅游品牌。按照"北依西宁、南望九寨"打造"热贡文化，世界精品"的文化旅游总体思路，以区位优势发掘资源优势，以品牌优势培育经济优势，协力推进软硬件建设。热贡当地的唐卡作品已参加国内外数百场展览，在世界四大顶尖级博物馆中的三家进行了展出，"中国唐卡之乡""中国堆绣之乡""热贡艺术"在国内外声名鹊起，文化产品推广、文旅融合发展卓有成效。

促进先进观念意识传播，实现文化教民。积极围绕"精准扶贫、精准脱贫"开展主题作品创作，推出反映扶贫事迹、先进典型、经验成果等内容的舞台和美术作品，引导贫困群众从"等、靠、要"向"我要脱贫、主动脱贫"转变，提升参与脱贫攻坚的自主性、积极性。通过"西部及少数民族地区艺术创作提升计划""戏曲艺术人才培养千人计划"和相关艺术领域专业人员培训等项目，积极培养和扶持艺术人才，提升贫困地区文化艺术产品自主创作能力。鼓励带有地方特色、民族特色的优秀文化作品创作传播，将社会主义核心价值观、中华先进传统文化、革命传统文化和民族优秀特色文化融入作品创作中，通过戏曲、小品、绘画、漫画等广大群众喜闻乐见的方式传播，改变落后观念、提升思想境界，促使市场经济意识、法治意识在贫困群众的思想里生根。

深化多民族文化交流发展，实现文化睦民。以现代公共数字文化建设为基础，提升六州藏区公共文化服务水平，助力推进全省民族团结进步先进区创建。以"全国文化信息资源共享工程汉藏文化交流项目"为依托，以省内六州藏区的乡镇为主，按照"有网络、有设备、有资源、有人员、有活动、有评估"的"六有"标准，建立常态化基层服务工作机制，实现藏区文化资源共享全面提档升级。计划新增200个汉藏文化交流乡镇服务点的终端配置，建设400个汉藏文化交流驿站；汇聚不少于30TB专题资源，各类汉藏文化交流应用不少于30个；推出不少于50种藏族特色优秀文化数字资源新品，新增译制藏语资源不少于5000小时等。汉藏文化交流项目，是国家文化"一带一路"战略的重要内容，基于文化资源共享工程平台、资源、渠道、服务网络优势，发挥文化在固边安民富民、促进民族团结发展的重要作用。

（2）成效

以青海省同仁县为例，2017年同仁县以打造"世界唐卡艺术之都"为契机，采取"政府+文化企业+贫困户"的模式，全力打造文化扶贫产业基地，建设文化扶贫车间，依托家庭式的文化产业作坊，鼓励有意愿的贫困户就近入户进行热贡艺术培训创作。已建成唐卡、堆绣、泥塑、雕刻等4个文化扶贫产业基地，22个扶贫车间，2017—2018年培训贫困群众102人，通过培训基本实现有意愿的贫困人口掌握一门热贡艺术技能，实现稳定脱贫。2018年，全县农牧民人均纯收入中热贡艺术品制作收入占比超过

20%。①截至2019年3月，青海全省243个旅游扶贫村中的131个村依靠文化旅游产业实现脱贫摘帽，文化旅游产业发展已成为产业扶贫的新支撑。各地的特色文化产业也让百姓实现在家门口就业。全省各州均建成了以唐卡、泥塑、藏绣、堆绣、刺绣、藏毯、玉雕、石雕、手工艺品制作等为主体的文化、旅游产业集聚区，在产品研发、生产推广、经营销售链条中吸纳大量当地和周边群众就业，显著增加农牧民收入。②

2.广西探索多渠道多元化的文化精准扶贫新路径

广西大力推动文化扶贫工作，通过完善设施、民族民俗资源产业化、文化遗产保护开发和文化活动重塑精神等系统性创新措施，取得显著成效。

（1）举措

整合资源定向倾斜，基层文体设施显著改善。积极推动公共文化资源向贫困地区倾斜，集中建设一批村级公共服务中心和文化场所。按照综合楼、戏台、篮球场、农民文艺队、农民篮球队"五个一"标准，安排专项建设补助资金进行村级公共服务中心建设，使之成为农民群众精神文化生活的主阵地和施展文体才华的大舞台。重点支持新规划的县级公共图书馆、文化馆、博物馆、乡镇（街道）综合文化站建设；为贫困地区每个县（区）各配备一辆流动文化车、流动图书车，为贫困地区行政村文化活动室购置基本文化服务设备，并支持数字农家书屋、广播电视设施和公共体育设施建设。实施惠民服务项目，向贫困地区精准输送演出、图书、培训等。根据各地实际需要，为试点地区"普配"农业科学图书，并根据农民

---

① "文化扶贫"的"金色大门"［EB/OL］.（2019-10-28）.http://qh.people.com.cn/GB/n2/2019/1028/c182775-33478722.html.

② 青海：文化旅游扶贫美了乡村富了百姓［EB/OL］.（2019-04-02）.http://qh.people.com.cn/GB/n2/2019/0402/c182775-32802414.html.

个体需求进行"特配"补充，使农业科技推广精准到位。[①]

立足民族民俗特色，资源开发拓展产业路径。积极引导贫困地区依托自身资源优势，探索具有丰富民族和地域特色的文化产业发展路子，形成特色文化旅游、民族民间工艺品为主的文化产业。靖西绣球、融水苗族服饰、东兰铜鼓、龙州天琴等民族民间工艺品产业得到提升。一批省级、国家级文化产业示范基地相继成功创建，成为贫困地区文化产业发展的生力军，发挥了良好的典型示范和引领带动作用。[②]创品牌、树形象、重推介，文旅融合推进脱贫攻坚："广西人游广西"系列主题活动重点推广扶贫、生态、乡村等精品自驾游线路；借力"国家高铁"名片，开通文旅扶贫专列，在12306平台上开展文化旅游扶贫系列推介，加强高铁全媒体宣传和12306平台文化旅游精准信息推送。[③]

传承开发文化遗产，古老文化成扶贫生力军。民族地区相对丰富、特色鲜明的非物质文化遗产是助力脱贫的重要资源。非遗的传承、开发、营销，是实现"资源变资产"的关键。广西重点帮助贫困地区搭建自治区级非遗代表性项目建设保护传承工作平台，对接专家对贫困地区传统技艺类项目开展现场指导，重点扶持有市场潜力的传统技艺类项目，努力提高传统技艺类项目的市场化能力。在培训研习资源上，对贫困地区传统技艺类非物质文化遗产项目给予倾斜，增加贫困地区非遗传承人群体的培训机会。在产品开发上，采用"政府+公司+基地+农户+市场"的模式，畅通产销循环，贫困群众通过政府和企业培训掌握了好技艺，进一步增强非遗产品开发的益贫性。在运营上，积极搭建集培训带徒、宣传展示、旅游体验、运营就业等功能于一体的平台。多地也探索建设非遗小镇，发挥产业

---

① 广西：文化服务上山下乡 脱贫攻坚吹糠见米[EB/OL].(2019-09-12).http://www.xinhuanet.com/culture/2019-09/12/c_1124991689.htm.

② 韦继川,谭碧雁.广西推进文化精准扶贫[EB/OL].(2017-02-22).http://www.gxzf.gov.cn/sytt/20170222-579307.shtml.

③ 广西：创新文旅推介路径 纵深推进脱贫攻坚[N].经济日报,2019-12-16.

的集聚效应。①

惠民演出上山下乡，文化精准扶贫重塑精气神。组织广大文艺工作者，深入脱贫攻坚一线，创作出一批贴近群众、生动鲜活、反映脱贫攻坚风貌的优秀作品。广西卫视《第一书记》栏目每周一期，倡导"扶贫先扶志"的新型扶贫理念。现代彩调剧《新刘三姐》、民族歌舞剧《扶贫路上》和话剧《那山那水》等大型剧目创作完成，成为反映脱贫攻坚火热现实的优秀成果。支持区直文艺院团深入边远山区、贫困地区的乡镇、村屯，进行"唱响八桂中国梦·艺术精品到基层"惠民演出，让人民群众在文化的浸润和熏陶下，坚定勤劳致富的信心。

（2）成效

截至2017年，广西壮族自治区累计安排专项建设补助资金近20亿元进行村级公共服务中心建设，将其作为脱贫攻坚文化扶贫的主要项目之一。全区共有3860个贫困村建设了村级公共服务中心，占全区贫困村总数的77.2%。2016年到2018年，全区投入2635万元到33个国家级贫困县和石漠化片区县实施"送戏下乡"和"戏曲进乡村"；投入1320万元，共举办培训班109期，培养基层文化骨干6218人。②2019年，扶持6个非物质文化遗产代表性项目建设生产性保护示范基地、示范户和传统工艺工作站，鼓励开发非遗产品，引导"三农"开展艺术创业生产；成功举办了"壮族三月三·相约游广西·携手奔小康"和"诗在壮乡何必远方——广西人游广西"等系列主题宣传推广活动。③

---

① 郑海鸥.传统工艺、节庆、民俗进行创造性转化、产业化发展——古老非遗，渐成扶贫生力军[EB/OL].(2018-11-22).http://country.people.com.cn/n1/2018/1122/c419842-30415832.html.

② 宾阳.广西推动文化扶贫扶出精气神[N].中国文化报,2018-10-30.

③ 广西壮族自治区人民政府.广西文化和旅游扶贫情况新闻发布会召开[EB/OL].(2019-12-10).http://www.gxzf.gov.cn/xwfbhzt/gxwhhlyfpqkxwfbh/xwdt/20191210-783215.shtml.

四、文化观念改变破解精神贫困难题

利民是文化扶贫的基本方向。文化扶贫的作用在于变革观念，增强发展意识，优化发展氛围。尤其是在深度贫困地区，解决物质贫困需要借助文化激发精神动力，打破贫困恶性循环的怪圈。贫困群众只有解决精神的贫困，才能真正拔掉穷根。文化具有春风化雨般的润养作用，让脱贫攻坚的进程更具有温度，于无声处优化发展氛围，传导积极向上的正能量。观念不变原地转，观念一变天地宽。文化公共产品的提供为贫困群众提供触手可及的应用型知识，引导其深刻理解内生发展的根源、优势和转化渠道等。文化产业的发展，通过匹配文化产品供求关系，将贫困地区的软资源变为硬通货。文化扶贫的多重属性助力精准脱贫多重价值的实现，"扶能""扶智"和"扶志"目标同步达成。

国家高度重视文化在扶贫中的作用。自2016年起，文化部全国公共文化发展中心依托中央财政启动实施"中西部贫困地区公共数字文化服务提档升级"项目，按需布点，为22个中西部地区国家级贫困县的5054个基层公共文化服务点提升设备设施配置水平，利用公共数字文化"互联网+"优势为深度贫困地区提供平台、渠道与硬件支撑。组织实施国家舞台艺术精品创作扶持工程、西部及少数民族地区艺术提升计划等近10项重大工程项目，鼓励扶持精准扶贫、精准脱贫、边疆少数民族等题材作品，借助全国少数民族文艺汇演、中国西部交响乐周等10余项重大文艺活动为贫困地区优秀文艺院团的作品展示推介和艺术合作搭建平台。自2015年文化部与教育部开始实施"研培计划"以来，贫困地区非遗传承人积极参与，通过学习提高，不断改进技艺、改良设计、拓展市场，收入得到不同程度提高，各地青年人群参与非遗传承的积极性明显增强。[①]

---

① 王连文.精心谋划　精准施策　精益求精——文化和旅游部系统深入推进文化扶贫工作成效显著[N].中国文化报.2018−07−12.

西部地区其他省区市在文化扶贫上也颇有成效。新疆坚持以现代文化为引领，将文化精准扶贫与"去极端化"、民族团结进步等重点工作紧密结合，充分发挥文化工作的优势。截至2017年10月，宁夏606个贫困地区村综合文化服务中心全部高标准建成投入使用，在全国贫困地区率先实现以省区为单位，村综合文化服务中心全覆盖，实现文化设施到村、文化服务到户、文化普及到人、文化扶贫到根的"四到"目标。云南滇东威信县充分挖掘长征途中的扎西故事，将"红色扎西"做成了红色文化旅游产业中的一张王牌。重庆武隆区、彭水县挖掘旅游文化、民族文化资源，在改变精神风貌的同时，实现了良好的经济效益。

| 第七节 |
社会扶贫

　　提高最贫困群体的生活境况是现代文明社会共同的价值取向，更是最终实现共同富裕这一社会主义本质的直接要求。推动精准扶贫，政府的主导力量不可替代，然而政府之外也有众多的社会力量愿意加入精准扶贫的队伍中，充分挖掘社会扶贫的潜力可形成脱贫攻坚的强大助力。社会扶贫具有全社会广泛参与、多元化的扶贫开发策略、可持续的减贫理念与模式创新等明显的特点和优势。为社会力量搭建方便参与精准扶贫的平台，调动社会各界参与扶贫的积极性，充分发挥其在特定行业、特定市场或特定地域的专业性优势，有利于汇聚更加广泛的扶贫资源、释放社会潜力、提升精准脱贫效率。在专项扶贫、行业扶贫与社会扶贫的"三位一体"大扶贫格局中，社会扶贫已经成为推动贫困地区发展和扶贫开发工作的重要动力之一。

一、社会主体构成精准扶贫的重要补充力量

　　中国面临的脱贫形势非常艰巨，尤其是深度贫困地区还普遍存在着基础设施差、公共服务供给不足、产业发展薄弱等情况，需要长期投入大量人财物。在市场经济发展进程中，政府所掌握的资源毕竟有限，调动社会

力量参与扶贫，是对以政府为主导的脱贫攻坚力量的强大补充，是政府、帮扶主体和贫困群众三赢的举措。

社会扶贫具有以下特点。一是全社会广泛参与。社会扶贫吸纳和动员了最为广泛的积极力量参与扶贫开发事业，参与主体多元性是其显著特征。我国社会扶贫主要包括六种模式，分别是定点扶贫、东西扶贫协作、军队和武警部队扶贫、企业扶贫、社会组织扶贫、公民个人积极参与扶贫开发。二是多元化扶贫策略。多元的社会扶贫主体，根据自身特点采用了多样化的扶贫开发策略。三是可持续减贫模式。社会扶贫是扶贫理念和模式创新最快的领域，扶贫开发的手段也不断推陈出新。项目主导的扶贫模式，通过"造血式"的扶贫方法，为贫困地区创造可持续性脱贫条件，强化扶贫长期成效。

社会扶贫极大地缓解了政府压力。新的发展阶段，国内产业结构调整阵痛持续，新旧动能转换衔接尚需时日，地方政府债务急需控制，国际市场需求复苏乏力，经济增速下行压力大。经济形势相对艰难之际，财政收入增速放缓，在精准扶贫资金投入已至高位的情况下，未来持续提升的空间有限。经济发展是精准脱贫的基础，社会扶贫可利用社会团体的专业化运作进一步提升发展效率。以企业扶贫为例。企业对于市场环境的感知、市场机遇的把握以及具体项目的营运较行政机构更加准确、更加有效。将具体的事情交给更加专业的机构来做，投入产出比更高。对于参与帮扶的企业，扶贫进程本身是企业开拓市场、布局产业价值链的难得机会。贫困地区资本存量低、劳动力等生产要素相对便宜，特色产品和服务的发展潜力大。在贫困地区经营项目，可降低生产成本、提升投资回报率。企业参与扶贫，可以实现企业与扶贫对象的双赢。

二、社会扶贫的发展历程和制度安排

我国推动社会扶贫实践的探索起步较早。1986年国务院贫困地区经济开发领导小组成立，随后各省、自治区、直辖市分别成立了扶贫开发工作的领导机构和办公常设机构。国务院各部委、各直属机构也成立了扶贫开发领导小组及工作机构，并向贫困地区派驻工作组常年进行蹲点扶贫，定点扶贫开始推进。1996年中央扶贫开发工作会议以后，我国全面展开东西扶贫协作工作，以东部发达省市对口帮扶西部贫困地区为主要方式支援扶贫开发建设，并不断增加对口帮扶的省市数量。东西部之间的协作领域拓宽，协作深度拓展，形成了合作共赢的局面。进入21世纪，国家开始注重动员民营企业参与扶贫开发，并进一步鼓励社会组织、社会公众参与扶贫开发。随着经济社会的发展，越来越多的企业将扶贫开发视为重要的社会责任并积极参与。近年来，各类非政府组织在扶贫开发领域发挥着重要作用。社会扶贫在注重定点扶贫、东西扶贫协作和军队武警部队扶贫的同时，广泛动员社会力量，推动民营企业、社会组织和个人等参与扶贫开发。

党的十八大以来，我国对社会扶贫的领域、内容、机制等内容进行了统一界定，逐步完善了社会扶贫的顶层设计。《中国农村扶贫开发纲要（2011—2020年）》《关于创新机制扎实推进农村扶贫开发工作的意见》《关于打赢脱贫攻坚战的决定》《"十三五"脱贫攻坚规划》等总体部署和《创新扶贫开发社会参与机制实施方案》《建立精准扶贫工作机制实施方案》《关于进一步动员社会各方面力量参与扶贫开发的意见》等专项部署相结合，明确界定了社会扶贫领域，要求推进社会扶贫要创新参与机制、提高社会扶贫精准性、拓展社会扶贫参与主体、广泛动员社会力量和落实社会扶贫的脱贫攻坚责任。

各类型社会扶贫模式的制度安排不断完善，为社会扶贫工作的顺利开展提供了相应的政策依据和制度保障。对定点扶贫，系列制度共同作用，明确了要实现定点扶贫县全覆盖、调整定点扶贫结对关系、落实定点扶贫主体责任、建立定点扶贫考核制度等任务。①对东西协作扶贫，界定了东西部扶贫协作工作领域，细化东西部协作新方式，制定东西部扶贫协作考核制度。②对于军队和武警部队扶贫，要求搞好宣传教育、扶持发展特色优势产业、开展实用技能培训、协助推进教育扶贫、搞好医疗扶持、帮建基层政权组织、帮助改善生产生活、参与生态环境保护、支持乡风文明建设、参加兴边富民行动等工作。对于民营企业参与扶贫，要引导民营企业参与新一轮农村扶贫开发，开展"万企帮万村"精准扶贫行动。同时对社会组织和公众参与扶贫也作出了部署，要引导社会组织参与扶贫，积极推进电商精准扶贫，创新"互联网+"社会扶贫模式，制定脱贫攻坚志愿服务行动计划，支持社会工作专业力量参与脱贫攻坚。③

三、社会扶贫的实践做法

社会扶贫主体的多元性为社会扶贫实践的多样性奠定了基础。企业基于市场运营的专业性、发达地区与贫困地区人财物供需的精准对接是不同类型社会扶贫形式成为精准扶贫重要补充力量、共同构成大扶贫格局的基础。万达集团开创企业包县扶贫模式、北京在精准扶贫中交出首善答卷，成为社会扶贫的典型示范。

1.企业发挥主体优势提升贫困地区综合发展能力

企业开展扶贫成败的关键在于如何将帮扶企业自身的优势与贫困地区的潜在优势相结合，并将潜在优势转化为经济效益。企业在开拓市场、对

---

① 涉及《关于做好新一轮中央、国家机关和有关单位定点扶贫工作的通知》《关于进一步完善定点扶贫工作的通知》《关于进一步加强中央单位定点扶贫工作的指导意见》《中央单位定点扶贫工作考核办法(试行)》等文件。

② 涉及《关于进一步加强东西部扶贫协作工作的指导意见》《东西部扶贫协作考核办法(试行)》等文件。

③ 涉及《关于改革社会组织管理制度　促进社会组织健康有序发展的意见》《关于广泛引导和动员社会组织参与脱贫攻坚的通知》《网络扶贫行动计划》《关于支持社会工作专业力量参与脱贫攻坚的指导意见》等文件。

接市场需求上具有行政管理机构所不及的敏锐性，在符合区域发展规划、保障贫困群众利益的前提下，行政机构应给予帮扶企业更大自主空间。万达集团于2014年12月与贵州省黔东南州丹寨县签订对口帮扶丹寨整县脱贫行动协议，首创了"企业包县、整体脱贫"社会扶贫新模式。

（1）举措

以扶贫实效为导向，优化调整帮扶路径。扶贫不是一蹴而就的事情，需结合实际不断优化调整。万达集团在丹寨县扶贫的第一原则是"普惠"，要求至少95%以上的贫困户能受益。最初设定的扶贫路径是在丹寨"养猪""种茶"，带动农户参与产业，同时用产业的利润建立基金来帮扶无法参与产业的贫困户。经过一年多的反复调研和专家论证发现，原定产业规模难以做大、效益难以持续，且不利于生态保护。基于现实，万达集团及时调整帮扶路径，重新确立以教育扶贫、旅游小镇和扶贫基金为核心的扶贫路径，截至2020年累计投入23亿元的捐赠投资。三个扶贫项目，职业技术学院注重长期，旅游小镇注重中期，扶贫基金注重短期，实现长、中、短各发展阶段兼顾。

治贫先扶智，扶贫扶到根上。地区经济发展状况从根本上取决于劳动者素质，而劳动者素质的提高关键在教育。万达集团在丹寨县开创性地把教育作为"脱贫产业""朝阳产业"和"富民产业"来抓，"不掏钱就上学，上完学能就业"，智力扶贫、就业扶贫双管齐下。黔东南民族职业技术学院丹寨万达校区（贵州万达职业技术学院）总投资近3亿元，主要招收丹寨籍学生。丹寨万达校区2017年9月份正式招生办学，共开设有学前教育、护理、会计、财务管理、审计等5个专业，2017—2020年共实现招生2259人，同时利用学院设置的相关专业资源对贫困户进行短期技能培训。职业教育与就业培训相结合，实现"就业一人，脱贫一家"的最终目标，形成帮助贫困家庭脱贫致富的长效机制。

挖掘地方特色，扶贫扶到点上。丹寨县拥有独特的生态和气候优势、厚重的民族文化积淀、良好的生态农业产业环境，是贵州省内著名的"避暑胜地""非遗之乡""中国硒米之乡""中国富硒、锌茶叶之乡"。万达集团在旅游产业具备独特的核心竞争力。为将丹寨的资源禀赋转化成群众脱贫的载体，万达集团投资15亿元捐建丹寨万达小镇，将其打造成贵州独具特色的民族旅游名片。旅游小镇辐射带动丹寨全县的旅游产业发展，特别是周边大量虽然贫困但是原生态文化资源丰富的村寨加快发展旅游业，让更多丹寨县贫困群众有机会通过旅游产业实现增收脱贫。截至2020年，丹寨万达小镇累计接待客流2100万人次，成为贵州游客数量排名前三的景点，带动全县旅游综合收入120.4亿元。

兜底特殊群体，扶贫扶到心坎上。孤、残、重病等特殊贫困人群，由于身心障碍、劳动能力受限、受教育程度低等原因，其增收困境与支出负担形成致贫放大效应，脱贫难度比一般贫困人口更大，返贫率更高。万达集团瞄准贫困对象，有针对性地创建了规模5亿元的专项扶贫基金。扶贫基金由万达投资公司进行理财，每年保底5000万元收益，无偿分配给丹寨县产业扶贫无法惠及的1万名孤、残、重病等特殊贫困人群，让他们获得稳定收益。确保每年分红对所有贫困人口全覆盖并直接进入个人账户，实现扶真贫、可持续，真正让所有贫困人口"不漏一人"、有"获得感"。

（2）成效

万达集团在丹寨县的扶贫工作取得了良好效果，体现了"精准扶贫"的高标准和严要求。一是注重整体性。将县域整体作为扶贫对象，以多种方式解决各类贫困群体的问题，从而避免了"头疼医头、脚疼医脚"的局限性。二是提高针对性。针对不同群体设计不同的解决方案。职业学院面向将要进入社会的年轻人，通过接受教育获得就业机会进而化解整个家庭的贫穷。旅游小镇面向中青年，解决剩余劳动力的问题。专项基金面向孤残病患等困难群体，实现托底保障。三是奠定可持续性。万达集团的捐赠实现了长期持续的价值：职业学院可以源源不断地解决年轻人的上学与就业问题，旅游小镇的就业带动效应是长期的，专项扶贫基金引入投资理财实现资产保值增值。四是因地制宜。贵州缺少大专院校，在这里直接设置院校可以更快获得教育扶贫的成效。同时贵州省丹寨县的气候、文化、产业等也都决定了发展旅游业更加有利。万达集团在丹寨县的扶贫实践实现了企业、政府和贫困群众的三赢，为社会力量特别是企业参与扶贫提供了重要借鉴。2021年1月，万达集团荣获"全国脱贫攻坚先进集体"荣誉称号。

2.东西部扶贫协作让区域合作承载扶贫济困的价值取向

东西部扶贫协作是指东部沿海较发达地区与西部欠发达地区结成对子，围绕西部扶贫开发开展协作，加快贫困地区脱贫进程，缩小东西部发展差距，实现共同发展、共同富裕。根据2016年调整确定的东西协作结对关系，北京市帮扶内蒙古自治区、河北省张家口市和保定市。经过不懈努力，2019年北京在东西部扶贫协作成效考核中综合评价为"好"，位居全国前列；北京协作帮扶的河北和内蒙古，其扶贫开发工作成效综合评价同样是"好"，北京交出了扶贫协作大考的首善答卷。

（1）举措

首要意识"打硬仗"，以上率下推动工作落实。一是持续高位推动。党政领导一把手直接抓支援工作，多次召开高级别会议专题研究，市主要领导率团赴受援地区调研对接，四大班子领导多人赴受援地区推动工作落实。二是完善制度设计。制定实施《北京市扶贫协作和支援合作工作领导小组工作规则》等20多项制度。扶贫成员单位扩容，设立专项工作组，加大统筹协调重点工作力度，按照职责、任务、问题三张清单对照督促。三是健全工作体系。健全组织、政策、动员、责任、培训、监督、考核、宣传等八大工作体系。市纪委市监委会同市扶贫办组成审计、财政等五个检查组，实地开展扶贫工作专项检查，督促工作落实。四是加强能力作风建设。开展脱贫攻坚专题学习，深入开展主题教育。狠抓国家考核指出问题的整改落实，深入推进扶贫协作领域腐败和作风问题专项整治，力戒形式主义、官僚主义。

首善标准"补短板"，推动扶贫支援提质增效。一是聚焦精准加大投入力度。持续提升财政帮扶资金额度，汇聚更多社会捐赠资源，加强支援资金保障。按照选优配强标准，选派干部赴支援地驻扎工作，并接受受援地挂职干部锻炼。二是真抓实干推动项目实施。安排市区两级1684个项目，定期召开项目调度会，成立项目推动专班，建立与受援地区协同机制，抓实抓细项目精准实施。三是真帮实扶推进扶志扶智。强化扶智技能扶贫，推动职业院校与内蒙古、河北学校签署帮扶协议并开展职业教育培训，举办贫困劳动力就业技能培训数百期。为受援地区举办各类干部人才培训活动。四是真情实意深化交流交往交融。深入开展"民族一家亲""结对子""手拉手"和首都艺术家边疆行等活动，多层次推进交往交流交融。资助贫困孩子就学、贫困农牧民就医，让当地农牧民群众真切感受到北京的温暖。

首创精神"亮招牌"，形成特色扶贫支援模式。一是构建全民参与的消费扶贫新模式。率先建成北京消费扶贫双创中心、发布《北京市消费扶贫产品名录》、发行第一张消费扶贫爱心银行卡，设立16个区消费扶贫分中心，开展扶贫产品"七进"活动，形成动员全社会参与的消费扶贫模式。二是打造全链式产业就业扶贫模式。通过共建园区、支持特色产业发展、强化企业带贫益贫等方式，促进贫困群众可持续脱贫。发挥贫困地区资源优势，支持特色农牧业、生态旅游业和农产品深加工，发展林果经济等。建立省际协同就业帮扶模式，指导支持开发多种形式的公益岗位，提高劳务组织化程度和就业脱贫覆盖面。三是打造现代农业科技扶贫模式。在受援地建立科技合作技术转移中心、科技合作站、科技扶贫示范（园）基地、科技小院等机构组成现代农业技术转移体系，组建科技特派员扶贫团，通过集中培训、田间指导、交流学习等方式提供技术服务。

首都优势"聚合力"，凝聚资源输出社会力量。一是持续强化"组团式"教育扶贫。构建人才帮扶、学校共建、阵地孵化、劳务协作"四位一体"的教育扶贫格局。向内蒙古、河北选派支教、送教干部教师，接收两地干部教师来京挂职锻炼、跟岗研修。探索教育阵地建设，开展名校（园）长工作室能力提升工程，成为当地教育教学发展新的"造血剂"。二是深入推进精准健康扶贫。通过"组团式"、建立三级医疗结对帮扶体系、资源下沉、远程医疗等手段，破解受援地区因病致贫难题。依据地方常见高发疾病，组织北京一流医疗机构结对帮扶贫困地区医院重点科室。建设基础卫生院（室）、捐赠流动医疗车、选派支医队伍开展巡诊义诊、开展远程诊疗等活动，打造"家门口的健康服务站"。三是全面动员社会参与。完善多层级、全领域的动员体系和机制，形成了市、区、街（镇）、社区四级社会动员体系。携手奔小康提质扩面增效，实现与受援地区县、乡镇、贫困村、学校、医院结对帮扶全覆盖。[①]

（2）成效

北京充分发挥首都优势，构建全市"一盘棋"的大扶贫格局。2019年北京投入扶贫支援资金81.6亿元（财政资金64亿元，社会捐赠17.6亿元），实施帮扶项目1684个。选派挂职干部人才2004人，接收挂职干部人才1191人，培训各类人才9.75万人次。市属媒体深度参与扶贫，捐助公益广告时段资源9.7亿元，销售扶贫产品总额177亿元。助力扶贫支援地区39个旗县50.64万贫困人口脱贫。扶贫支援，不但是北京党政机关的分内之事，也走进了普通市民的生活中，全市多达1.3万家社会组织、28.9万名爱心人士共同参与帮扶。[②]

---

① 文炜.扶贫协作，北京这么干[EB/OL].(2019-12-23).https://mp.weixin.qq.com/s/jdXY7vhsA7XOUhO2WaG4Ag.

② 王琪鹏,魏民峰.在扶贫协作大考中交出首善答卷[EB/OL].(2020-04-30).http://www.moa.gov.cn/xw/qg/202004/t20200429_6342662.htm.

四、社会主体专业化扶贫实现帮扶三方共赢

社会扶贫是扶贫开发工作的一支重要力量。社会扶贫大多以扶贫项目为载体，具有明确的目标和对象，项目方案更加贴近当地贫困人群的实际需求，项目的监管和评估也更加明确。同时，社会扶贫面对当地的各种既定条件，如经济、政治、文化和传统等，具有较大的适应性，能够灵活制定自己的规划并采取相应措施。社会扶贫能较好地消除权利与义务的不对称性，明晰扶贫目标，健全问责制度，完善监督体系，提高资源配置效率。社会扶贫所具有的优势能够弥补专项扶贫和行业扶贫的不足，成为提升社会扶贫实效的重要因素。

进一步调动社会主体参与扶贫的积极性并提升扶贫成效，关键在于理顺市场主体和行政管理机构之间的关系，有形无形两只手协同发力。一是党政机关要转变观念，从市场主体的管理者向服务者转变，为社会主体参与扶贫提供便利。在扶贫中加强推介，积极运用各种慈善组织、平台组织功能，在信息传递、资源交换上起更大作用。大有大的帮法，小有小的力量，创建各类型社会主体积极参与的大扶贫格局。二是明确扶贫进程中政府和社会的行为边界和责任边界。能给社会主体做的，给予其最大的自主权并做好服务协调工作。涉及长期运营的项目，明确成本分担与利益分配机制，定期调整或协商解决。加强社会扶贫项目资本在贫困地区的产权保护，尊重契约精神。三是加强宣传并给予社会扶贫主体更多便利条件。加强扶贫攻坚先进事迹宣传，在官方层面给予社会扶贫力量更大的精神奖励，调动其积极性。通过系列制度设计，让积极承担社会责任的社会主体享受到更多便利条件，如记入社会信用体系红名单，并在一定范围内开辟行政审批事项的绿色通道等。

西部地区各省区市的精准扶贫模式不断创新、实践路径各具特色，脱

贫成效令人欣喜。脱贫成效显著的根源在于精准扶贫的进程中以新发展理念为引领重塑了贫困地区的发展道路。理念的更新拓展对发展的认识，从发展优势的来源、发展优势的实现到发展成果的分配，认识更加全面深刻，引领着发展道路的动态优化。

新发展理念在西部地区各扶贫模式中综合体现并各有侧重。打破传统狭隘的资源观念，充分认识到良好的生态环境也具有强大的生产力，是发展优势的来源。树立绿色发展的理念，就是要顺应自然环境的特点。移民搬迁是重塑人与自然和谐发展关系的起点。发展优势通过内生发展动力的构建实现，特色产业是载体。电子商务构建的开放交易平台，有利于形成贫困地区特色产业的后发优势和产业内生优化机制，并转化为产业竞争力。资金缺口和风险防范是脱贫攻坚的核心问题，通过资源的共享，政策安排弥补了金融体系在扶贫中的市场失灵。健康、教育与文化扶贫以人为本，通过人的素质提高增强脱贫攻坚的长期动力。社会扶贫深化专业化分工，汇聚发展合力，构建起多方参与的大扶贫格局。

综观西部地区精准扶贫的各种模式，创新是其总特点，改革是其内在基因。观念新、制度新、措施新，推动中国经济社会发展四梁八柱性质的改革是创新的根本力量。方向已定，重在落实。精准脱贫是繁杂的系统性工程，必须将新发展理念贯穿于具体工作的落实上。在政府强力推动的同时，充分发挥市场机制在提升资源配置效率上的优势。政府在区域经济发展中的主要作用应围绕百姓所需完善基础设施、提供公共产品和服务，并规范现行产权体系中无法完全规范的市场行为，做到"不缺位、不越位"。

第三章
西部地区精准扶贫的攻坚克难

随着精准扶贫持续推进，诸多前期掩盖在快速脱贫成效下的问题逐步显现，成为影响脱贫成效的突出短板。在部分贫困地区，以生存为核心指向的"两不愁"问题得到良好解决，而蕴含发展指向的"三保障"还存在突出问题；深度贫困地区贫困程度深、致贫因素复杂，深度贫困的综合治理面临巨大挑战；培育贫困地区内生发展的经济力量，使其发展逐步摆脱外部援助，需要花大力气培育农村集体经济。攻克西部地区精准扶贫进程中的突出短板，是确保高质量打赢脱贫攻坚战的必要条件。

解决精准脱贫的突出问题

稳定实现农村低收入人口不愁吃、不愁穿，义务教育、基本医疗和住房安全有保障（"两不愁三保障"），是脱贫的基本要求、核心指标和底线任务。习近平总书记强调解决"两不愁三保障"突出问题，体现了中国共产党始终坚持马克思主义立场，突出人民的主体地位，注重人民群众的生存与发展权利，将扶贫与扶智结合起来，着力推动人的自由全面发展。

一、"两不愁三保障"是脱贫的核心指标

2019年4月16日，习近平总书记在重庆考察时主持召开解决"两不愁三保障"突出问题座谈会并发表重要讲话。习总书记提出，总的看，脱贫攻坚成效是明显的。一是脱贫摘帽有序推进；二是"两不愁"总体实现；三是易地扶贫搬迁建设任务即将完成；四是党在农村的执政基础更加巩固。但在肯定成绩的同时，我们也要清醒认识全面打赢脱贫攻坚战面临的困难和问题。

到2020年稳定实现农村贫困人口不愁吃、不愁穿，义务教育、基本医疗、住房安全有保障，是贫困人口脱贫的基本要求和核心指标，直接关系攻坚战质量。2019年4月16日，习近平总书记在解决"两不愁三保障"突

出问题座谈会上指出，困扰群众的行路难、吃水难、用电难、通讯难、上学难、就医难、住危房等问题，在大部分地区也已经得到了较好的解决，"两不愁"已经总体实现，但"三保障"还存在不少薄弱环节。在义务教育保障方面，全国有60多万义务教育阶段孩子辍学。乡镇寄宿制学校建设薄弱，一部分留守儿童上学困难。在基本医疗保障方面，一些贫困人口没有参加基本医疗保险，一些贫困人口常见病、慢性病得不到及时治疗，贫困县乡村医疗设施薄弱，有的贫困村没有卫生室或者没有合格村医。在住房安全保障方面，全国需要进行危房改造的4类重点对象大约160万户，其中建档立卡贫困户约80万户。一些地方农房没有进行危房鉴定，或者鉴定不准。在饮水安全方面，还有大约104万贫困人口饮水安全问题没有解决，全国农村有6000万人饮水安全需要巩固提升。如果到了2020年这些问题还没有得到较好解决，就会影响脱贫攻坚成色。[①]

2020年3月，习总书记在决战决胜脱贫攻坚座谈会上的讲话中提到，全国还有52个贫困县未摘帽、2707个贫困村未出列、建档立卡贫困人口未全部脱贫。虽然同过去相比总量不大，但都是贫中之贫、困中之困，是最难啃的硬骨头。"三保障"问题基本解决了，但稳定住、巩固好还不是一件容易的事情，有的孩子反复失学辍学，不少乡村医疗服务水平低，一些农村危房改造质量不高，有的地方安全饮水不稳定，还存在季节性缺水。剩余建档立卡贫困人口中，老年人、患病者、残疾人的比例达到45.7%。[②] 在这个时间点上，剩余脱贫攻坚任务仍然艰巨。

"胜非其难也，持之者其难也。"脱贫攻坚不应只关注当年的贫困户是否达到脱贫的标准，更应在永久脱贫上下功夫。当前，实现义务教育有保障主要是让贫困家庭义务教育阶段的孩子不失学辍学；实现基本医疗有保障主要是所有贫困人口都参加医疗保险制度，常见病、慢性病有地方看、

---

① 习近平.在解决"两不愁三保障"突出问题座谈会上的讲话[J].求是,2019(16):4-12.

② 习近平.在决战决胜脱贫攻坚座谈会上的讲话[N].人民日报,2020-03-07.

看得起，得了大病、重病后基本生活过得去；住房安全有保障主要是让贫困人口不住危房；饮水安全有保障主要是让农村人口喝上放心水，统筹研究解决饮水安全问题。[①]我们正面临着进一步稳定脱贫攻坚成果，提高脱贫质量的挑战，需要坚持现行脱贫标准，既不拔高，也不降低，在抓好"两不愁"的长效巩固机制的同时加以切实解决"三保障"问题。

经过新中国成立以来70多年的发展，尤其是改革开放40多年的发展，我国人民生活水平得到了极大提升。中国特色社会主义进入新时代，我国社会主要矛盾已经转化为人民日益增长的美好生活需要和不平衡不充分的发展之间的矛盾。人民群众不仅对物质文化生活提出了更高要求，而且对民主、法治、公平、正义、安全、环境等各方面的要求日益增长。"两不愁三保障"包含的生存发展指标，从外在来看是人生存所必需的基本条件，从内在来看却是要解决贫困群众从经济贫困到能力贫困等方面的问题，乃至满足社会结构层面上的发展权利诉求。[②]这意味着，我们要充分发挥社会主要矛盾的导向作用，坚定不移实现创新、协调、绿色、开放、共享的高质量发展，不断促进人的全面发展和全体人民共同富裕。[③]我们要坚持"五位一体"总体布局、"四个全面"战略布局及其内在联动，为实现全体人民共同富裕提供必要的动力、保证与基础，让人们享有更多的发展机会，使"个体"在经济、能力、资源等方面具备解决贫困的途径，使全面建成小康社会得到人民认可，并经得起历史考验。坚持"四个全面"，有利于更好破解经济社会发展中的突出矛盾问题。只有统筹推进"五位一体"，才能解决好广大人民群众在经济、政治、文化、社会、生态等方方面面的利益，并使之成为决战决胜全面小康的铁肩担当。[④]

---

① 习近平.在解决"两不愁三保障"突出问题座谈会上的讲话[J].求是,2019(16):4–12.
② 张忠友."两不愁三保障"的马克思主义哲学意蕴解释[J].当代广西,2019(12):14–15.
③ 吴家华.正确认识和深刻领会我国社会主要矛盾的变化[J].红旗文稿,2017(24):7–9.
④ 刘光明.统筹联动 相互促进 全面发展[N].经济日报,2017–02–05.

二、"两不愁三保障"的探索创新

2019年4月15—17日，习近平总书记考察重庆，于4月15日下午视察石柱并作出重要指示，于4月16日下午在重庆主持召开解决"两不愁三保障"突出问题座谈会并发表重要讲话，这为重庆高质量打赢打好脱贫攻坚战指明了前进方向、提供了根本遵循、注入了强大动力。

1.石柱解决"两不愁三保障"的典型做法①

"不获全胜、决不收兵"，建立健全攻坚制度体系。石柱坚持摘帽不摘责任、不摘政策、不摘帮扶、不摘监管，建立健全攻坚制度体系，为解决"两不愁三保障"突出问题提供坚强保障。一是健全攻坚责任体系。构建"1个领导小组+33个包帮攻坚小组+33个乡镇突击队+222支驻村工作队"攻坚责任体系，确保领导到位、责任到人。二是健全扶贫政策体系。精准对接上级扶贫政策，结合实际制定1个总体规划、3个指导性文件、16个行业指挥部扶贫政策，因地制宜、分类施策，确保扶贫政策扶到点上、扶到根上。三是健全要素保障体系。坚持尽锐出战，精准选派驻乡驻村工作队员和结对帮扶干部；坚持人岗相适、人尽其才，建立16个行业扶贫指挥部，提供技术保障；坚持多条渠道引水、一个龙头放水，整合财政涉农资金保障资金需求。四是健全督查考核体系。成立1个脱贫攻坚专项督导组、5个片区督导组和3个专项督查组，建立健全片区督导、协作监督、交叉监督等机制，严格执行量化打分、捆绑考核制度，以督查考核倒逼责任落实、任务落地。五是健全防止返贫体系。建立"两不愁三保障"突出问题动态预警监测机制，健全脱贫人口"回头看"长效机制，确保贫困群众真脱贫、脱真贫、稳脱贫。

"既不拔高、也不降低"，全面彻底解决"两不愁三保障"突出问题。

---

① 中共石柱县委理论学习中心组.全面彻底解决"两不愁三保障"突出问题[N].重庆日报，2020-04-07.

石柱坚持尽力而为、量力而行，标准不降、力度不减，全面排查解决"两不愁三保障"突出问题，特别是受新冠肺炎疫情影响新出现的问题，坚决防止问题反弹。一是全面彻底解决"两不愁"突出问题。大力实施产业扶贫、就业扶贫、综合保障兜底行动，有序推动扶贫项目、扶贫车间开工复工，优先支持贫困劳动力务工就业，精准落实社会保障兜底政策，切实保障困难群众基本生活，实现全县群众不愁吃不愁穿。二是全面彻底解决义务教育突出问题。大力实施教育扶持控辍保学行动，精准落实教育扶贫政策，加快改善农村学校办学条件，扎实做好结对帮扶、送教上门、真情关爱工作，全面解决贫困学生上网课缺智能手机、缺网络信号、缺手机流量等困难，实现义务教育阶段的孩子无一人失学辍学。三是全面彻底解决基本医疗突出问题。大力实施"5G+卫生健康精准扶贫"行动，积极构建"资助参保、基本医疗、大病保险、民政救助、精准脱贫保、90%兜底资助"医疗保障体系，加快推动贫困村卫生室标准化建设，加强5G技术运用，不断提升县乡村三级医疗服务能力，让贫困群众有地方看病、看得起病、看得好病。四是全面彻底解决住房安全突出问题。大力实施危房改造动态清零、易地扶贫搬迁后续扶持行动，统筹推进农村危房改造和旧房整治提升，扎实做好搬迁群众就业创业、基本公共服务、社区治理、社会融入等工作，让贫困群众一步住进新房子、逐步过上好日子。五是全面彻底解决饮水安全突出问题。大力实施饮水安全行动，全力推进分散式供水、集中水厂巩固提升、新建农村集中供水、水源及管网联通四大工程，成立农村饮水协会解决建后管护问题，开展应急送水解决季节性缺水问题，让贫困群众喝上自来水、放心水。

"往深里做、往实里做"，推动农村贫困面貌发生深刻变化。石柱坚持以脱贫攻坚统揽经济社会发展全局，以解决"两不愁三保障"突出问题为突破口，抓实抓细脱贫攻坚各项工作，推动农村贫困面貌发生深刻变化。一是推动农村基础设施发生深刻变化。按照统筹到村到乡到区域要求，加快推进路、水、电、讯、房和环保等基础设施建设，实现村村接通动力电，处处都有信号，水泥路修到村村组组、人行便道通到家家户户，农村生产生活生态条件明显改善。二是推动农业产业结构发生深刻变化。深度调整农业产业结构，加快推进30万亩中药材、30万亩果蔬、30万群中蜂和年出栏30万头生猪"四个30万"现代山地特色高效农业产业发展，探索并推广股权、基金、信贷、旅游"四种资产收益扶贫模式"和"土地入股保底分红+项目投产效益分红"利益联结机制，带动贫困群众持续稳定增收。三是推动农村人居环境发生深刻变化。聚焦公共卫生防疫和农村人居环境整治要求，高效推进农村生活垃圾治理、村容村貌提升和农业废弃物资源化利用，全覆盖开展"三清一改"村庄清洁行动，引导群众养成良好卫生习惯和生活习惯。四是推动干部群众精神面貌发生深刻变化。持续加大"智志双扶"力度，大力开展"新时代文明实践中心、流动文化进村、广播村村响、媒体宣传、院坝话扶贫、巡回宣讲"精神扶贫六大行动，充分发挥党员先锋模范作用和农村"五老"人员、创业致富带头人、产业发展能人帮扶带动作用，引导群众主动参与脱贫攻坚，广大干部群众特别是贫困群众精神面貌焕然一新。五是推动基层党组织战斗力发生深刻变化。深入推进抓党建促脱贫攻坚，以提升组织力为重点，全覆盖整顿贫困村党支部，通过"选、引、换、派"调整不胜任不尽职不合格党支部书记，发挥"第一书记"和驻村工作队员传帮带作用，带动全县基层党组织战斗力、引领力明显提升。

2.奉节"四访"促进两不愁三保障的解决[①]

奉节县采用"四访"工作法解决"两不愁三保障"中的突出问题。"四访"工作法，指的是已经在奉节县全面推行的"干部走访、教师家访、医生巡访、农技随访"。

---

① 谭诗赏,庞文华."四访"运算巧解"两不愁三保障"脱贫方程——奉节县平安乡以"四访"工作法促脱贫攻坚侧记[J].当代党员,2019(10):23-25.

干部走访，思想上"扶志"。根据全县的统一安排，组织乡镇干部补齐脱贫攻坚的短板，用接地气的"脚板"和钉钉子的"叫板"，下足"绣花功夫"解决"两不愁三保障"突出问题。通过干部走访，找准贫困户在思想上不愿脱贫的症结，从而对症下药、靶向治疗；同时，及时核查"两不愁三保障"落地情况，以便随时调整落实力度。

教师家访，根子上"扶智"。为了保证每一个孩子上学受教育，在落实国家义务教育阶段相关政策外，奉节在全县开辟"第二课堂"，全面开展教师家访工作，让每一个孩子有学上，不因贫辍学，不因残失学，不因父母远而荒于学。教师家访，不仅仅让学生重视学习，也让家长意识到家庭教育的重要性，无疑让教育扶贫更有力量，也是阻断贫困代际传递的重要举措。

医生巡访，健康上"扶弱"。为斩断"病根"，拔掉"穷根"，奉节县广泛开展的医生巡访服务。家庭签约医生为因病致贫的贫困户制订个性化治疗方案，建立健康档案，进行健康体检，送医送药上门，宣讲健康知识及相关政策，定期追踪治疗效果。乡镇医生利用群众会、赶场天等，免费为群众提供基本医疗、基本公共卫生、健康教育等服务。村级医生则常态化入户送诊，对群众小病小患及时送诊送药，解除农村群众医疗方面的顾虑，实现了健康上"扶弱"。

农技随访，产业上"扶技"。从长远来看，"两不愁三保障"的落地与可持续解决必须靠产业发展来保证。"农技随访"，即围绕全乡主导产业，组织农业领域人才开展多种形式的送技术服务，采取专家包片、特派员定点、技术员分线等方式，到各村社区深入农业基地、田间地头，扶知识、扶技术、扶思路，为村民提供产业发展上的技术支撑。以平安乡为例，平安乡积极发展山地特色高效农业，确保"村村有主导产业、户户有增收项目"，实现了主导产业100%覆盖贫困村，产业项目100%覆盖贫困户，利益联结100%覆盖贫困户。

三、"两不愁三保障"巩固脱贫质量

习近平总书记在2020年新年贺词中指出:"2020年是具有里程碑意义的一年。我们将全面建成小康社会,实现第一个百年奋斗目标。2020年也是脱贫攻坚决战决胜之年。"在现阶段,要高度重视打赢脱贫攻坚战面临的困难挑战,剩余脱贫攻坚任务艰巨,巩固脱贫成果难度很大,脱贫攻坚工作需要加强。要攻坚克难完成任务,努力克服疫情影响,多措并举巩固成果,保持脱贫攻坚的政策稳定,严格考核开展普查,持续推进全面脱贫与乡村振兴的有效衔接。①

1.政府引导:加强基层组织建设,大力发展生产

长期以来,政府一直注重对特困地区(如农牧区、边境地区)和特困人群的精准扶贫与精准施策。精准扶贫可以集中力量帮助特困地区和特困人群,"实行特殊政策,打破常规,特事特办"②,能够"因人因地施策,因贫困原因施策,因贫困类型施策,区别不同情况,做到对症下药"③,从而提高扶贫资源的配置效率。

首先,科学规划,整体联动。抓扶贫开发,"既要整体联动、有共性的要求和措施,又要突出重点、加强对特困村和特困户的帮扶"④。只有让特困村和特困户也摆脱贫困,让他们具有自立的能力,使他们能够共享社会主义经济建设的成果,全面小康社会才能真正意义上建成。

其次,扶持产业,改善民生。西部地区全面建成小康社会离不开产业扶持和民生改善。习近平总书记在谈扶贫要靠内生外生动力时提到,"一

---

① 习近平.在决战决胜脱贫攻坚座谈会上的讲话[N].人民日报,2020-03-07.

② 坚持依法治疆团结稳疆长期建疆　团结各族人民建设社会主义新疆[N].人民日报,2014-05-30.

③ 谋划好"十三五"时期扶贫开发工作　确保农村贫困人口到2020年如期脱贫[N].人民日报,2015-06-20.

④ 深化改革开放推进创新驱动　实现全年经济社会发展目标[N].人民日报,2013-11-06.

个地方必须有产业，有劳动力，内外结合才能发展"①；"要大力推进基本公共服务，突出精准扶贫、精准脱贫，扎实解决导致贫困发生的关键问题，尽快改善特困人群生活状况"②。习近平总书记在谈老区时表示，一是加大投入支持力度，采取更加倾斜的政策，加大对老区发展的支持，增加扶贫开发的财政资金投入和项目布局，鼓励引导社会资金投向老区建设，形成支持老区发展的强大社会合力。二是加快社会事业发展，重点是发展教育、医疗卫生、公共文化、社会保障等事业，实现基本公共服务对老区城乡居民全覆盖，深入推进老区新农村建设，加强农村环境卫生和住房建设。三是加大产业培育扶持力度，国家大型项目、重点工程、新兴产业，在符合条件前提下，要优先向老区安排；发达地区劳动密集型产业转移，要优先向老区引导……③

再次，加强基层组织建设，保持基层组织和人民群众的密切联系。2015年6月，习近平总书记在贵州召开部分省区市党委主要负责同志座谈会时表示"做好扶贫开发工作，基层是基础……真正把基层党组织建设成带领群众脱贫致富的坚强战斗堡垒……工作队和驻村干部要一心扑在扶贫开发工作上，有效发挥作用"。在谈如何建好农村党组织时，习近平总书记提到"党对农村的坚强领导，是使贫困的乡村走向富裕道路的最重要的保证……如果没有一个坚强的、过得硬的农村党支部……从而就谈不上带领群众壮大农村经济，发展农业生产力，向贫困和落后宣战……党组织必须建设成为带领农民群众为实现党的路线和他们的切身利益而斗争的坚强核心，使广大农民群众从实践中得出共识：'要想脱贫致富，必须有个好支部。'……应当主动地去发现问题，帮助农民解决各种实际困难；我们

---

① 刘永富. 打赢全面建成小康社会的扶贫攻坚战[N]. 人民日报,2014-04-09.

② 六次中央西藏工作座谈会 都谈了什么?[EB/OL].(2020-06-21).http://politics.peo-ple.com.cn/n/2015/0826/c1001-27519975.html.

③ 习近平的扶贫观:决不能让困难群众掉队[EB/OL].(2020-06-21).http://news.china.com.cn/2015-10/16/content_36822021.htm.

不能还是想依靠什么行政力量来管住农民，而是应当通过为农民办实事，密切党群关系来使广大农民紧紧地团结在自己的周围"①。多年的扶贫实践也证明，推进抓党建促脱贫攻坚，贫困地区基层组织得到加强，基层干部通过开展贫困识别、精准帮扶，本领明显提高，巩固了党在农村的执政基础。贫困治理能力明显提升，在新冠肺炎疫情防控中，贫困地区基层干部展现出较强的战斗力，许多驻村工作队拉起来就是防"疫"队、战"疫"队。②

最后，形成扶贫开发工作考核机制，落实领导责任制。习近平总书记指出要改革创新扶贫开发体制机制特别是考核机制，"贫困地区要把提高扶贫对象生活水平作为衡量政绩的主要考核指标"③；"到2020年现行标准下农村贫困人口全部脱贫、贫困县全部摘帽，是我们党立下的军令状。要选派好驻村干部，保持基层扶贫干部相对稳定，保持工作连续性和有效性。现在所有扶贫地区的领导干部都要坚守岗位，要保证人员的稳定"④。"加快形成中央统筹、省（自治区、直辖市）负总责、市（地）县抓落实的扶贫开发工作机制，做到分工明确、责任清晰、任务到人、考核到位。"⑤因此，西部地区要加快制定合理、完善、科学的扶贫干部考核指标体系，以考核的指挥棒引导干部落实扶贫相关政策。尤其是，要严格考核，严把退出关，坚决杜绝数字脱贫、虚假脱贫。⑥

2.社会推动：形成多元协作体系，发挥社会力量作用

倘若社会是一只木桶，贫困地区则是决定这只木桶实际载水量的最短的木板，这块木板越短，那么木桶的实际载水量将越低。习近平总书记指

---

① 习近平.摆脱贫困[M].福州：福建人民出版社,1992:119-123.

② 习近平.在决战决胜脱贫攻坚座谈会上的讲话[N].人民日报,2020-03-07.

③ 刘永富.打赢全面建成小康社会的扶贫攻坚战[N].人民日报,2014-04-09.

④ 习近平李克强张德江俞正声刘云山张高丽分别参加全国人大会议一些代表团审议[N].人民日报,2017-03-09.

⑤ 脱贫攻坚战冲锋号已经吹响　全党全国咬定目标苦干实干[N].人民日报,2015-11-29.

⑥ 习近平.在决战决胜脱贫攻坚座谈会上的讲话[N].人民日报,2020-03-07.

出，"扶贫开发是全党全社会的共同责任，要动员和凝聚全社会力量广泛参与"①。"我们要全面建成小康社会，……必须依靠知识，必须依靠劳动，必须依靠广大青年。"②减贫绝不只是贫困地区的事，而是全社会的事，帮助贫困地区、贫困群众脱贫，让他们与其他地区的人们能一起共享社会主义经济建设的成果，实现共同富裕，才是中国特色社会主义应有之义。

一是，形成多元协作主体体系，补充"两不愁三保障"所需资金。除了政府机关，各类企事业单位、金融机构以及其他社会力量等也能在"两不愁三保障"突出问题的解决中承担重要角色。近些年来，我们坚持政府投入的主体和主导作用，深入推进东西部扶贫协作、党政机关定点扶贫、军队和武警部队扶贫、社会力量参与扶贫。③"党政军机关、企事业单位开展定点扶贫，是中国特色扶贫开发事业的重要组成部分，也是我国政治优势和制度优势的重要体现……做好新形势下定点扶贫工作……坚持发挥单位、行业优势与立足贫困地区实际相结合……"④社会力量也是贫困地区公共设施建设、产业发展资金的重要补充，能有效提高扶贫资金的使用效率。"增加金融资金对扶贫开发的投放，吸引社会资金参与扶贫开发。要积极开辟扶贫开发新的资金渠道，多渠道增加扶贫开发资金。"⑤习总书记2015年在中共中央政治局第二十二次集体学习时也提到"要完善农村基础设施建设机制……积极引导社会资本参与农村公益性基础设施建设"。

---

① 谋划好"十三五"时期扶贫开发工作确保农村贫困人口到2020年如期脱贫[N].人民日报，2015-06-20.

② 习近平：在知识分子、劳动模范、青年代表座谈会上的讲话[EB/OL].(2020-06-21).http://www.xinhuanet.com/politics/2016-04/30/c_1118776008.htm.

③ 习近平.在打好精准脱贫攻坚战座谈会上的讲话[J].求是，2020(9):4-16.

④ 发挥单位行业优势　立足贫困地区实际　做好新形势下定点扶贫工作[N].人民日报，2015-12-12.

⑤ 谋划好"十三五"时期扶贫开发工作确保农村贫困人口到2020年如期脱贫[N].人民日报，2015-06-20.

西部地区作为老少边穷连片贫困区域，要继续积极鼓励、调动社会力量，如共青团、工会、妇联、残联、工商联、红十字协会、慈善基金会以及众多国有、民营企业等参与到"两不愁三保障"问题的解决中来。

二是，充分发挥各行业部门在改善民生、实现公共服务均等化中的重要作用。习近平总书记曾多次强调过"农村奔小康基础在交通"的观点，水、电、路等基础设施建设是贫困地区人们改善生活、发展生产的先决条件。他强调义务教育和职业教育、培训对农村具有重要意义。习近平总书记在同菏泽市及县区主要负责同志座谈时提到，"要紧紧扭住教育这个脱贫致富的根本之策，再穷不能穷教育，再穷不能穷孩子，务必把义务教育搞好，确保贫困家庭的孩子也能受到良好的教育，不要让孩子们输在起跑线上"。教育事业的推进决定了贫困地区人们是否具备脱贫的"智"，"下一代要过上好生活，首先要有文化，这样将来他们的发展就完全不同"。[①]只有通过义务教育、职业教育给贫困地区人们补充知识文化，让他们立起脱贫的"志"，他们才有可能掌握农业种植、养殖与加工科学技术，并"通过多渠道就业改变命运，阻止贫困现象的代际传递"[②]。除了普及义务教育、推动职业教育外，还应加强包括基本医疗、住房在内的农村公共服务体系基本保障的建设，补齐"三农"短板。脱贫攻坚质量怎样、全面小康成色如何，很大程度上要看"三农"工作成效，这要求我们加快补上农村基础设施和公共服务短板等，涉及公共基础设施建设、供水保障、人居环境整治、教育医疗文化等方面。[③]充分发挥各行业部门在改善民生、实现公共服务均等化中的重要作用，为困难群众编织一张兜住基本生活的安全网，坚决守住底线，从而实现人们期盼的、更可靠的社会保障。

---

① 习近平论扶贫工作——十八大以来重要论述摘编[J].党建,2015(12):5-7,13.
② 习近平论扶贫工作——十八大以来重要论述摘编[J].党建,2015(12):5-7,13.
③ 把"三农"领域短板补得更实[N].人民日报,2020-03-06.

3.民众参与：培育内外生动力，提高当地群众参与积极性

根据马克思主义哲学，外因是事物变化的条件，内因是事物变化的根据，外因是通过内因发挥作用的。政府引导贫困地区发展生产，大力给予政策支持，社会力量积极参与到小康社会建设中来，这些都只是外部因素，最终要通过内因——当地群众的积极参与来切实解决"两不愁三保障"问题，实现全面建成小康社会。

首先，培育内生动力，充分调动群众积极性。"要注重扶贫同扶志、扶智相结合，把贫困群众积极性和主动性充分调动起来，引导贫困群众树立主体意识，发扬自力更生精神，激发改变贫困面貌的干劲和决心，靠自己的努力改变命运。"[①]2012年12月，习近平总书记在河北阜平调研时指出："贫困地区发展要靠内生动力，如果凭空救济出一个新村，简单改变村容村貌，内在活力不行，劳动力不能回流，没有经济上的持续来源，这个地方下一步发展还是有问题。"2013年9月，习近平总书记在联合国"教育第一"全球倡议行动一周年纪念活动上发表视频贺词时指出："努力让每个孩子享有受教育的机会，努力让13亿人民享有更好更公平的教育，获得发展自身、奉献社会、造福人民的能力。"2013年11月，习近平总书记在湖南考察时提出："要切实办好农村义务教育，让农村下一代掌握更多知识和技能。"习近平总书记认为农业现代化进程需要技术型职业农民队伍，农村经济社会发展，说到底，关键在人，他在2013年12月中央农村工作会议指出："要提高农民素质，培养造就新型农民队伍，把培养青年农民纳入国家实用人才培养计划，确保农业后继有人。要把加快培育新型农业经营主体作为一项重大战略，以吸引年轻人务农、培育职业农民为重点，建立专门政策机制，构建职业农民队伍，为农业现代化建设和农业持续健康发展提供坚实人力基础和保障。"2014年6月，习近平总书记在全国职业教育工作会议上着重强调了贫困地区教育的重要性，他指出："要加大对

农村地区、民族地区、贫困地区职业教育支持力度，努力让每个人都有人生出彩的机会。"他提出，"把贫困地区孩子培养出来，这才是根本的扶贫之策。扶贫开发开放要同做好农业、农村、农民工作结合起来，……同落实农村义务教育结合起来"①。可见，西部地区要谋取发展，全面建成小康社会必须要充分调动群众的积极性，提高群众的自我发展能力，将精神文明建设与物质文明建设并重，增强地区"造血功能"，切断贫困的代际传递。

其次，培育外生动力，发展才是甩掉贫困帽子的总办法。外生动力的培育需要大力发展当地经济，为当地找准发展路子、突出特色。那如何找准发展路子、突出发展特色？关键要因地制宜，找准突破口。2012年12月习近平总书记在河北阜平考察时曾说："推进扶贫开发、推动经济社会发展，首先要有一个好思路、好路子。要坚持从实际出发，因地制宜，理清思路、完善规划、找准突破口。"2013年11月，习近平总书记在湖南考察时进一步指出："发展是甩掉贫困帽子的总办法，贫困地区要从实际出发，因地制宜，把种什么、养什么、从哪里增收想明白，帮助乡亲们寻找脱贫致富的好路子。"2013年11月，习近平总书记在山东调研时谈道："欠发达地区抓发展，更要立足资源禀赋和产业基础，做好特色文章，实现差异竞争、错位发展。欠发达地区和发达地区一样，都要努力转变发展方式，着力提高发展质量和效益，不能'捡进篮子都是菜'。"实践证明，贫困地区只要立足实际，找准主攻方向，发挥好比较优势，完全可以加快发展。②西部地区产业发展的优势包括生态资源优势、劳动力资源优势和山水生态优势，完全可以凭借这些优势实现差异化发展，在不同地区实现"一招鲜，吃遍天，一村一业，一乡一品"，让当地老百姓从中受益。

---

① 曾伟，刘雅萱. 习近平的"扶贫观"：因地制宜"真扶贫，扶真贫"[EB/OL].(2020-06-21). http://politics.people.com.cn/n/1017/c1001-25854660.html.

② 张占斌. 习近平同志扶贫开发思想探析[J]. 国家治理,2015(9):3-8.

最后，加强基础设施建设，改善贫困人口生产生活条件。"全面奔小康，关键在农村；农村奔小康，基础在交通。"针对"两不愁三保障"中的突出问题，还需要改善贫困地区的"空心村"现象，减少"三留守"人员。壮大农村发展劳动力队伍，必须能留住青壮年，这需要有美丽的乡村、绿色健康的生态环境和健全的公共服务与设施。2013年11月，习近平总书记视察湖南省吉首市的矮寨特大悬索桥时强调："贫困地区要脱贫致富，改善交通等基础设施条件很重要。"2014年3月，习近平总书记在关于农村公路发展的报告上批示："特别是在一些贫困地区，改一条溜索、修一段公路就能给群众打开一扇脱贫致富的大门。"2014年12月，习近平总书记在江苏镇江世业镇卫生院了解农村医疗卫生事业发展和村民看病就医情况时说："没有全民健康，就没有全面小康。要推动医疗卫生工作重心下移、医疗卫生资源下沉，推动城乡基本公共服务均等化，为群众提供安全有效方便价廉的公共卫生和基本医疗服务，真正解决好基层群众看病难、看病贵问题。"随着农业现代化步伐加快，新农村建设也要不断推进，要来个"厕所革命"，让农村群众用上卫生厕所。基本公共服务要更多向农村倾斜，向老少边穷地区倾斜。只有加快水、电、路、房等基础设施建设，实现地区基本公共服务主要指标接近全国平均水平，为人们发展提供良好的外部条件，才能使劳动力更好地融入工业化、城镇化过程，使当地人们"逐步能致富"，真正拥有摆脱贫困的能力。这要求我们，一方面，要加大农村基础设施建设力度，提高农村供水保障水平，扎实搞好农村人居环境整治，提高农村教育质量，加强农村基层医疗卫生服务，加强农村社会保障，改善乡村公共文化服务，治理农村生态环境突出问题；另一方面，应大力发展富民乡村产业，积极鼓励各类人才返乡下乡创业创新，稳定农民工就业，加大对拖欠农民工工资的整治力度，多渠道促进农民持续增收，让农村成为亿万农民安居乐业的美丽家园。①

4.市场刺激：尊重市场经济规律，大力完善市场体系

市场是社会分工和商品经济发展的必然产物。"两不愁三保障"突出问题的可持续解决也应充分发挥市场机制作用。②市场体系发育对经济发展的重要性是被历史所验证了的。要发挥市场在资源配置中的决定性作用，必须建立统一开放、竞争有序的市场体系。长期以来，整个中西部地区市场体系发育较为缓慢，缺少市场经济的文化土壤。现代市场经济中，人口的有效集中是市场发育的一个重要因素，只有人口密集，才能产生生产规模、贸易规模和运输规模等规模经济效益。人口的密集程度也限制了中西部地区市场体系的发育。

首先，尊重市场经济发展规律，发挥市场在资源配置中的决定性作用。当前我国经济进入新常态，由高速度发展转向高质量发展。贫困地区应抓住产业结构调整的大好时机，立足地区实际情况，发挥区域优势，进行资源与市场的双向开发。自然资源只有与市场结合才是经济资源，要树立以市场为主导的战略思想，确立一条"市场—技术—资源"的发展战略，充分利用好当地自然资源，化资源为资金。充分挖掘现有潜力和各种有利因素，做"大"农业。开辟与地区特色相关的加工工业和第三产业，根据市场需要努力发展种植业、养殖业和与之配套的加工业。充分利用民族地区同其他地区的自然地域分工条件，根据民族的特点建立自己的"种、养、加"经济模式。③

其次，大力完善各类市场，培育成熟的市场体系。缺乏发育成熟的市场体系被认为是一个核心的致贫因素。对西部地区而言，市场体系发育缓

① 补上"三农"短板，决胜全面小康——学习贯彻中央农村工作会议精神[EB/OL].(2020-06-23).http://www.xinhuanet.com/politics/2019-12/22/c_1125374890.htm.

② 陈效林.脱贫攻坚要着力解决"两不愁三保障"突出问题[N].光明日报,2019-12-25.

③ 习近平.巩固民族大团结的基础——关于促进少数民族共同繁荣富裕问题的思考[EB/OL].(2020-06-23).http://theory.people.com.cn/n/2014/1016/c389908-25846752.html.

慢影响全面小康社会的建成主要表现在资本市场发育缓慢、劳动力市场发育不完善上。西部地区金融生态环境与政策体系不够完善，资本市场发育缓慢，资本的趋利性促使资本向其他地区流动以获得更高、更快速的回报，容易出现"融资难""融资贵"问题。长期以来，西部地区大量劳动力流向其他地区以实现就业。新常态下经济增长动力转变、制造业大量裁员等因素让农民工不得不返乡，但本地区经济发展水平明显落后，短时期之内难以为返乡农民工提供足够多的就业岗位，农民工工作不稳定，失业率居高不下，劳动力收入水平难以提高，脱贫遥遥无期。因此，与脱贫阶段给予帮扶对象现金或物品等扶持不同，持续解决"两不愁三保障"突出问题，更需要加强对贫困人群的知识和专业技能培训，提升其人力资本水平，并为这些人群创造更多的就业机会，为其发展"赋能"。同时，还要通过改善营商环境、提供招商引资政策、创造创新创业机会等，在实现脱贫的基础上，激发贫困地区经济发展的内生动力。①

5.乡村振兴：激发农村发展新动力，开创"新乡土时代"

党的十九大报告提出，实施乡村振兴战略，激活农村发展新动力。"让农民成为体面的职业，让农业成为有效益有奔头的产业。"随着我国社会主要矛盾发生变化，农业发展的主要矛盾已由总量不足转变为阶段性供过于求和供给不足并存的结构性矛盾，城乡要素流动已由过去的单向流动转为双向互动，新型城乡关系正逐步形成。因此，西部地区要对标产业兴旺、生态宜居、乡风文明、治理有效、生活富裕的总要求，推动农业农村经济向高质量发展转变，推动农业供给侧结构性改革，推动农业农村改革创新，加快推动农业农村经济发展质量变革、效率变革、动力变革，建立健全城乡融合发展体制机制和政策体系，逐步缩小城乡、区域差距，开创"新乡土时代"，积极推进脱贫攻坚与实施乡村振兴战略有机衔接。

首先，积极推动农业供给侧结构性改革，提高农村吸引力和竞争力。

① 陈效林.脱贫攻坚要着力解决"两不愁三保障"突出问题[N].光明日报,2019–12–25.

以"互联网+"、科技服务农业，建设田园综合体、农业庄园、现代农业园区、特色田园乡村等，推进高标准农田建设。推动资本、技术、人才等各类要素向乡村流动，大力培育新型农业经营主体，培养造就一支"懂农业、爱农村、爱农民"的"三农"队伍。规范引导特色小镇和特色小城镇建设，改善农村人居环境，开展农业面源污染治理，加大力度支持基础设施、公共服务设施建设和生态修复及接续替代产业发展，因地制宜发展生态经济优势产业。宜工则工、宜农则农、宜林则林、宜商则商、宜游则游，推动生态产业化、产业生态化，进一步提高经济效益、社会效益和生态效益。通过向农业输入现代生产要素和现代经营模式，促进乡村振兴和城乡协调发展，提高城镇化质量，让西部地区人们"脑袋和口袋富起来"，使新农村更具有吸引力和竞争力。

其次，建立综合交通体系，做好城乡协调发展的基础保障。全面加强规划布局，围绕实现基本公共服务均等化、基础设施通达程度比较均衡、人民生活水平大体相当的目标，推进高铁、航空、港口、管道和公路等重大基础设施建设，提升西部地区和外界的通达程度，着力提升各省区市间基础设施互联互通水平，推进城乡交通一体化和均等化，持续改善农村居民出行条件，增加人们致富机会，共享交通发展成果。

最后，创新农村发展体制机制，为农村发展提供制度保障。稳步实施农村"三变"改革试点，深化清产核资、量化确权，组建农村集体经济组织，研究出台发展壮大农村集体经济的意见，加快解决"空壳村"问题。探索土地经营权、农村集体闲置资源、自然风光等入股长期合作的有效实现形式，完善"合股联营"机制，推动城乡要素深度融合，促进农民增收、农业增效，生态增值。大力发展政策性农业保险，推动农业保险提标、扩面、增品，进一步发展农业财政杠杆作用，以担保、创投等方式撬动金融资金投入农业农村。培育发展家庭农场和种养大户、农民合作社、农业企业、农村集体经济组织，发展农业经营主体。

瞄准精准脱贫的重点地区

清醒把握打赢脱贫攻坚战面临的形势，必须认识到深度贫困地区和深度贫困群体的脱贫任务艰巨，越到后面越是难啃的硬骨头。攻克深度贫困堡垒，是打赢脱贫攻坚战必须完成的任务，是补齐全面建成小康社会短板的必然要求。研究西部地区深度贫困地区精准脱贫的实践创新对于提升攻坚期脱贫成效、做好脱贫和贫困地区后续发展的衔接并进一步凝聚攻克深度贫困堡垒的精气神具有良好启发。

一、深度贫困地区是精准脱贫必须攻下的堡垒

贫困人口脱贫是全面建成小康社会的底线任务和标志性指标。党的十八大以来，全国脱贫攻坚成效显著，年均减贫人数超过1000万，贫困发生率从2012年底的10.2%降到2016年底的4.5%，大部分贫困地区的发展状况得到显著改善。深度贫困地区是持续推进精准扶贫任务的难中之难，是必须攻克的堡垒。

1.脱贫攻坚的难中之难是深度贫困地区

我国精准脱贫任务十分艰巨。一是从总量上看。截至2016年底，全国农村贫困人口余下4300多万人。要在2020年既定时间节点实现全面建成

小康社会，后续年份年均减贫人数接近1100万。二是从地域分布看。贫困人口主要集中在自然条件差、经济基础弱的地方，以集中连片贫困地区为主。三是从群体分布上看。余下贫困群体，主要是残疾人、孤寡老人、长期患病者等"无业可扶、无力脱贫"的贫困人口以及部分文化教育水平低、缺乏技能的贫困群众。因自身发展能力欠缺，越往后人均脱贫成本越高、难度越大。四是从脱贫目标实现上看。实现保障当期生存的"两不愁"相对容易，而指向内生和长期发展能力的义务教育、基本医疗、住房安全"三保障"难度相对较大。①

脱贫攻坚的难中之难是深度贫困地区，体现在三个层次。一是连片深度贫困地区。以西藏和四省藏区、南疆四地州、四川凉山、云南怒江、甘肃临夏等"三州三区"地区为代表，这些地方生存环境恶劣，致贫原因复杂，基础设施和公共服务缺口大，贫困发生率普遍在20%左右。二是深度贫困县。截至2017年底，全国一共认定了334个深度贫困县，平均贫困发生率为11%，而同期的全国平均贫困发生率只有3.1%。②在全国最困难的20%贫困县中，贫困发生率平均为23%，县均贫困人口近3万人，分布在14个省区。三是深度贫困村。12.8万个建档立卡贫困村居住着全国60%的贫困人口，贫困发生率超过20%的村16000多个。③这些深度贫困村基础设施和公共服务严重滞后，村两委班子能力普遍不强，四分之三的村无合作经济组织，三分之二的村无集体经济，无人管事、无人干事、无钱办事现象突出。④

---

① 习近平.在深度贫困地区脱贫攻坚座谈会上的讲话[M].北京:人民出版社,2017.

② 全国人民代表大会.扶贫办主任刘永富就"打好精准脱贫攻坚战"答记者问[EB/OL].(2018-03-07).http://www.npc.gov.cn/zgrdw/npc/zhibo/zzzb37/node_5847.htm.

③ 全国人民代表大会.扶贫办主任刘永富就"打好精准脱贫攻坚战"答记者问[EB/OL].(2018-03-07).http://www.npc.gov.cn/zgrdw/npc/zhibo/zzzb37/node_5847.htm.

④ 习近平.在深度贫困地区脱贫攻坚座谈会上的讲话[M].北京:人民出版社,2017.

2.中国深度贫困的特点及成因

2017年6月，在深度贫困地区脱贫攻坚座谈会上，习近平总书记对深度贫困的特点进行了精要概括，主要体现为"两高、一低、一差、三重"。"两高"即贫困人口占比高、贫困发生率高。"一低"即人均可支配收入低。"一差"即基础设施和住房差。深度贫困县的贫困村中，村内道路、入户路、危房需要维修和重建。"三重"即低保五保贫困人口比重高脱贫任务重、因病致贫返贫人口脱贫任务重、贫困老人脱贫任务重。进一步，习近平总书记分析了深度贫困地区贫困现象和致贫原因的共同点。

一是深度贫困地区大多集革命老区、民族地区、边疆地区于一体。在认定的334个深度贫困县中，革命老区县为55个，少数民族县为113个。这些地区自然地理、经济社会、民族宗教、国防安全等问题交织在一起，加大了脱贫攻坚的复杂性和难度。

二是深度贫困地区基础设施和社会事业发展明显滞后。深度贫困地区生存条件比较恶劣，自然灾害多发，地理位置偏远，地广人稀，资源贫乏。西南缺土，西北缺水，青藏高原缺积温。在这些地方进行基础设施建设，施工难度大，成本高。基础设施可及度和基本公共服务主要领域覆盖程度与全国平均水平有显著差异，且追赶与趋同难度很大。

三是深度贫困地区文明程度低，经济社会发育明显滞后。由于历史和社会习俗等方面的原因，许多深度贫困地区长期封闭，同外界脱节。不少"直过"少数民族地区在新中国成立后直接从奴隶制跨越到社会主义制度。尽管社会制度、政治制度实现了跨越，但社会文明程度依然很低。具体体现在：生病不就医、难就医、乱就医，身体素质得不到有效保障；沟通交流困难，很多人不学汉语、不识汉字、不懂普通话，信息接收严重受阻；对教育的重视程度不够，大孩子辍学带小孩现象常见，初等教育和中等教育推广难度大，基层教育部门"控辍保学"压力大；社会治理存在较大隐患，有的地区法治意识淡薄，家族宗教势力影响大；陈规陋习影响力大，

"轻生重死"观念严重，靠信教、搞法事；婚丧嫁娶讲排场、搞攀比，"一婚十年穷"。不少群众安于现状，脱贫内生动力严重不足。

四是深度贫困地区大多生态环境脆弱自然灾害频发。深度贫困地区在地理空间上与全国重要生态功能区高度重合，生态保护同经济发展的矛盾比较突出。还有一些地方处在地质灾害频发地带，"十年一大灾、五年一中灾、年年有小灾"，实现脱贫和巩固脱贫成果都存在很大不确定性。

五是深度贫困地区经济发展滞后，缺乏内生发展的能力。很多深度贫困村发展产业欠基础、少条件、没项目，少有的产业项目结构单一、抗风险能力不足，对贫困户的带动作用有限。深度贫困县村均集体收入只有8800多元，同所有贫困县平均5万元相比，差距较大。①

3.深度贫困地区脱贫攻坚的顶层设计

党中央历来重视深度贫困地区的贫困治理。《中国农村扶贫开发纲要（2011—2020年）》明确把连片特困地区作为主战场，将"中央重点支持连片特困地区。加大对革命老区、民族地区、边疆地区扶持力度"作为扶贫的工作原则之一，并在财税和投资上向连片特困地区倾斜。②2012年，国务院扶贫办按照"集中连片、突出重点、全国统筹、区划完整"的原则，以与贫困程度高度相关的指标为基本依据，考虑对革命老区、民族地区、边疆地区加大扶持力度的要求，在全国共划分了11个集中连片特殊困难地区，加上已明确实施特殊扶持政策的西藏、四省藏区、新疆南疆三地州，共明确了14个片区、680个县作为新阶段扶贫攻坚的主战场。③

习近平总书记高度重视深度贫困地区的脱贫攻坚。2015年2月在陕西延安主持召开陕甘宁革命老区脱贫致富座谈会，要求加大对老区投入的支持力度，确保老区人民同全国人民一起进入小康社会。2015年6月在贵州

---

① 习近平.在深度贫困地区脱贫攻坚座谈会上的讲话[M].北京:人民出版社,2017.

② 中国农村扶贫开发纲要(2011—2020年)[N].人民日报,2011-12-02.

③ 国务院扶贫开发领导小组办公室.关于公布全国连片特困地区分县名单的说明[EB/OL].(2012-06-24).http://www.cpad.gov.cn/art/2012/6/14/art_50_23717.html.

贵阳召开涉及武陵山、乌蒙山、滇桂黔集中连片特困地区扶贫攻坚座谈会，要求把握时间节点，努力补齐短板，科学谋划好"十三五"时期扶贫开发工作，在精准扶贫、精准脱贫上下更大功夫。2016年7月在宁夏银川主持召开东西部扶贫协作座谈会，要求采取系统的政策和措施，做好东西部扶贫协作和对口支援工作，补齐西部地区特别是民族地区、边疆地区、革命老区、集中连片特困地区的脱贫短板。2017年6月，习近平总书记主持召开深度贫困地区脱贫攻坚座谈会，专题研究如何做好深度贫困地区脱贫攻坚工作。他强调深度贫困地区是脱贫攻坚的坚中之坚，要全面把握深度贫困的主要成因。在加大力度推进深度贫困地区脱贫攻坚上，要合理确定脱贫目标。要加大投入支持力度，区域发展必须围绕精准扶贫发力，要加大各方帮扶力度，加大内生动力培育力度，加大组织领导力度并加强检查监督。①2017年9月，中共中央办公厅、国务院办公厅印发《关于支持深度贫困地区脱贫攻坚的实施意见》，明确了将"三区三州"和贫困发生率超过18%的贫困县和贫困发生率超过20%的贫困村作为主战场。

党的十九大之后，深度贫困地区的脱贫攻坚工作上升到更高地位。党的十九大报告明确了脱贫攻坚战是三大攻坚战之一，要动员全党全国全社会力量重点攻克深度贫困地区脱贫任务，确保到2020年我国现行标准下农村贫困人口实现脱贫，贫困县全部摘帽，解决区域性整体贫困，做到脱真贫、真脱贫。②2018年2月，习近平总书记在成都主持召开打好精准脱贫攻坚战座谈会，指出全面打好脱贫攻坚战，要按照党中央统一部署，把提高脱贫质量放在首位，聚焦深度贫困地区，扎实推进各项工作。③本次会议将脱贫攻坚的要求从"打赢"上升为"打好"，其内在含义有三。一是要全面完成任务，一个民族不能少，一个人不能掉队，不能有工作的死

---

① 习近平.在深度贫困地区脱贫攻坚座谈会上的讲话[M].北京:人民出版社,2017.

② 习近平.决胜全面建成小康社会　夺取新时代中国特色社会主义伟大胜利——在中国共产党第十九次全国代表大会上的报告[M].北京:人民出版社,2017.

③ 提高脱贫质量聚焦深贫地区　扎扎实实把脱贫攻坚战推向前进[N].人民日报,2018-02-15.

角。二是脱贫必须是符合质量的、经得起时间和历史检验的，不能掺水，不能是假的，不搞数字脱贫、虚假脱贫，要保证脱贫的质量。三是不仅要完成打赢的任务，2020年以后要继续做好减少相对贫困的工作，通过打赢攻坚战，为未来减少相对贫困探索经验，建立一套比较好的体制机制。①2018年6月，《中共中央国务院关于打赢脱贫攻坚战三年行动的指导意见》发布，强调要集中力量支持深度贫困地区脱贫攻坚，着力改善深度贫困地区发展条件，着力解决深度贫困地区群众特殊困难，着力加大深度贫困地区政策倾斜力度。②2019年4月，在重庆考察并主持召开解决"两不愁三保障"突出问题座谈会时，习近平总书记指出对于深度贫困地区脱贫攻坚，要逐一研究细化实化攻坚举措，攻城拔寨，确保完成脱贫任务。各地区各部门要根据脱贫攻坚专项巡视和成效考核发现的问题，全面排查梳理，确保各类问题整改到位，为明年工作打下良好基础。③2020年3月，在决战决胜脱贫攻坚座谈会上，强调要继续聚焦"三区三州"等深度贫困地区，落实脱贫攻坚方案，瞄准突出问题和薄弱环节狠抓政策落实，攻坚克难完成任务。对52个未摘帽贫困县和1113个贫困村实施挂牌督战，国务院扶贫开发领导小组要较真碰硬"督"，各省区市要凝心聚力"战"，啃下最后的硬骨头。④

二、深度贫困地区脱贫攻坚的实践创新

四川省凉山彝族自治州是少数民族聚居区、革命老区，属"三区三州"范围，是全国典型的"多因一果"区域性整体深度贫困样本。习近平总书记2018年春节前夕亲临凉山视察，作出一系列重要指示，"对凉山寄

---

① 全国人民代表大会.扶贫办主任刘永富就"打好精准脱贫攻坚战"答记者问[EB/OL].(2018-03-07).http://www.npc.gov.cn/zgrdw/npc/zhibo/zzzb37/node_5847.htm.

② 中共中央国务院关于打赢脱贫攻坚战三年行动的指导意见[N].人民日报,2018-08-20.

③ 习近平.在解决"两不愁三保障"突出问题座谈会上的讲话[J].求是,2019(16):4-12.

④ 习近平.在决战决胜脱贫攻坚座谈会上的讲话[N].人民日报,2020-03-07.

予厚望"。研究凉山州的脱贫攻坚实践创新，对促进深度贫困地区脱贫攻坚及后续发展具有良好示范意义。

1.四川省凉山彝族自治州基本情况

凉山彝族自治州位于四川省西南部，是全国最大的彝族聚居区。全州幅员6.04万平方公里，辖16县1市，其中木里县是全国仅有的两个藏族自治县之一。境内有彝、汉、藏、回、蒙等14个世居民族，总人口529.94万，其中彝族人口占比53.62%。1935年中央红军长征过凉山，彝海结盟成为党的民族政策实践的开篇典范。1950年凉山解放，1952年成立凉山彝族自治州，1956年实行民主改革，从奴隶社会直接进入社会主义社会，1978年与原西昌专区合并成立新的凉山彝族自治州。

凉山是全国典型的深度贫困地区。由于自然、社会、历史等原因，生产力发展水平低下与社会发育进程滞后、落后发展基础与特殊社会问题、物质贫困与精神贫困等问题叠加交织，区域整体贫困程度深。2015年，中央脱贫攻坚号角吹响时，凉山州11个民族聚居县均为深度贫困县，有2072个贫困村、贫困人口97万。经过艰苦卓绝的精准扶贫，仅2019年便实现318个贫困村退出、14.2万贫困人口脱贫；5年来累计实现1772个贫困村退出，减贫80.5万人，贫困发生率降至4%。截至2019年底，凉山州尚有300个村未退出、17.8万人未脱贫，7个县未摘帽。①

2.四川省凉山彝族自治州的贫困特点及原因

凉山彝族自治州一直是国家扶贫的重点区域。自"八七"扶贫攻坚计划实施以来，凉山各族人民进行了多种形式的扶贫探索，减贫成效显著。但是与其他地方横向比较，凉山州的贫困深度、贫困广度、贫困复杂度十分突出，彻底消除贫困难度很大。

---

① 凉山彝族自治州人民政府.凉山概况[EB/OL].(2020-02-02).http://www.lsz.gov.cn/wcls/lsgk/lsgk_21388/201806/t20180619_602897.html.

（1）凉山彝族自治州的贫困特点

一是原始的贫困，贫困度深。从经济发展水平来看，在大多数彝族聚居山区，生产生活原始粗放。以原始农业为主的生产方式，对环境、气候自然条件依赖程度大，产出具有极大不确定性。山区自然条件恶劣、农业基础薄弱且自然灾害频发，人们在恶劣环境中获得的微薄回报，大多处于将将满足生存的水平，生产资料的积累、劳动力素质的提升无从谈起。从生活方式看，很多群众长期延续奴隶社会习俗。住房建造普遍简陋矮小，室内阴暗潮湿，饮食起居以锅庄为中心。多数住房缺少厕所、牲畜圈等功能配套空间，卫生条件极其恶劣。2010年，凉山州人均住房面积27.09平方米，人均住房间数0.77间，而四川省的同期平均值分别为35.12平方米和1.1间。

二是普遍的贫困，贫困度广。表现为贫困人口多，贫困发生率高，贫困区域连片。1986年以后，凉山州17个县市中的昭觉、美姑、金阳、布拖、雷波、喜德、普格、盐源、木里、冕宁、越西、甘洛12县，先后被列为国家和省定贫困县。2010年四川省委省政府制定了"一个意见、两个规划"，凉山的扶贫工作进入省级发展战略。[①]2012年2月昭觉、布拖、美姑、金阳、雷波、越西、喜德、普格8个县被纳入乌蒙山片区规划，面积1.7万平方公里，涉及农村人口154.24万人，其中贫困人口30.7万人。[②]东部的普格、布拖、金阳、昭觉、美姑5县，彝族人口占比80%以上，贫困发生率在30%以上。[③]

---

① "一个意见、两个规划"指《中共四川省委、四川省人民政府关于加快推进彝区跨越式发展的意见》《四川省人民政府关于重新印发大小凉山综合扶贫开发规划总体思路和10个专题方案的通知》和《四川省人民政府关于印发安宁河谷地区跨越式发展规划（2010—2020年）》。资料来源：http://www.sc.gov.cn/10462/11555/11563/2012/10/17/10232983.shtml.

② 凉山彝族自治州人民政府.凉山：扶贫开发大事记[EB/OL].(2020-02-02).www.sc.gov.cn/10462/10464/10465/10595/2012/8/23/10223264.shtml.

③ 光明日报调研组.凉山州打出"组合拳"，摘穷帽、奔小康的梦想照进凉山深处[N].光明日报，2020-03-06.

三是综合的贫困，贫困现象复杂。表现为经济贫困、文化贫困、精神贫困相互交织，形成恶性循环。部分贫困群众秉承重死轻生的人生态度、及时行乐的生活态度、重农抑商的发展态度、不患寡而患不均的财富态度、义气为重的社交态度、敬鬼拜神的社会风气和多子多福的生育态度，均对减贫形成挑战。在凉山地区，宗族势力林立，民间斗殴时有发生。群众法治观念单薄，叠加经济穷困，贩毒吸毒问题一度极为突出，并进一步导致艾滋病传播及高发。贫困群众接受教育的观念淡薄，2010年凉山州15岁以上文盲比例为19.31%，而四川平均水平为6.55%。超生问题严重，2010年凉山州的少儿抚养比为43.88%，四川平均为25.43%，也远高于同为少数民族聚居区的阿坝藏族羌族自治州28.67%和甘孜藏族自治州34.57%的水平。

四是富饶的贫困。凉山州丰富的资源和经济的薄弱形成令人难以置信的悖论。凉山州战略资源得天独厚，是攀西国家战略资源创新开发试验区核心区域。清洁能源富甲天下，水能资源技术可开发量7000多万千瓦、占全国的15%。生态旅游资源绚丽多彩，邛海泸山、泸沽湖、西昌卫星发射中心闻名中外。绿色农业资源丰富多样，是全国农产品优势区、发展绿色特色农业的最适宜区。民族文化资源独具魅力，彝族火把节进入世界非物质文化遗产备选名录，彝族文化、藏乡文化、摩梭风情等多民族文化交相辉映。[①]

（2）凉山彝族自治州的贫困成因

凉山州的贫困成因复杂，是自然条件、社会历史、文化教育、基础社会、民族传统等多种因素的综合呈现。

一是高寒山区的自然地理条件束缚生产力，阻断经济增长的路径。凉山地处川西南横断山系东北缘，介于四川盆地和云南省中部高原之间，地

---

① 凉山彝族自治州人民政府.凉山概况[EB/OL].(2020−02−02).http://www.lsz.gov.cn/wcls/lsgk/lsgk_21388/201806/t20180619_602897.html.

形崎岖，峰峦重叠，河谷幽深，高差悬殊，72%的面积为高山地貌。复杂的地理环境和地质条件导致通道建设极其困难，交通受阻，三分之二的县不通高速，高速公路仅为全国平均水平的四分之一。凉山州绝大多数贫困村处在海拔较高的高寒山区，生产生活用水得不到保障，农业生产方式原始。自行发展起来的经济处于低水平循环平衡中，物资资源和人力资源积累有限，增长可能性低。

二是政治体制直接过渡后社会发育层次仍然较低。20世纪50年代，党领导凉山彝族人民进行民主改革，在政治上实现了从奴隶制到社会主义制度的直接跨越。但经济社会发展有其自身的过程与规律，政治制度的变革并未自动带来生产力与生产关系、经济基础与上层建筑之间的匹配适应。

三是陈腐观念不良习俗制约发展观念及发展成效。低水平的生产力导致社会剩余劳动和产品有限，商品经济极不发达。长期的自然经济形态形成了"重农轻商"的观念。区域宗族势力林立，民族内部战争不断，形成好勇斗狠的社会风气，不利于产品和生产要素流通，更阻碍统一市场形成。消费观念落后，百姓满足于当期的快感，缺乏物质积累的观念，形成共吃共喝、轻功利、重人际的文化心态。

四是人口快速增长与教育供给不足造成劳动力素质整体低下。生产力有限增长前提下，人口快速增长不利于减贫。在生育政策对少数民族的照顾和民族传统生育观念共同作用下，凉山人口增长速度远高于四川省和全国平均水平。孩子多，人均获得的教育资源有限。凉山州人口整体受教育年限约为7年，部分深度贫困县只有4.4年，不少村寨的文盲、半文盲劳动力占比超过七成，普通话交流不畅。[1]教育的缺失导致劳动力素质低下、技能简单，外出务工受到诸多制约，就业减贫效果有限。

---

[1] 光明日报调研组.凉山州打出"组合拳"，摘穷帽、奔小康的梦想照进凉山深处[N].光明日报，2020-03-06.

3.四川省凉山彝族自治州脱贫攻坚的创新举措

为攻克深度贫困堡垒，确保凉山州到2020年全面打赢脱贫攻坚战，2018年四川省委省政府出台《关于精准施策综合帮扶凉山州全面打赢脱贫攻坚战的意见》，从产业和就业、教育事业发展、医疗卫生事业发展等12个方面提出了34条更精准、更细致的政策举措。[①]

（1）生产销售就业并重，产业就业扶持加力[②]

一是壮大特色产业规模，提升产品品质，挖掘品牌和市场潜力，将凉山山区的资源优势变为产业优势。大力发展苦荞、烟草、马铃薯、高原水果、肉牛羊等特色种养业，巩固提升核桃、花椒、板栗等特色经济林基地质量。针对特色产业提质技术人才短缺的问题，在当地遴选培养一批"土专家""田秀才"，培育一批农业科技示范户和新型职业农民，统筹协调现代农业产业技术体系四川创新团队进行对口帮扶。高质量产品需要品牌加持。重点培育凉山州优质农业区域公用品牌"大凉山"，加快"三品一标"农产品品牌建设。2020年贫困县"三品一标"农产品总数突破50个。凉山州的会理石榴、盐源苹果、雷波脐橙、椒魁青花椒制品等多个品牌农产品已取得良好市场反响。

二是线上线下融合发展，延伸产业链条，建设特色产品生产的多方合作共赢机制。在凉山州建设益农信息社，打通销售的"最后一公里"。提高农产品初加工及精深加工水平，化解菜贱伤农、产品附加值低和农户增产不增收的难题。加强农产品加工和"飞地园区"、产业融合园区建设，推进州内和"飞地园区"农产品精深加工合作。成都·大凉山农特产品加工贸易园区已选址简阳，凉山—乐山飞地经济产业园区建设持续推进，昭觉现代农业产业园吸引贫困村以脱贫产业资金入股，2020年惠及贫困户

[①] 侯冲.精准施策综合帮扶凉山州全面打赢脱贫攻坚战[N].四川日报,2018-06-21.

[②] 庞峰伟,朱雪黎,刘春华.靠山吃山 大山如何种出"金宝贝"——《关于精准施策综合帮扶凉山州全面打赢脱贫攻坚战的意见》解读①[N].四川日报,2018-06-25.

821户3244人。支持贫困县建设现代农业产业融合示范园区，推进产业基地景区化建设，新建一批农业主题公园和美丽休闲乡村，推动当地休闲农业加快发展，实现三产深度融合。

三是三大抓手协同用力，提升就业扶贫成效。以就业技能培训全覆盖、拓展贫困劳动力转移就业新渠道、做好公益性岗位托底安置为抓手，提升贫困群众就业水平。针对凉山州贫困劳动力总量偏大、就业规模偏小、培训需求突出的问题，组织内地技工院校开展对口培训、订单培训，鼓励园区、企业、农业生产经营主体吸纳贫困劳动力就业，实现一人就业全家脱贫。在贫困村建立贫困劳动力基础信息、就业培训、转移就业、自主创业、公益性岗位安置"五个名单"，仅2018年上半年已开展"送岗位下乡入村"、专场招聘会等200余场活动，跨地区有组织劳务输出贫困劳动力1.6万人。大力开发乡村保洁、道路维护、护林员等公益性岗位，对9682名贫困劳动力进行托底安置。加强省内外对口帮扶，依托东西部扶贫协作机制，联合广东共同促进贫困劳动力省外转移就业。

（2）教育筑基提质凝志，培育生存发展能力①

一是三大举措打好基础，筑牢教育体系根系。全面加强学前教育建设，支持每个乡镇办好一所公办幼儿园，发展出"一村一幼""一村多幼"等多种形式的学前教育。规范"一村一幼"辅导员管理，依法落实社会保险。统筹"彝区教育扶贫提升工程""深度贫困县义务教育寄宿制学校建设工程"等教育专项工程，新建、改扩建600多所义务教育学校，加大薄弱学校改造力度，加强寄宿制学校建设，着力全面化解"大班额"，确保适龄少年儿童全部接受义务教育。精准解决师资队伍不足的问题。全面统筹教职工编制，实施贫困县义务教育3000名教师编制保障工程，通过全省统筹教师编制和设立临时机动编制，切实保障贫困县义务教育阶段教师编

---

① 吴浩,江云涵.让凉山的孩子享受高质量的教育——《关于精准施策综合帮扶凉山州全面打赢脱贫攻坚战的意见》解读②[N].四川日报,2018-06-27.

制配备需求。

二是提升教师教学水平，全面提升教学质量。经过多年发展，凉山州教育扶贫的重心逐步向"教得好、学得好"转变，全面提升教育质量是教育扶贫的新目标。有序推进"学前学会普通话"项目试点，充分发挥"学前学会普通话"在控辍保学中的基础性作用。提升深度贫困县"一村一幼"辅导员能力，通过集中系统培训和跟岗学习等形式，帮助"一村一幼"辅导员提升普通话水平和保教素养。除进一步补充正规教师、加大支教活动力度、增强对口帮扶强度之外，创新性地实施"银龄教师"支教计划提升教学质量。

三是凝聚学习改变命运共识，扶智扶志积极作为。实施"扶贫进校园""走出大山看世界"等教育扶志扶贫项目。"扶贫进校园"项目利用班会、团队会等多种形式，向中小学生讲解脱贫攻坚的重大意义、基本形势、主要政策等，通过小手拉大手，使学生和家长充分认识脱贫攻坚的重要性、紧迫性，营造脱贫攻坚良好氛围。"走出大山看世界"项目通过组织大山深处的彝区孩子参观大城市的大学、博物馆、科技馆等，激发更强的内生动力，从根本上阻断贫困代际传递。通过推进扶智和扶志各项工作，凝聚起教育优化生活、学习改变命运的共识。加快中等职业学校发展，在现有招生总规模内适度扩大贫困县"9+3"免费职业教育招生规模，达到每年招生6000人左右。同时，优先满足建档立卡贫困家庭子女就读"9+3"免费职业教育学校。受过职业教育的孩子毕业就业后，个人和家庭的情况会迅速得到改善，也能让其周围的人看到教育对于脱贫攻坚的意义。

（3）明确医疗卫生抓手，绘制健康保障路径①

一是保基本，支持医疗卫生服务体系建设填平补齐。加快医疗卫生服务体系建设，让贫困人群不再受疾病困扰。支持凉山州、县、乡、村四级

---

① 范川,石小宏.让因病致贫因病返贫成为过去——《关于精准施策综合帮扶凉山州全面打赢脱贫攻坚战的意见》解读③[N].四川日报,2018-07-09.

医疗卫生服务体系建设，加快基础设施建设、基本设备配置和远程诊疗平台建设，实现贫困县县级综合医院达到二级甲等水平，县级中医院、妇幼保健机构、疾控机构达到二级及以上水平，每个乡镇有1所达标卫生院，每个村有1所达标卫生室。针对基层卫生人员缺乏问题，推进县域内相关卫生事业单位编制岗位统筹使用，在乡镇卫生院事业编制总量不减的前提下，由县级卫生计生部门在编制总量内统筹调剂使用。对符合条件的村医实行乡聘村用，依法落实社会保险。未完成脱贫攻坚任务前，原则上乡村医生不得离开现岗位。持续实施定向医学生（本科）定向培养项目和民族地区定向医学生（专科）免费培养项目，依据需求增加对凉山州的招生计划。

二是抓生育，实施生育秩序整治引导群众按政策生育。生育秩序整治是凉山州脱贫攻坚的"硬骨头"。据统计，凉山州10个贫困县2010—2015年平均人口出生率为18.9‰，远远高于四川全省9‰的平均水平，政策外多孩生育率达19.1%，大大超出3.6%的四川省平均水平。为有效扭转生育秩序混乱，凉山州于2017年开展生育秩序整治，包括乡村干部包村包户、专业技术人员一对一、卫生计生部门领导干部联系和长效节育措施奖励制度等系列措施相继出台。截至2020年，符合政策生育率和长效节育率明显提高，四孩及以上政策外多孩逐年下降，生育秩序混乱无序、放任自流的状况得到了有效扭转。

三是防艾滋，加大投入加强技术支持强化防艾治艾。加强预防干预、抗病毒治疗管理、母婴阻断等方面的技术支持。进一步加大凉山州艾滋病防治投入力度，重点支持宣传干预、检验检测、诱导期治疗、抗病毒治疗、治疗激励及医疗费用兜底。重点抓好5个方面工作：压实各级疾控机构、定点医疗机构和妇幼保健机构职责；加大对口帮扶支持，充分发挥省级医疗卫生机构的技术优势，组织艾滋病预防干预、抗病毒治疗、预防母婴传播、基层卫生、计划生育5支队伍下沉指导；把抗病毒治疗作为当前最好的预防策略不动摇，2020年底抗病毒治疗覆盖率达95.62%；把预防母婴传播作为政治任务，实行"一把手"院长负责制，母婴传播率下降到3.42%；强化督导问责，将防治工作好坏与干部政绩评价、职务任免挂钩。

（4）加快基础设施建设，打造安居乐业福地[①]

一是内容新，不少政策首次提出。对贫困户的精准识别，综合考量收入和"两不愁、三保障"条件是否达到。采用多地多部门联合查看资料、实地调查等方式推动"自主搬迁户"的贫困户精准识别工作。"三建四改"纳入彝家新寨建设内容，着重强调住房的功能属性，让所有贫困户住房安全有保障，明确住得好的标准。交通精准扶贫新举措不断。凉山州纳入交通运输部"十三五"规划的待建项目与藏区项目执行统一标准，普通国道按项目全额建安费安排，通村硬化路按每公里70万元安排。对贫困县纳入全省"十三五"规划的普通省道待建项目适当提高补助标准。省级层面进一步加大对农村公路投入，对建成投用早、破损严重的通乡油路整治修复给予补助。

二是力度大，加大投入加快建设。易地扶贫搬迁方面，将省内其他地方当年易地扶贫搬迁结余指标用于凉山州，同时将"十三五"期间全省新增22.5万人的搬迁指标优先用于凉山州的深度贫困县。电力保障方面，确保通过电网供电的脱贫户到户电压达到国家标准。国网四川省电力公司2019年完成项目规划投资4970万元，后续持续加大资金投入力度，对凉山州贫困村的农村电网进行改造升级。信息通信方面，制订并实施凉山州信息通信扶贫三年方案，细化明确通信网络建设三项工程目标任务、时间表、路线图和保障措施，2020年底实现村村通光纤和村村通4G。开展农村资费专项降费，推出专属套餐，同等服务条件下比城市套餐低30%。

三是举措实，打"组合拳"补短板。进行凉山州交通攻坚大会战，补

---

① 罗之飏, 王眉灵, 李欣忆. 让大凉山成为安居乐业福地——《关于精准施策综合帮扶凉山州全面打赢脱贫攻坚战的意见》解读④[N]. 四川日报, 2018-07-10.

交通建设板块短板，帮助凉山州交通"提速"。实施第二轮、第三轮"凉推"方案，内容包含泸黄、宜攀、乐西、峨汉等多条高速建设或扩容改造；国道227线棉垭至李子坪等多个国省干线公路项目以及通乡油路、通村硬化路建设。"十三五"时期已实现各县至州府西昌通三级及以上公路，完成乡乡通油路、村村通硬化路"两个100%"兜底任务。抓好"四好农村路"建设，构建县、乡、村三级管理体系，建好、管好、护好、运营好农村公路，解决"最后一公里"的困扰，让凉山州更多的特色农产品快速、便捷地走出山区。在农村水利建设方面，既支持农村饮水安全项目、大中型水利工程建设，又支持小型农田水利建设，还进一步明确了水土流失综合治理和中小河流治理的任务。

（5）保障新政量身定制，提升帮扶措施含金量[①]

一是国土政策为脱贫"找钱"，凉山变为"热土"。保障凉山州建设用地指标和加大增减挂钩支持力度，允许增减挂钩节余指标跨市州和限定范围内跨省流转，释放凉山深度贫困地区的土地财力。收益主要用于支持聚居点及周边基础设施建设和农村土地综合整治。2017年，天府新区成都直管区购买雷波县土地增减挂钩节余指标903亩，既解决了成都用地不足的问题，又让雷波县获得2.6亿元指标收益。2018年1月，浙江嘉善与四川木里签订框架协议，嘉善拟在3年内以每亩72万元价格，向木里购买增减挂钩节余指标3000亩，助推当地尽早脱贫。贫困县开展工矿废弃地复垦利用产生的节余指标，可在省域内流转使用，使土地从资源变资产和资本的路径更清晰更灵活，也进一步促进凉山在脱贫攻坚过程中的土地集约化利用。在用地保障方面，贫困县省级以下基础设施、易地扶贫搬迁、民生发展等建设项目，确实难以避让永久基本农田的，可纳入重大建设项目范围，由省级国土资源主管部门办理用地预审，并按照规定办理农用地转用

---

① 寇敏芳,张舒,魏冯为.凉山"量身定制"高含金量新政——《关于精准施策综合帮扶凉山州全面打赢脱贫攻坚战的意见》解读⑤[N].四川日报,2018-07-12.

和土地征收。

二是金融支持为产业打底，从"输血"到"造血"。引导金融机构将更多金融资源向凉山州倾斜配置。精准对接产业发展需求，健全省级金融机构与凉山州融资对接工作机制，组织省级金融机构到凉山州开展多层次、多领域扶贫专项融资对接活动。推广"政担银企户"财政金融互动扶贫模式，进一步完善扶贫贷款风险分担机制。加强对扶贫产品销售体系创新的金融支持和政策指导，将扶贫产品物流、销售纳入金融重点支持范围。加大建档立卡贫困户扶贫小额信贷支持力度，对符合条件的贫困户应贷尽贷。实现有建档立卡贫困户的行政村"分片包干、整村推进"责任书签订和金融精准扶贫到村联络员制度100%全覆盖。推广"重信用、轻资产"的"5221"贫困户信用评分体系（即诚信度50%、家庭劳动力20%、劳动技能20%、上年度人均纯收入10%）。针对凉山州实际情况，开展彝族信用家支评定，聘请家支中德高望重的"德古"参与信用评级和征信宣传，协助金融机构清收不良贷款。通过"绿色通道"支持凉山州企业利用多层次资本市场融资。开展特色农业保险，试点目标价格保险、收入保险、农产品质量保证保险、土地流转履约保证保险、扶贫贷款保证保险等险种，适当降低保费标准。

三是从"输血"到"造血"，减税降费"放大招"。进一步为凉山企业减税，在减轻企业税负的同时，促进凉山传统产业转型升级，吸引社会资本和外来投资。具体包括西部大开发企业所得税减免政策、民族自治地区企业所得税减免政策、农村金融发展增值税和企业所得税减免政策、增值税进项税额抵扣和易地扶贫搬迁企业所得税优惠政策等。完善均衡性转移支付单列单算，增强贫困地区脱贫攻坚财政保障能力的"营养"，2018年省财政下达凉山州均衡性转移支付单列单算补助7亿元。完善金融支持政策措施、切实加大脱贫攻坚财政投入。进一步提升凉山特色农业保险奖补标准，积极支持凉山规范合理使用地方政府债券资金，优先安排用于脱贫攻坚。

（6）汇聚多方脱贫合力，坚决攻克贫困堡垒[①]

一是"外选""内育"加强人才支撑。在现有帮扶机制基础上，统筹组建脱贫攻坚综合帮扶工作队，派往州级和贫困县，实现"一县一队"全覆盖。为凉山州"量身定制"综合帮扶工作队：从省直部门和有关市县，新增选派3500多名精兵强将，覆盖脱贫攻坚、产业就业、易地搬迁、禁毒防艾、控辍保学、计划生育等各个方面，加上原来选派的2200多人共5700多人，组成11支综合帮扶工作队，派驻凉山州11个深度贫困县，开展为期3年的脱贫攻坚和综合治理帮扶工作，极大地充实了凉山脱贫攻坚和综合帮扶的领导力量、专业力量和基层力量。深入实施深度贫困县人才振兴工程。通过培训交流锻炼培养一批、返乡创业回引建设一批、定向培养输送一批、激励奖励留住一批等方式，打造一支稳得住、留得下、能带领群众脱贫致富的人才队伍。教育、卫生、农业、林业、旅游、规划、环保、会计、电子商务、工业经济等10个重点领域的人才队伍建设具体实施方案，以及人才定向培养、人才在职培训、人才招引、人才援助等24项重点工程正全面推进。

二是加大东西部扶贫协作力度。从加大资金投入、加大干部选派交流力度、深化产业扶持等多方面推动东西部扶贫协作。在深化产业扶持上，探索发展多种形式的"飞地经济"，引导各类企业到凉山州投资兴业，共建优质农产品加工基地和"扶贫车间"。在教育上，共享优质资源，提出在东西部扶贫协作结对帮扶地建异地"高中班"和"中职班"，更强调帮扶的系统性。加强禁毒防艾工作交流和技术支持，联合实施专项打击整治毒品行动，更注重帮扶的针对性。党政层面的协作上，东部地区向每个贫困县安排1名处级干部挂任党政领导，凉山州选派干部到佛山市、湖州市

[①] 林凌,梁现瑞,侯冲.汇聚合力　决战脱贫攻坚不胜不休——《关于精准施策综合帮扶凉山州全面打赢脱贫攻坚战的意见》解读⑥[N].四川日报,2018-07-16.

挂职学习。

三是集聚社会资源参与帮扶。调动社会各界参与脱贫攻坚积极性，动员民营企业和社会力量帮扶，实现贫困县每县有 1 个实力强的民营企业定点帮扶，充分发挥民营企业在产业扶贫、扶智与扶志、贫困群众生产生活技能培训、吸纳农村贫困劳动力就业、捐资助学改善办学条件等方面的积极作用。自 2015 年"万企帮万村"精准扶贫行动开展以来，全省已有 4917 家民营企业和商（协）会结对帮扶 4867 个贫困村，共投入资金 64.79 亿元，受益群众达 60 余万人。截至 2018 年 6 月底，11 家省内重点民营企业与凉山 11 个深度贫困县签署了帮扶协议；117 家省工商联联系的民营企业、商（协）会与凉山 11 个深度贫困县的 167 个贫困村面对面建起"万企帮万村"帮扶关系。

4.四川省凉山彝族自治州攻坚深度贫困的成效及启示

2018 年春节前夕，习近平总书记深入凉山彝族自治州腹地考察指导，为深度贫困攻坚工作指明了方向。2018 年，凉山脱贫攻坚再创佳绩，实现 19.9 万人脱贫、500 个贫困村退出。凉山州累计有 1454 个贫困村退出、65.9 万人脱贫，贫困发生率降至 7.1%。[①]

支撑凉山州脱贫成效的，是各方面工作的创新开展和持续积累。截至 2019 年上半年，脱贫攻坚各方面工作均取得显著成绩。一是对口帮扶精准落地。佛凉东西部扶贫协作、湖州对口支援、省内对口帮扶等工作成效明显。累计选派各级对口帮扶干部 1.13 万名、新增 3558 名。二是投入保障力度空前。投入 23 个扶贫专项资金 254 亿元，增长 23.9%，其中佛山扶贫协作资金 6.85 亿元，增长 5.6 倍。落实精准扶贫、易地扶贫搬迁政府债券 83.9 亿元。"四项扶贫基金"规模达 14.1 亿元，发放扶贫小额信贷 17.4 亿元。实现增减挂钩和占补平衡指标交易收益 3.8 亿元。三是基础条件大幅改善。完成易地扶贫搬迁 11.2 万人，建成彝家新寨 302 个、藏区新居 1675 户，改

---

① 尹力.奋战大凉山脱贫攻坚这一年[J].求是,2019(7):44–51.

造农村危房2.3万户、土坯房8.82万户，66.6%的贫困群众住上好房子。新改建县乡村道3819.5公里，乡镇、建制村通畅率分别达99.6%和99.8%，结束了"溜索时代"。完成惠及38.9万人的农村饮水安全巩固提升工程、18.1万人的农村电网改造工程，退出贫困村互联网接入实现全覆盖。四是增收能力稳步提升。8.6万贫困群众通过发展特色产业脱贫，"以购代捐"认购金额1.5亿元，转移输出贫困劳动力6.1万人，开发公益性岗位4561个，新增638个贫困村集体经济达标。2290户7364名自发搬迁贫困人口脱贫，2000名麻风病人、2.61万名残疾贫困人口全部纳入帮扶计划，17.68万建档立卡贫困人口纳入低保兜底。五是"四治"攻坚强力推进。"学前学会普通话"行动启动实施，贫困家庭适龄儿童少年失辍学化解率达97.5%。新增吸毒、外流贩毒人数分别下降51%、74.6%，布拖、昭觉和越西3个国家毒品问题重点地区分别实现降级摘帽。11个重点县符合政策生育率达91.94%，提高3.06个百分点。六是内生动力不断增强。开展"习总书记来到我们村"等系列宣讲活动，依托"农民夜校"培训群众191.9万人次，轮训适龄贫困劳动力5.35万人，创建省州级"四好"村913个、星级"四好"文明家庭20.2万户。七是作风转变深入推进。常态化开展明察暗访，创新开展"清卡行动"，清退追缴资金2314.5万元，扶贫领域腐败和作风问题专项治理全面深化。①

梳理凉山州深度贫困地区精准扶贫进程，得到以下几点启示。一是易地扶贫搬迁是有效途径，应对居住在生存环境差、不具备基本发展条件地区的贫困户做到"应搬尽搬"。二是因地制宜发展优势特色产业，持续稳定增加群众就业收入是长远之计。三是注重教育的根本性作用，除建好房、修好路和把产业发展起来外，最根本的还是要靠教育来提高人们的认知水平、改变落后的思想观念。四是需要对特殊难题实施靶向治疗。五是

---

① 凉山彝族自治州人民政府. 脱贫攻坚[EB/OL].(2019-07-19).http://www.lsz.gov.cn/wcls/lsgk/csqk/201907/t20190719_1228099.html.

必须要有过硬的作风保障，才能做到脱贫工作务实、脱贫过程扎实、脱贫结果真实。①

三、加强深度贫困地区综合治理

习近平总书记多次强调，脱贫攻坚战不是轻轻松松一冲锋就能打赢的，从决定性成就到全面胜利，面临的困难和挑战依然艰巨，决不能松劲懈怠。攻克深度贫困堡垒，要科学充分认识深度贫困地区的贫困成因，在解决脱贫突出问题基础上为贫困地区长远发展奠定良好基础，实现贫困治理效能的长效化、内生化。

1. 深度贫困地区脱贫攻坚面临的普遍问题

一是脱贫攻坚深层次任务非常艰巨。从数量上看，截至2019年底，全国有52个贫困县未摘帽，2707个贫困村未出列，建档立卡贫困人口未全部脱贫。全面建成小康的要求是不让一个贫困群众掉队。剩下的扶贫对象是贫中之贫、困中之困，是最难啃的硬骨头。从脱贫攻坚基本任务上看，"三保障"问题容易解决，稳定住、巩固好还需更大投入。深度贫困地区部分孩子反复失学辍学、乡村医疗服务水平低、危房改造质量不高、安全的生产生活用水得不到保障等问题突出。从贫困人口特点上看，剩余建档立卡贫困人口中，老年人、患病者、残疾人的比例达到45.7%，这部分人劳动能力欠缺，保障其基本生活水平压力大。

二是巩固脱贫成果难度很大。已脱贫的地区中，有的产业基础薄弱，市场竞争力不强，可持续发展压力大；有的产业项目同质化严重，产能实现后考验产品销售能力。部分通过就业实现脱贫的人员面临失业风险。相当部分贫困村考核退出依靠的政策性转移支付，收入不具有可持续性。2020年初，据各地初步摸底，已脱贫人口中有近200万人存在返贫风险，边缘贫困群体中还有近300万存在致贫风险。

---

① 尹力. 奋战大凉山脱贫攻坚这一年[J]. 求是,2019(7):44–51.

三是脱贫攻坚收尾阶段重视程度下降。随着越来越多贫困人口脱贫、贫困县摘帽，工作重点转移、投入强度下降、干部精力分散的现象时有发生。形式主义、官僚主义屡禁不止，数字脱贫、虚假脱贫容易发生，个别地区"一发了之""一股了之""一分了之"的问题需要得到有效解决，部分贫困群众发展的内生动力不足。习近平总书记指出，在脱贫攻坚收尾阶段最大的问题是防止松劲懈怠、精力转移。①

四是脱贫攻坚与长期发展的衔接机制需要理顺。党的十九大将打赢脱贫攻坚战、实施乡村振兴战略作为新时代"三农"工作的总抓手，当前正处于两大战略的叠加交汇期。深度贫困地区既是脱贫攻坚战中最难啃的硬骨头，也是乡村振兴的薄弱区，二者的统筹衔接面临巨大挑战。在深度贫困地区，统筹衔接尚缺制度安排，主导产业发展衔接不紧，部门之间缺乏联动机制，教育资源、人力资本严重不足，基础设施、公共服务严重滞后，生态好但不宜居，基层治理尚未形成新的格局等问题普遍存在。②

2019年底突如其来的新冠肺炎疫情，为经济社会发展带来较大不确定性，进一步加剧脱贫攻坚的难度。习近平总书记强调，要一鼓作气、连续作战，以更加有力的举措、更加精细的工作，确保脱贫攻坚任务全面完成。避免浮躁情绪，坚持目标不变、靶心不散，把扶贫工作重心向深度贫困地区聚焦，在普遍实现"两不愁"的基础上，重点攻克"三保障"面临的最后堡垒。③

2.深度贫困治理的多维视角及主张

攻克深度贫困堡垒并建立脱贫长效机制，必须从不同角度全面考虑深度贫困的形成原因，构建多维综合治理体系，截断深度贫困的形成渠道并打破恶性循环。对深度贫困的形成及治理分析有多种角度，常见以下几种

---

① 习近平.在决战决胜脱贫攻坚座谈会上的讲话[N].人民日报,2020-03-07.

② 高静,武彤,王志章.深度贫困地区脱贫攻坚与乡村振兴统筹衔接路径研究:凉山彝族自治州的数据[J].农业经济问题,2020(3):125-135.

③ 习近平.关于全面建成小康社会补短板问题[J].求是,2020(11):4-9.

视角。

空间视角下，深度贫困的主要成因是自然地理条件。地理禀赋所确定的位置优越性是与物质资本、社会资本同等重要的地理资本。地理位置越偏远，作为当地经济发展基础之一的地理资本越低，造成农户发展环境与能力越低，使之陷入贫困陷阱。深度贫困地区依据距离城镇的远近呈现分层的格局，梯度加深；地理资本低劣，不利于农户生存与发展；交通道路等基础设施和公共服务极度欠缺，恶劣的生存环境使贫困农户远离市场、远离信息，无法参与到市场经济体系之中，进一步"固化"了贫困群体。空间视角下，深度贫困地区的贫困治理，一是需要改善交通道路、缩短空间距离；二是要提高农业生产补贴，以防止因自然灾害和市场波动冲击造成的损失，以克服"生态劣势"；三是对于根本不适宜生产生活的区域，可通过移民搬迁提高资源利用和政策干预的精准度。

文化视角下，贫困文化是对长期生活在贫困之中的人们经济状况的映射与适应。贫困文化主导穷人的行为和思想，穷人对其边缘地位自我适应，导致了文化贫困、能力不足、机会丧失、社会排斥等情况，在一定程度上巩固和加深贫困。深度贫困地区存在一些制约减贫的文化因素，如贫困人口的文化水平不高、人口受教育程度低、各种专门人才与科技人员稀缺、文化设施相对落伍等。同时某些传统文化和习俗限制了贫困人口多元化生计的选择，并对脆弱的生态环境形成严重压力。从文化贫困的视角来看，深度贫困地区大都是少数民族地区，在深度贫困的综合治理过程中，应当积极地挖掘深度贫困地区的优秀文化以促进脱贫攻坚，引导贫困群体摒弃一些不好的生活生产习惯，逐步培养其现代文明的生活方式。

能力视角下，贫困的实质是贫困人口基本能力的剥夺和机会的丧失。良好的教育和健康的身体直接提高生活质量，同时提高个人获得更多收入及摆脱贫困的能力。深度贫困地区环境封闭，教育发展落后，人口文化素质较低，容易陷入"贫困—受教育少—文化素质低—更贫困"的恶性循环。从能力贫困的角度来看，深度贫困地区的综合治理需要考察个人在实现自我价值方面的实际能力，将改变人的能力和提高人的素质作为扶贫的重点。通过典型示范、科技活动、教育培训、完善社会保障体系、增加民主参与等渠道，提高贫困人口的文化素质与身体素质，增强自我脱贫的能力，把单纯给钱给物的"输血式"扶贫逐步转化为以培育贫困人口自主脱贫能力的"造血式"扶贫。

灾害风险管理视角下，自然灾害是深度贫困地区农民增收和减贫的主要制约因素。深度贫困地区的自然条件恶劣，生态环境脆弱性高，自然灾害发生概率大。由于贫困地区基础设施落后，自然灾害的破坏力极大，严重威胁人们生计的维持和地方经济发展，进一步加剧了贫困地区的脆弱性，而加剧的贫困对自然环境和社会环境是又一次的脆弱性累积，形成恶性循环。从灾害风险视角看，深度贫困的综合治理需要增加承载体的减灾防灾能力和农业对自然灾害的风险预防能力，包括增强灾情的检测和预防，发展避灾农业，开展农业保险，进行基础设施建设等措施。

社会分工视角下，深度贫困与其内在社会分工密切联系。深度贫困地区存在着封闭的"村社"性质的社会经济组织，维持着以家庭为单位的自然经济和男耕女织的自然分工。这种以满足家庭成员的消费为目的的简单自然分工阻碍了社会分工，进而影响市场的形成。长此以往，产业结构单一，生产达不到规模化门槛，使贫困人口陷入持续贫困之中。从社会分工视角看，深度贫困的治理需要重点帮助贫困人口利用当地资源和优势，发展用于交换的商品，引导他们逐步走出自然经济的封闭状态，通过市场经济改变生产方式和生活条件，促进社会分工，提高生产能力和经济发展水平。同时，可以在家庭经营的基础上，实施连片开发，集中扶贫资金，采用现代科学技术，建设区域性生产基地，实行大规模经营，以逐步脱贫。①

治理理论视角下，贫困治理是全社会的事，是政府、市场组织、社会

① 向德平,程玲.连片开发扶贫模式与少数民族社区发展[M].北京:民族出版社,2013.

组织、社会公众多方合作的网络结构。贫困治理过程是多个行动主体积极嵌入贫困治理场域之中，共同开展贫困治理项目，对多种贫困资源进行协调整合的过程。从治理理论的角度来看，要实现深度贫困地区的减贫与发展，需要通过政府、企业、社会组织、社区、贫困群体等各相关利益主体之间的互动合作，发挥每个行动主体的扶贫优势，并针对深度贫困地区特殊的发展环境，从制度层面上构建可持续的反贫困机制，提高反贫困成效。

3.提升深度贫困地区精准脱贫成效的工作重点

习近平总书记在2020年3月决战决胜脱贫攻坚座谈会上对确保高质量完成脱贫攻坚目标任务提出六点要求，包括聚焦深度贫困地区攻坚克难完成任务、努力克服疫情影响、多措并举巩固成果、保持脱贫攻坚政策稳定、严格考核开展普查和接续推进乡村振兴。中共中央、国务院《关于抓好"三农"领域重点工作确保如期实现全面小康的意见》也已经对相关工作作出部署。从实践的角度，提升深度贫困地区精准脱贫成效，以下五个方面工作是重点。

一是资源配置更加合理，扶贫政策统筹兼顾。现实中资源短缺和浪费现象并存。以医疗为例，基层医务人员和医疗设备普遍短缺但现有的医疗设施设备使用率较低，这与深度贫困地区人口外流逐年增加、基层医疗机构覆盖人口较少以及服务能力较弱有关。类似情况在教育领域也存在。打破按现有行政区域分配资源的格局，在根据实际需要扩大基层公共服务资源保障的同时加强资源整合，提高资源利用效率。扶贫政策需要统筹兼顾。各级政策大力扶持建档立卡贫困户，出现建档立卡贫困户与边缘贫困户享受的政策待遇相差悬殊的情况。贫困人口的识别主要看收入，事实上建档与非建档的区别可能只是"一只羊"或"一头猪"的差距。扶持政策的差距造成部分群众心理上的落差，影响对脱贫攻坚的满意度。[①]在公共基础设施建设、社会保障体系和产业发展带动上需要尽可能进行通盘考虑。

---

① 彭清华.凉山脱贫攻坚调查[J].求是,2019(16):59-66.

二是更加重视精神脱贫，激发贫困群众脱贫热情。要将精神上的脱贫攻坚放到更加重要的位置上。充分研究并掌握贫困户的贫困认知和观念，了解其思维方式，深入调研贫困群众对脱贫政策、扶贫项目的认识，改进工作方式方法，采用生产奖补、劳务补助、以工代赈等方式，提升贫困群众在脱贫攻坚中的参与感和获得感。多种形式开展脱贫致富先进典型的宣传，鼓励劳动、鼓励就业、鼓励靠自己的努力养活家庭、服务社会、贡献国家，树立脱贫光荣、扶贫光荣的良好风尚，坚定深度贫困地区干部群众打赢脱贫攻坚战的信心和决心。开展贫困乡村文明建设行动，移风易俗，抵制陈规陋习，积极倡导现代文明理念和生活方式，改变落后风俗习惯。

三是提升新型农村集体经济发展质量。新型农村集体经济意在带动区域优势产业兴起改善发展面貌。在贫困退出的考核中，"有村级集体经济收入"成为贫困村脱贫摘帽的重要指标。但是在现实中，深度贫困地区农村集体经济发展存在诸多问题。一是自身发展能力较弱，收入以财政转移性支付为主，实际发展产业所产生的营业性收益相对较少。二是农村集体经济产权不清晰、管理不规范等问题突出。三是政府在农村集体经济发展过程中缺乏具体的指导。提升新型农村集体经济发展质量，需要在充分认识新型农村集体经济功能、意义基础上，对不同类别发展模式的构成要素、适宜情形、绩效水平进行分析评估，在理清楚发展路径基础上补齐短板，夯实农村集体经济在市场化条件下的内生发展能力。

四是协调不同贫困治理主体之间的关系。在深度贫困治理过程中，单一的政府扶助主体及行政资源，难以满足贫困群众的异质性、多元化需求，因地制宜构建资源的多元供给模式重要性凸显。应建立包含政府在内的各行动主体间的社会网络互动体系，建立不同行动主体的信任合作关系，在共同的目标下，整合稀缺的贫困治理资源，发挥自身的相对优势，共同应对复杂的贫困治理环境，满足农村贫困人口的合理需求。于政府，可借助其他主体的人才与技术优势，减轻扶贫负担，优化政府职能，实现贫困治理和乡村振兴的目标；于其他行动主体，可借助政府的权威性与可信度，提高受助者的积极性和参与度。

五是做好精准扶贫和乡村振兴的有效衔接。凝聚二者统筹衔接共识，拓宽多元主体共创之路。以习近平新时代中国特色社会主义思想为指导，充分认识脱贫攻坚与乡村振兴的内在关系，充分调动全社会的力量，形成政府、社会、市场参与的多元行为主体。完善优化政策制度设计，构筑二者衔接的目标导向。要因地制宜制定完善脱贫攻坚与乡村振兴统筹衔接的总体规划。坚持和完善民族地区、深度贫困地区乡村治理体系。推动特色主导产业发展，筑牢二者衔接的坚实基础。按照"投资收益高、产品品质高、生态环境好"的产业高质量发展原则，充分利用当地的自然资源，培育特色产业。加快人力资本建设，培育二者衔接的内生动力。增加教师编制提升教员素质，确保贫困地区学生能够均衡享受高质量的义务教育，筑牢阻隔代际贫困传递的根基。创新激励政策，鼓励来自深度贫困地区的大学毕业生自愿回原籍工作，并在人事制度上予以倾斜。①

① 高静,武彤,王志章.深度贫困地区脱贫攻坚与乡村振兴统筹衔接路径研究:凉山彝族自治州的数据[J].农业经济问题,2020(3):125–135.

夯实精准脱贫的经济基础

在精准扶贫的实践中，发展新型农村集体经济成为优化贫困地区发展路径、带动贫困群众增收的重要手段，是强化贫困地区和已脱贫地区内生发展动力的重要抓手。习近平总书记在《摆脱贫困》一书中深刻阐述了农村集体经济在农村基本经济制度中的作用，指出了发展壮大集体经济的方向，至今仍具有极强的启示作用。梳理农村集体经济的发展历程、新型农村集体经济在精准脱贫中的作用并进一步优化其发展，有利于巩固减贫成果，优化脱贫长效机制，同时也是脱贫攻坚与乡村振兴战略有效衔接的主要着力点之一。

一、农村集体经济的发展历程和时代内涵

农村集体经济是我国社会主义基本经济制度的重要组成部分，在农村经济社会的发展中起到了重要作用。在不同的发展阶段，农村集体经济有不同的形态与功能，发挥的作用不尽相同。在精准扶贫的背景下，农村集体经济发展有新的时代内涵，需不断深化理解。

1.农村集体经济的发展历程

新中国成立以来，农村集体经济发展大体经历了土地改革、农业合作

化时期、家庭联产承包责任制和新时期农村集体经济四个阶段，在促进农村经济社会发展方面均取得相应成效。

一是新中国成立后的土地改革。1950年中央人民政府颁布了《中华人民共和国土地改革法》，废除封建土地所有制，实行农民阶级的土地所有制。为早日恢复发展农村经济，实行了经济上保存富农经济、政治上中立富农的政策。1952年底，全国土改基本完成，3亿多无地或少地的农民分到了土地，广大农民成了土地的主人，在政治上经济上翻了身。土地改革彻底废除了封建剥削的土地制度，彻底改变了农村的生产关系，农村生产力得到解放，为农业生产的发展和国家工业化奠定了基础。

二是农业合作化时期。为提高农业生产能力，我国进行了农业社会主义改造，即农业合作化运动。农业合作化运动将小农经济整合到集体里，大致分为互助组、初级社和高级社三个阶段。农业合作化成功地实现农村经济从小私有经济向集体经济的转变。在合作化的前期，显著地促进了农业发展。随着低水平集体化向高水平集体化推进，生产关系大大超前于生产力发展，压制了农村的社会分工和商品经济发展，反而成为制约农村经济发展重要因素。从解放和发展生产力的角度重新审视农业合作化运动，经验与教训鲜明。

三是家庭联产承包责任制时期。改革开放后，我国逐步改革计划经济体制，在农村推行家庭联产承包责任制，家庭承包和集体统一经营构成了农村经济体系的两个层次。在实践中，家庭承包发挥的作用比集体经济运营的作用更好，绝大多数农村从集体经营方式转变为家庭个体经营方式。有少量村镇努力保持了基于人民公社核心理念、集体经营下多业态发展的生产方式，并各自探索适合自己的经济产业和管理措施。这些集体经济村庄的产业内容、管理机制不尽相同，但共同点是全村一社，即政社一体、村社一体，相当数量的村成为全国有名的明星村或经济强村。以家庭联产承包为主的责任制，是80年代农村改革的重要成果，对调动农民积极性和促进农业生产发展起到了重大作用。①

四是新时代农村集体经济时期。随着精准扶贫精准脱贫方略和乡村振兴战略的实施推动，进入了新时代农村集体经济时期。党的十九届四中全会通过的《中共中央关于坚持和完善中国特色社会主义制度 推进国家治理体系和治理能力现代化若干重大问题的决定》把深化农村产权制度改革、发展农村集体经济、完善农村基本经营制度作为坚持和完善社会主义基本经济制度，推动经济高质量发展重要任务。当前，各地正按照实施乡村振兴战略的新形势和新要求，探索发展壮大农村集体经济、完善农村基本经营制度的新路子。

2.精准扶贫背景下农村集体经济的时代内涵

根据现行《中华人民共和国宪法》，农村集体经济是指"农村集体经济组织实行家庭承包经营为基础、统分结合的双层经营体制。农村中的生产、供销、信用、消费等各种形式的合作经济，是社会主义劳动群众集体所有制经济。参加农村集体经济组织的劳动者，有权在法律规定的范围内经营自留地、自留山、家庭副业和饲养自留畜"②。其核心是指主要生产资料归农村社区成员共同所有，实行共同劳动，共同享有劳动果实的经济组织形式。

农村集体经济优化"统""分"关系，突破小农经济发展障碍。家庭承包责任制调动农民生产积极性成效显著，但是家庭小生产模式通常达不到耕种管理、农业资本投入、技术进步、产品标准化建设的规模门槛，分散经营处于低水平的资源最优配置状态。农村集体经济将家庭联合起来，形成适度规模，加强对分散农户的统一管理，帮助农民解决一家一户不能解决的问题，以生产经营增加农业积累，突破低水平循环陷阱，使产业走

---

① 习近平.摆脱贫困[M].福州:福建人民出版社,1992:34.

② 全国人民代表大会.中华人民共和国宪法[EB/OL].(2018-03-21).http://www.npc.gov.cn/npc/c30834/201803/79ccaa9ba1e24bbb848abf329ba94463.shtml.

上更高水平的长期增长道路。

新时代的农村集体经济，尤其是最基层的村级集体经济可以有多种实现形式，其目的在于带动区域优势产业兴起，改善发展面貌。村级集体经济实现形式指的是各行政村坚持在中国特色社会主义市场的条件下，在发展村级集体经济过程中所采取的组织或经营模式，各行政村可以将集体组织成员的资产、劳动等要素联合起来，也可以将村集体共同拥有的资产或要素进行投资，取得集体收入的形式。在精准扶贫背景下，各地不断创新，在发展农村经济的过程中创造了"公司+农户""公司+农户+专业合作社""农村专业合作社"等形式多样的村级集体经济发展模式，激活村集体资源和农村生产要素，使之参与经济循环。

合作经济是农村集体经济的重要构成。合作经济和集体经济含义有别。从权属归属和管理模式的角度讲，合作经济主要是个人或者集体，自愿参与，进入退出自由，产权明晰，经营活动民主管理。集体经济的权属为集体，所有集体成员都为受益人。在发展集体经济的过程中将权属主体划分清楚，既是对产权的尊重，同时也避免公私不分对运营主体积极性的影响。在合作经济中吸收贫困群众入股、就业，是用集体的力量带动个体发展，体现出合作经济的益贫性质。合作经济并不必然是集体经济，但农村集体经济发挥减贫作用需要合作经济的有力支撑。

二、新型农村集体经济的减贫功能

作为农村经济发展的重要载体，新型农村集体经济具有多重功能，在提升脱贫成效上具有重要意义，必须通过合理的制度设计使其发挥更大的减贫功效。

1.新型农村集体经济发展具有多重功能

从经济功能上看，新型农村集体经济的发展能够有效带动农民增收致富，可以在一定程度上积累集体资产。一是按照市场化原则优化资源配置。新型农村集体经济组织必须按照市场需求，以市场为导向，引导组织农民发挥劳动力、农业资源等各方面优势，推动农业产业化发展，提高农产品的附加值。通过引入资金、发展绿色技术、高效农业，提高新型农村集体经济组织的市场竞争力。二是规模化经营增强产业发展积累。按照自愿、有偿、依法的原则，将分散到户的村级集体土地集约利用形成规模效益，产业化的经营模式在有效带动农户增收的同时，将集体经济组织积累的额外财富用于集体经济组织再次发展，可以有效解决集体经济长期发展问题。三是运营形式多样化切实提升发展效率。新型农村集体经济组织通过完善村级集体经济构成机制，形成形式多样、经营灵活、管理科学的经济组织形式。灵活的组织形式可有效提升组织内部的管理效率和跨组织的资源汇聚调动能力。四是发展成果的有序分配。新型农村集体经济的发展，产权明晰、责任明确，实行按劳分配，按股分红。新型村级集体经济组织的分配政策，使每位成员都能共享新型村级集体经济组织发展的成果。

从社会功能上看，新型农村集体经济的发展能够有效缩小城乡发展差距。中国城乡发展差距明显。尤其是在贫困地区，农村的基础设施建设相对滞后，公共服务和产品短缺，社会福利水平不高和社会保障体系还不健全。扶贫政策主要发挥保基本的作用。进一步完善本地发展所需的基础设施，增强教育、医疗、养老、信息等公共服务的水平，逐步解决历史遗留问题，提升群众获取资源的便利性和获得感，必须要增强农村集体经济的造血功能进行反哺。统筹城乡发展是国家的重大战略，集体经济不发展，就难以实现农村发展的质变。

从组织功能来看，新型农村集体经济的发展是巩固农村政权基础的重要保证。村级集体经济组织的发展壮大不仅能够提升农户自身经济情况，同时有利于带动基层组织发展的进步与提升。农村集体经济组织的带头人大多是当地的能人和党员先锋，经济组织的优化会吸引带动组织成员的进步，潜移默化影响到组织内部群体发展，对贫困群众发展意识、发展观念的转变及发展能力的提升有显著作用。农村集体经济组织发展壮大，也提升农村基层党组织建设水平，进一步加强地方党委政府和组织成员之间的关联，加强党对基层组织的管理。

2.新型农村集体经济提升脱贫成效的重要意义

新型农村集体经济是推动产业扶贫的重要实施主体。产业扶贫是精准扶贫战略的重要举措，而如何让产业带动百姓增产增收、脱贫致富则是一个难题。发展农村集体经济可以将个体力量集中化，以集体的力量发展产业，有效衔接产业政策与扶贫政策，以规模化、规范化的发展模式应对市场竞争。发展农村集体经济可以采用"合作社+农户""企业+合作社+农户"等方式吸收贫困农户直接参与到合作经济中。新型农村集体经济的良性发展也将间接带动周边农户增产增收。

新型农村集体经济是保障贫困地区稳定可持续性脱贫的重要基础。贫困地区持续发展需要在产业基础上激发区域内生动力。农村集体经济在资源整合和人员组织上的优势有利于激发贫困地区内生动力。贫困地区靠山吃山、靠水吃水，大多有发展潜力大、经济价值高的特色自然资源。发展农村集体经济可整合当地资源，因地制宜规划发展路径，实现发展效率提升。农村集体经济在人员有效组织上具有天然的优势，能实现人员的有效聚集，增强村民凝聚力，提升综合发展势力。同时，村集体的壮大发展增强了村级整体的信息获取能力，在衔接脱贫攻坚外部产业援助、资金支持、技术培训和市场拓展等方面降低沟通成本，提升工作效率，带动贫困人口获益。

新型农村集体经济是贫困地区衔接乡村振兴战略的重要保障。一是农村集体经济是乡村振兴"治理有效"的抓手。作为与人民群众切身利益息息相关的组织，有效的治理是集体和个体之间的双赢，集体经济具有推动基层治理创新的内在动力，是贫困地区衔接乡村振兴战略的有效"通道"。二是乡村振兴"产业兴旺"的要求需要农村集体经济的强力支撑。无论特色产业、品牌产业、旅游产业、生态产业还是休闲农业产业，都需要农村集体经济在生产、加工、销售以及监管等环节进行把控和保障。三是乡村生态建设以及乡风文明建设作为乡村振兴的重要保障，需要优秀发展带头人团队的精神引领和相应组织提供的充足物质保障，农村集体经济在团队建设和物质积累上具备优势。

3.新时期发展农村集体经济的制度设计

党的十八大以来，国家高度重视农村集体经济发展，注重推动农村集体经济与精准扶贫、乡村振兴等重大战略的协调融合。2013年，党的十八届三中全会通过《中共中央关于全面深化改革若干重大问题的决定》，明确"允许农村集体经营性建设用地出让、租赁、入股"[①]，鼓励土地承包经营权在公开市场上向专业大户、家庭农场、农民合作社、农业企业流转，鼓励农村发展合作经济，鼓励和引导工商资本到农村发展适合企业化经营的现代种养业，允许农民以土地承包经营权入股发展农业产业化经营等。[②]2014年，中央全面深化改革领导小组第七次会议审议通过《关于农村土地征收、集体经营性建设用地入市、宅基地制度改革试点工作的意见》，赋予农村集体经营性建设用地出让、租赁、入股权能，为盘活农村集体经济资源、增强发展动力奠定基础。2015年2月27日，十二届全国人大常委会第十三次会议审议通过《关于授权国务院在北京市大兴区等三十三个试点县（市、区）行政区域暂时调整实施有关法律规定的决定》，授权在试点地区暂时调整实施《中华人民共和国土地管理法》《中华人民共和国城市房地产管理法》有关法律规定，授权期限截至2017年12月31日。2016年9月，中央全面深化改革领导小组决定将土地征收制度改革和集体

---

① 中共中央关于全面深化改革若干重大问题的决定[N]. 人民日报,2013-11-16.

② 习近平.关于《中共中央关于全面深化改革若干重大问题的决定》的说明[N]. 人民日报, 2013-11-16.

经营性建设用地入市扩大到全部33个试点县（市、区）。①

2016年11月，国务院印发《"十三五"脱贫攻坚规划》。规划明确的脱贫目标中包含"建档立卡贫困村村集体经济年收入从2015年的2万元上升到5万元以上（预期性指标），集体经济有一定规模。支持农村集体经济组织开展一二三产业融合试点，推动产业扶贫工程。积极推进农村集体资产、集体所有的土地等资产资源使用权作价入股，形成集体股权并按比例量化到农村集体经济组织"②。在后续的精准扶贫考核中，"有村级集体经济收入"成为贫困村脱贫摘帽的重要考核指标之一。2016年12月《中共中央国务院关于稳步推进农村集体产权制度改革的意见》颁布，明确了"建立符合市场经济要求的农村集体经济运行新机制……形成有效维护农村集体经济组织成员权利的治理体系"的改革目标。③2017年11月，中央全面深化改革领导小组决定将宅基地制度改革拓展到全部33个试点县（市、区）。

党的十九大报告提出乡村振兴战略，将农村集体经济作为乡村振兴战略的重要载体。并提出了"深化农村集体产权制度改革保障农民财产权益，壮大集体经济"④的具体要求。党的十九届四中全会明确提出，深化农村集体产权制度改革，发展农村集体经济，完善农村基本经营制度。⑤

---

① 全国人民代表大会.国务院关于农村土地征收、集体经营性建设用地入市、宅基地制度改革试点情况的总结报告[EB/OL].(2018−12−23).http://www.npc.gov.cn/npc/c12491/201812/3821c5a89c4a4a9d8cd10e8e2653bdde.shtml.

② 中华人民共和国中央人民政府.国务院关于印发"十三五"脱贫攻坚规划的通知[EB/OL].(2016−12−02).http://www.gov.cn/zhengce/content/2016/12/02/content_5142197.htm.

③ 中共中央国务院关于稳步推进农村集体产权制度改革的意见[N].人民日报,2016−12−30.

④ 习近平.决胜全面建成小康社会　夺取新时代中国特色社会主义伟大胜利——在中国共产党第十九次全国代表大会上的报告[M].北京:人民出版社,2017.

⑤ 中共中央关于坚持和完善中国特色社会主义制度　推进国家治理体系和治理能力现代化若干重大问题的决定[N].人民日报,2019−11−06.

三、西部地区农村集体经济发展案例分析及经验启示

潼南区位于重庆市西北部，是重庆市的原4个市级扶贫开发工作重点区县之一。2015年潼南退出市级贫困县序列之后，持续补短板、堵漏洞、强弱项，巩固脱贫质量，动态监测、及时帮扶存在返贫风险的脱贫人口和边缘人口，坚决防止返贫和新的致贫。在推动产业扶贫进程中，潼南区不断完善产业发展与贫困群众的利益联结机制，发展做实壮大农村集体经济，在实践中因地制宜探索出多种村级集体经济的模式，在巩固脱贫成效上起到了良好的支撑作用。当前，潼南区是重庆市"菜篮子"工程重要基地，第一大鲜销蔬菜保障供应基地。

1.潼南区发展农村集体经济的主要做法

激发"三资"活力，增强集体经济造血能力。一是用活集体闲置资源，资源变资本。通过将全区的土地、山林、塘堰等闲置资源流转给新型农业经营主体用于发展集体经济，有效实现资源变资本。二是盘活集体沉睡资产，提升资产变现收益。大力推行租赁、置换、入股等集体资产市场化运营方式，盘活闲置的学校、村委会、卫生室等沉睡集体资产，用于发展集体经济，实现资产变收益。三是用好集体发展资金，提高资金变股本的收益。采取入股分红、保底收益等方式，将集体经济发展资金进行股权量化，实现资金变股本。

拓宽"三资"收益路径，实现集体经济多元收益。一是资金资源入股，实现股权收益。村级集体经济组织把财政项目资金投入经营性资产或资源性资产，采取股权量化方式入股到新型农业经营主体用于产业发展，按照"保底收益+按股分红"模式，实现股权收益。二是资源优势互补，实现合作收益。采取市场化资源配置等合作方式，推动"三资"促进"三变"。在集体经济组织之间互联互通，实施产地合作、产业托管等共同经营模式，持续稳定获得集体经济收益。三是资产租赁，实现租金收益。贫

困村将村级产业扶贫示范园项目资金投入建设形成的集体经济经营性资产，打包租赁给新型农业经营主体或新型职业农民发展现代农业，集体经济组织按照合同约定收取租金，增加集体收益。四是自主经营，实现经营收益。村集体经济组织用活土地"三权分置"改革政策，统一流转农户零散、闲置土地后，实施集中整治，自主经营，实现经营收益。五是招商引资，实现开发收益。充分利用村域"三变"优势，引进有开发能力的业主在村内投资开发乡村旅游、发展现代特色种养业，村集体经济组织按照协议获取开发收益。

配套"三变"增效平台，强化集体经济发展服务。一是用好产权交易平台，强化开发服务。发挥区农村产权流转交易中心的平台作用，利用深化农村产权制度改革的利好政策，实现农村产权交易开发增值收益。2019年全区已累计实施集体产权交易136宗，集体经济组织实现开发增值收益73万元。二是撬动多元投入，强化金融服务。综合运用整合财政投入、撬动金融投入、招引业主投入、吸纳社会投入、引导群众投入等方式，2019年全区配套集体经济发展基金317万元，吸纳社会投入3100万元，引导群众投入650万元。三是推行"四步法"，强化风险管控服务。推行村级"一村一品"集体产业项目自主申报、乡镇复核、专家小组审定、行业主管监督"四步法"，降低产业发展风险；推行集体经济资金使用"一事一议"办法，规避资金使用风险；推行集体经济项目投资村民议事会、聘请法律顾问实施风险综合评估等方式，降低项目投资风险，确保村集体经济组织经营发展安全。四是注重利益联结，强化收益分配服务。推行"村集体经济组织+新型经营主体+农户"的利益联结机制，实行统一的村集体与组织成员收益分配机制。

2.潼南区农村集体经济发展的代表性模式

潼南区始终按照激活"三资"促进"三变"的方式夯实脱贫攻坚基础，不断巩固农村集体经济发展成效，以农村集体经济带动农民增收，实现村级集体经济与村民共同致富。2018年底，潼南区有贫困村50个，其中有集体经济的村27个，占贫困村总量的54%，无集体经济的村23个，占46%。为发展壮大贫困村村级集体经济组织，近年来，潼南区不断深化农村集体产权制度改革，探索建立农村集体资产的登记、管理、使用、处置等制度，投入财政资金932万元扶持28个贫困村发展村级集体经济组织，打造了一个又一个适合潼南区情的村级集体经济发展模式。

一是产业带动型。产业带动型是指村级集体经济通过引进企业，集体资金入股，企业带动集体经济发展和农户就业，不断壮大村级集体经济的一种方式。如潼南区宝龙镇严寨村村集体以财政扶持资金40万元、村民以土地承包经营权入股重庆涅凤生态农业发展有限公司，通过开展综合土地整治，新建连栋育苗温室大棚，大力发展加工型辣椒种植，带动村集体及农户增收。根据协议约定，村集体按公司纯收入31%参与分红。

二是服务创收型。服务创收型是指村集体经济通过群众资金入股、劳动力入股等方式，由村集体经济组织出面，将村集体经济服务与市场进行积极对接，从中获取服务收入的一种类型。如潼南区太安镇罐坝村针对基地劳动力老龄化、农业企业"用工难"等问题，由村集体领办组建重庆贯旺农业科技有限公司，投资30万元（财政资金）购置拖拉机、旋耕机、无人植保机等农用机械，开展代耕代种等农事服务，收入归村集体经济组织。

三是项目拉动型。项目拉动型是指村级集体经济通过对接项目需求，由村级集体经济实施项目产生收益的一种类型。如潼南区玉溪镇金堆社区发动村民组建专业施工队，投资20万元（财政资金）购置搅拌机、铲车、农用吊机、斗车铲子等设备，承接小型农田水利、机耕道路等基础设施建设，盈利归社区集体经济所有。

四是租赁经营型。租赁经营型是指村级集体经济通过将本村固定资产或新建固定资产，通过租赁承包等方式发包出去获取收益的一种类型。如潼南区玉溪镇新田社区、书房社区、青石村分别以财政扶持资金30万元、

30万元、20万元，共80万元合资修建玉溪镇综合农贸市场，包括：钢筋大棚房3000平方米、摊位50个、库房3个。摊位出租、停车场收益按出资比例分红，即新田37.5%、书房37.5%、青石25%。

五是资源开发型。资源开发型是指村级集体经济通过对本村特有的自然资源进行开发，并从中获取价值收益的一种方式。如潼南区五桂镇高碑村充分挖掘金丝楠木及自然风光价值，由村集体领办组建楠友生态农业专业合作社，大力发展乡村生态旅游。投资50万元（财政资金）打造金丝楠木生态园和苗圃基地，发展观光旅游的同时出售金丝楠木新苗。

将潼南区的农村集体经济按照模式类型、支撑要素及适用对象、模式发展优势、模式发展劣势进行对比，进一步整理出潼南区农村集体经济不同发展模式的核心构成要素，如下表所示。

表3-1 潼南区不同类型集体经济发展模式对比分析

类型	支撑要素及适用对象	模式发展优势	模式发展劣势
产业带动型	支撑要素：1.充足的基础资源设施。2.有发展前景的产业。3.能够积极对接市场。 适用对象：1.产业基础雄厚，资源丰富的村。2.村级集体经济组织发展先进的村。	1.带动效益明显。 2.农民收入明显提高。 3.培育新型农业经营主体。	1.模式发展风险同比较高。 2.需要投入大量资金。
服务创收型	支撑要素：1.有丰富的劳动技能用于提供服务。2.有足够的市场对接能力。3.有合适的服务需求。 适用对象：1.劳动力资源丰富的村。2.掌握一定特殊服务技能的村。	1.发展目标明显，有确定的发展方向。 2.有效带动闲置劳动力就业。 3.带动发展新产业新业态。	1.服务水平高低决定了服务创收的可持续性。 2.发展模式不够稳定，市场波动较大。

续表

类型	支撑要素及适用对象	模式发展优势	模式发展劣势
项目拉动型	支撑要素：1.有丰富的发展资金。2.有合适的发展项目。3.有广阔的项目市场。 适用对象：1.致富带头人较多、返乡创业人员充足的村。2.有较强经济实力的村。	1.带动效应明显，一帮多群体效应显著。 2.可以带动一批人创业致富。	1.项目发展需要大量资金技术支持。 2.受市场波动影响较大。
租赁经营型	支撑要素：1.有丰富的集体经济资产，或新建资产。2.利益分配机制比较完善。 适用对象：1.村集体资源、资产丰富的村。2.有丰富产业发展需求的村。	1.租赁效益风险最低，比较稳定。 2.可以加快村集体经济组织资金积累。	1.收益较低。 2.租金可能出现断档难以长久保障。 3.降低发展积极性。
资源开发型	支撑要素：1.有丰富的资源可以开发。2.有完善的利益分配机制。 适用对象：1.自然资源相对丰富的村。2.经营管理能力较强的村。	1.降低经营风险。 2.发挥资源潜力。	1.利益分配冲突明显。 2.资金回收周期较长。

3.潼南区农村集体经济发展的绩效评估

为对农村集体经济发展成效进行系统客观的评价，潼南区采用比较法和公众评判法对不同类型村级集体经济开展绩效评估。比较法是指通过对绩效目标与实施效果、历史与当期情况、不同部门和地区同类支出的比较，综合分析绩效目标实现程度。公众评判法是指通过专业人员评估、公众问卷及抽样调查等对预算支出效果进行评判，评价绩效目标实现程度。

根据潼南区农村集体经济的实际发展情况，结合相关领域学术研究经验，评价指标体系设计包含：3个一级指标，产出指标、效益指标、满意度指标；6个二级指标，数量指标、时效指标、经济效益指标、社会效益指标、可持续影响指标、服务对象满意度指标；12个三级指标，发展种植业、发展物业、发展旅游、乡村民宿、项目启动时间、项目完成时间、村集体经济年收益、村集体经济年收益占投资总额比例、带动贫困村集体经

济发展壮大效果、受益建档立卡贫困人口数、项目持续收益年限、受益行
政村满意度和受益贫困人口满意度。

表3-2 潼南区农村集体经济整体发展绩效评估

一级指标	二级指标	三级指标	年度指标值	全年完成值	评分标准	设定分值	评价得分
产出指标(50分)	数量指标	发展种植业	12个	12个	达到绩效目标(25分);未达到绩效目标(0分)	25	25
		发展物业	7个	7个			
		发展旅游、乡村民宿	5个	5个			
	时效指标	项目启动时间	项目立项	—	与绩效目标设定时间相符:25分;延迟6个月以内:12.5分;延迟6个月以上:0分	25	25
		项目完成时间	项目结项				
效益指标(40分)	经济效益指标	村集体经济年收益	≥10000元	—	项目完成后是否达到预期效果(10分);未达到酌情扣分	10	10
		村集体经济年收益占投资总额比例	≥5%				
	社会效益指标	带动贫困村集体经济发展壮大效果	明显增收	—	项目完成后是否达到预期效果(20分);未达到酌情扣分	20	15
		建档立卡贫困户收益情况	带动明显				
	可持续影响指标	项目持续收益年限	≥5年	—	带来可持续效益(10分);未带来可持续效益的视情况酌情扣分	10	5
满意度指标(10分)	服务对象满意度指标	受益行政村满意度	≥90%	在现场问卷调查中,村民反映目前还未享受到该项目带来的经济效益	非常满意(10分);未达到非常满意酌情扣分	10	8.95
		受益贫困人口满意度	≥91%				
合计:						100.00	88.95

整体看来，潼南区农村集体经济整体发展成效显著，预设目标大多数实现。从政策决策上看，2019年潼南区各村级集体经济试点村认真组织开展村级集体经济试点活动，积极开展自主经营，探索发展物业经济，建立农村集体经济组织，建立能够持续增收的集体经济基础。各村立足自身资产、资源、区位、特色优势产业等基础条件，因地制宜、因村施策选择适合当地集体经济发展的有效实现形式，科学合理的确定试点项目。从资金到位情况来看，项目实际下达资金到位率为100%。根据《潼南区扶持集体经济发展实施方案》，潼南区各村级集体经济发展试点村，截至绩效评价日，资金已如数下拨。从资金使用情况来看，试点资金安排遵循"专款专用、注重实效，上下联动、形成合力，积极稳妥、风险稳妥"的原则。鼓励和引导社会资金投入，逐步建立多元化、多渠道、多层次的投入机制。项目实施方案及资金使用计划先由镇街对村级上报的实施方案进行初审，形成正式文件后上报区农业农村委，最后由区农业农村委会同财政、发展改革等部门对实施方案进行审核批复。为加强资金使用管理，各试点村对试点资金安排、使用等情况进行公告公示，接受村民监督。从绩效目标完成情况看，潼南区村级集体经济发展，资金实际拨付使用率为100%。从完成质量来看，根据问卷调查结果，结合对相关评价资料的查验，判定潼南区村级集体经济发展情况基本符合批准的资金使用计划等质量要求。从完成时效来看，潼南区村级集体经济发展项目按照项目发展要求进行，没有不良开工现象。从经济效益来看，壮大了村级集体经济实力，完善了农村"统分结合，双层经营"的基本经营制度，实现了共同富裕，增强了村级自我发展和自我保障能力、提高农村公共服务水平。村级集体经济在农村经济社会发展中占有重要地位，对全面建成小康社会具有重大意义。

进一步，对潼南区不同类型集体经济发展模式从支撑要素、适用对象、发展优势、发展劣势等方面进行全面对比分析，结合潼南区村级集体经济评价方法，分别对五种不同类型村级集体经济发展模式进行评价，绩效评价结果如下表所示：

表3-3　潼南区农村集体经济发展模式绩效排名

模式名称	绩效得分	排名
产业带动型	87	1
资源开发型	83	2
租赁经营型	75	3
项目拉动型	70	4
服务创收型	68	5

发展模式的排名符合潼南区村级集体经济发展实际。产业带动型是潼南区目前村级集体经济发展的主要方向。在乡村振兴的大背景下，产业发展已经逐渐成为村级集体经济发展的主要力量，支撑着农村经济社会的进步与发展。在推进乡村振兴的进程中，资源开发是伴随着产业发展的又一核心动力。产业发展往往伴随着资源开发，两者相辅相成。不少地区村级集体经济发展模式仍是资产租赁经营型，究其原因，是潼南区村级集体经济发展尚且处于起步阶段，集体经济发展资金和发展动力尚不充分，需要大量的发展资金充实从而获得发展机遇。而大多数村由于缺乏发展资金，不得不选择租赁经营的方式积累资产。

从潼南区村级集体经济发展的趋势来看，项目拉动型、服务创收型是未来村级集体经济发展的趋势，但是受限于起步阶段，项目发展带动有限，村集体经济组织往往没有充足的专业服务技能，两者的发展潜力被压缩。

4.西部地区发展农村集体经济减贫的经验启示

一是发展壮大农村集体经济，要立足自身实际，确立因地制宜的发展思路。西部地区各村居都有自己的优势和劣势，无论是发展特色产业、进行资源开发还是进行服务创收，都必须因地制宜，充分利用自己的优势，从自身的优势上下功夫，开发适合自身的发展模式。在发展路径的设计上，需要明确资源投入和资金回收的路径、时间，提升集体经济发展的可持续性。

二是发展农村集体经济，必须创新发展模式。农村集体经济中除拥有丰富的矿产资源和旅游资源的村居以外，大部分村居主要依靠土地资源种植适宜气候的农产品。在发展的过程中要创新发展模式，参考采用"合作社+农户""公司+合作社+农户"等模式，发挥核心团队带动能力，充分调动普通农户和贫困农户的积极性，使其获得更强的参与感。要在遵循市场规律前提下增强发展模式的益贫性，统筹兼顾集体发展的效率与公平问题。

三是产业带动型农村集体经济，要以农业现代化为目标发展新型农副产品。产业带动型是农村集体经济发展的重要方式，也是大多数贫困地区发展的潜在比较优势所在。传统农作物的附加值普遍偏低，收益空间有限。提升产业型农村集体经济发展成效，要充分挖掘新型农副产品的发展潜力，以市场拓展、产地标准化建设、产品品质控制提升为抓手，促进特色产业向现代农业转型。

四是发展农村集体经济，要充分利用党组织的"领头羊"作用。农村集体经济的发展都离不开基层党组织。一个有担当、有作为、有能力的基层党组织在农村集体经济发展过程中起着决定性作用。要加强基层党组织建设，加强党组织成员的个人能力、素质提升。

四、壮大农村集体经济巩固脱贫成效

作为脱贫成效的重要考核内容，各级政府高度重视贫困地区农村集体经济发展，总体取得良好效果。然而在实践中，部分贫困地区农村集体经济发展仍举步维艰。破解贫困地区农村集体经济发展困境，针对性地解决问题，有利于提升精准脱贫成效。

1.贫困地区农村集体经济发展面临的困境

一是各地区农村集体经济发展不均衡，部分农村集体经济市场竞争力弱。受到地理位置、自然条件、地方发达程度等因素的影响，西部地区农村集体经济发展明显滞后于东部发达地区。集体经济收入来源相对单一。以重庆渝东南区县为例，村级集体经济收入的主要来源为地票资金，其他来源包括发包收入、集体资产租赁收入、征地补偿费收入和财政补贴收入等。收入相对单一，实际发展产业产生的营业性收益相对较少。西部地区相当比例农村集体经济市场竞争力弱，在市场条件主导下自身无法进入良性发展循环。

二是农村集体经济存在产权不清晰、管理不规范的问题。首先，集体产权仍存在着不明确的现象。集体资产的归属权是谁，又由谁来行使管理职责，资产的处分权和返还权不明确，权利和责任不清晰。每一名集体成员并没有享受到属于自己的集体权益。其次，农村集体经济组织不完善，大多数村集体还没有建立起独立的集体经济组织和完善的管理制度，基本上由村里的两个委员会进行管理。农村集体经济组织主体地位的缺失直接影响到每一名集体成员的参与感和切身利益，从而影响到集体经济的健康发展。再次，缺乏专业管理人才。绝大部分村、社区，没有专门的会计，在账目整理上存在较大漏洞。政府直接或者间接通过行政手段对集体经济进行把控，没有做到行政与自由经济相分离，缺乏对资金管理、运行管理的监管手段。

三是政府在农村集体经济发展过程中缺乏具体的指导。各级政府已经出台了不少对农村集体经济发展有利的政策，但是政策对于基层干部执行和落实的具体指导作用有限，尚存在执行闭环上的较大空缺。此外，还存在贫困地区农村发展专业人才不足、缺少可借鉴的成功案例、空壳村薄弱村众多等实际限制，导致很多农村集体经济在发展的过程两眼一抹黑，摸着石头探索着前进，走了很多弯路。

四是基层党组织整体条件差，成员思想素质和业务水平不足。当前农村基层党组织成员老龄化、低学历是常态。一方面基层党组织成员思想素质不够，业务水平不足。对于发展集体经济没有正确的认识，缺乏对集体的责任心和担当意识。在发展农村集体经济的过程中，没有相应的能力胜任相应的岗位，造成"低能高配"。另一方面，基层党组织整体条件差，运行方式陈旧。偏远地区的基层党组织，办公条件差。基层党组织在集体经济发展中大多依靠过去的经验进行管理，缺乏科学合理的管理理念和方法，干部的工作效率低下。年轻人或者受到良好教育的人都不愿意回到农村，农村集体经济缺乏有能力的带头人；农村集体经济发展停滞，又导致人才的流失，形成恶性循环。

2.贫困地区农村集体经济优化发展的建议

一是强化思想认识，培养实用人才。发展壮大贫困村集体经济，是完善农村基本经营制度、巩固党在基层的执政基础和全面建成小康社会的重要举措。要进一步加强对贫困村基层干部的教育，努力提高其思想认识，使他们充分认识到发展壮大村级集体经济的重大意义，自觉把思想和行动统一到各级政府发展壮大村级集体经济的重大决策、部署和要求上来。基层地方政府应该对不作为、不担当、软弱涣散的班子予以调整，选优配强村级组织班子成员，提升想发展的意识，具备会发展的能力，戒除基层干部及群众"等、靠、要"的思想。加强对村级集体经济组织带头人的教育，定期开展村级集体经济相关领域专业技能培训工作，不断强化村级集体经济组织带头人和地方干部的认知。积极搭建培训平台，注重强化引领带动，培育形成一批熟悉农业技术、善于经营管理、开展技能服务的新型农村实用人才。在村党组织、村民委员会干部及乡村能人中，优选懂政策、会经营、善管理、敢创新的中青年人才，培养其成为村级集体经济发展领头人。在镇街干部中挑选一批业务骨干加强培训，使之成为村级集体经济发展指导员。支持一批企事业单位农业科技人员、企业家、城市工商从业者、复员军人等返乡下乡，以资金、技术入股形式，成为村级集体经济发展的领军人才。

二是科学规划发展路径，提升农村集体经济的市场竞争力。集体经济作为市场经济的一部分，也应当遵循市场经济的规律，发挥自己的优势和特色，因地制宜，才能在市场经济竞争中占有一席之地。结合各村资源禀赋、产业优势、区位条件和集体经济积累等客观实际，加强对贫困村的规划指导，采取"一村一策、因村施策"的办法，推动贫困村集体经济发展。对基础条件较好的村，着重完善体制机制；对有一定集体资产资源条件，但缺少经营性资金的村，着重给予引导性支持；对薄弱村、空壳村，着重给予资产性扶持。要根据本地区特色，规划具有地方特色的产业：对于旅游资源丰富，交通便利的村居，可以大力发展乡村旅游；自然资源丰富的地区，要充分利用自然资源优势，发展特色绿色农产品，通过集体将农户个体的力量集中化，打出品牌，打出口碑。项目必须要选择精准，调整好产业结构，充分利用山、水、土地、气候等自然资源，规划正确的集体经济发展路线，把自身的资源优势转化为产业优势，最终达到农村集体经济发展良性循环。

三是为农村集体经济发展提供扎实有效的制度保障。深化农村集体经济产权制度改革。农村集体经济组织的股份合作制改革和三权分置的农村土地制度改革，被实践证明是顺应社会主义市场经济发展要求，激发农村集体经济活力的成功改革。要加快推进和落实，建立起真正体现农民当家作主民主权利、产权明晰、权责明确，有利于实现共同富裕理想目标要求的农村集体经济新型双层经营体制，使农户家庭经营的积极性创造性充分发挥，集体经济统一经营和服务优越性得到充分发挥。优化农村集体经济发展的政策环境。要从巩固农村基层政权、巩固农村社会主义公有制经济和实现共同富裕理想目标的政治高度出发，制定有利于农村集体经济发展的相关政策，从财税政策、金融支持、土地使用政策、基础设施建设、人才支持等方面提供更加有效的制度保障。营造良好的发展集体经济的法治氛围。从目前我国尚未有农村集体经济组织法规条例的实际出发，按照完善农村基本经营制度的要求，抓紧制订相关条例，把40多年农村基本经营制度改革的成果通过法律法规的形式加以巩固完善，为农村集体经济发展提供法制保障。很多村居配有村居法律顾问，在农村集体经济发展过程中，要将村居配备的法律顾问切实用起来，充分发挥法律顾问在集体经济中的作用。

四是加强党组织建设，充分发挥基层党组织桥头堡作用。加强以村社区党支部为核心的村民委员会建设，让其在集体经济发展中发挥带头作用。村、支、经济组织"三位一体"的农村基层组织体系是农村集体经济发展壮大的重要组织保障。农村基层党组织的战斗力和凝聚力是农村集体经济组织强有力的政治保障。要积极创造条件，让广大农村共产党员在农村集体经济的发展中发挥先锋模范作用。加强基层党组织建设，必须要从抓好党员思想建设开始，提高党员干部的思想意识，激发党员干部的内生动力，提高党员干部的自身素质，让党员干部起到先锋模范作用。同时要抓好党员干部廉洁建设，让党员干部在人民心目中树立起正能量的形象，提高党组织在人民心目中的公信力。

第四章
西部地区精准脱贫的长效机制

党的十八大以来，习近平总书记在湖南、贵州、云南、宁夏等地方的调研、干部座谈会议以及中央工作会议等场合的重要讲话中，对扶贫开发尤其是精准扶贫提出了一系列的制度机制创新要求。党的十九大报告指出，脱贫攻坚战取得决定性进展，6000多万贫困人口稳定脱贫，贫困发生率从10.2%下降到4%以下。举世瞩目脱贫成效来之不易，在继续攻坚的同时，我们还需要不断巩固脱贫攻坚成果。扶贫是一项动态的工作，不可能一蹴而就。当扶贫的阶段性目标完成之后，我们还需要建立相应的制度安排和措施来确保精准扶贫的成效。只有完善贫困退出的评判机制，才能确保贫困有序退出。只有构筑防止返贫的长效机制，才能实现真脱贫，巩固脱贫成效。只有建立生态扶贫的长效机制，才能确保可持续发展。此外，从各地的扶贫实践来看，有一部分特殊贫困群体还未完全纳入精准扶贫对象中，我们还需要采取措施对其进行帮扶，真正实现"扶贫不落一人"，真正全面建成小康社会。

完善贫困退出的评判机制

为了实现贫困人口的有序退出，确保扶贫资源的合理使用，需要健全贫困退出的评价体系、严格执行贫困退出的工作流程，以完善贫困退出的评判机制。

一、健全贫困退出的评价体系

贫困退出指标体系和实施程序的构建是有效鉴别地区扶贫效果的基础，是贫困退出机制的核心。合理的贫困退出指标体系应既具有科学性，又符合当地的实际情况。在合理的贫困退出指标体系的基础上，构建完善的贫困退出实施程序，对西部地区精准扶贫成效的提高和巩固具有重要意义。

1.评价体系构建的原则

贫困退出应包括五个基本条件，即：贫困率下降，贫困村和贫困县的贫困率满足各地区省定标准；经济进一步发展，贫困户人均纯收入高于国家贫困标准线，贫困地区人均国内生产总值高于国家标准；保证教育水平，贫困家庭子女接受九年义务教育且无辍学的情况；基础设施较为完善，拥有安全的住房、便于出行的硬化道路、户户通电和电视信号、安全的饮用水；有基本医疗保障，贫困群体全部纳入新农村合作医疗（或城镇居民医疗保险），村、镇都有卫生室或卫生院。基于上述贫困退出的基本条件，贫困退出评价体系的构建应遵循如下三个原则。

第一，在贫困户的退出标准设定中应该注意收入和支出能力两个方面。收入包括贫困户的收入水平和创收能力两个方面。贫困户的收入水平达到国家标准是其摆脱贫困的一个最基本的要求，但这种收入水平是否可以持续对其真正摆脱贫困至关重要。在设定贫困退出指标体系时，应注意考察其现行收入水平是否可以在接下来的几年内继续保持甚至提高。对于贫困户创收能力的提高，需要政府在扶贫开发过程中予以重视，对贫困户进行针对性的培训，帮助其培养创收能力，避免政府一退出就返贫的现象出现。

在贫困退出指标设定中要考虑消费支出数量和结构指标。仅用人均纯收入指标难以衡量贫困群众的真实生活情况，消费支出的数量和结构是对其生活真实状况的直观反映。用恩格尔系数法对贫困家庭的食物支出情况进行衡量和比较。同时，由于城市贫困线已经超越了生存贫困的概念，对于城市贫困人口的退出应不仅仅局限于收入的水平和基本生存条件的满足，还应关注医疗、教育等方面的支出情况，以发展型贫困人口的贫困状况进行衡量。

第二，在贫困村的退出标准设定中应该注意人均收入、贫困人口比例两个方面。贫困村的人均收入水平达到国家标准是贫困村退出的最基本要求，如果达到标准并持续两到三年，就可以着手考虑退出贫困村序列。但贫困村人均收入水平是以整村农户为基数进行计算，村中一些经济水平较好的家庭会拉高整村平均收入水平，从而使一些贫困程度较重的农户被平均数掩盖。为了避免"被平均"，在贫困村的退出标准设定中，要在贫困户基础上增加贫困人口比例指标，即贫困村中贫困人口占全村人口比重，贫困人口比例下降到非贫困县平均水平，并且持续时间达到两年。

第三，在贫困县的退出标准设定中应该注意人均收入水平、贫困发生率和其他多维贫困指标。人均收入水平和贫困发生率的标准设定与贫困村退出标准一致，但是在贫困村的标准基础上，应该增加其他方面的多维贫困指标。这要根据国家具体扶贫目标制定，比如教育方面的九年义务教育巩固率、高中阶段教育毛入学率；医疗方面的新型农村合作医疗参合率、有卫生室行政村比例；环保方面的森林覆盖率、万元地区生产总值能耗、万元工业增加值用水量等；基础设施建设方面的安全住房、道路硬化、生活用电等。根据具体扶贫目标，对上述指标定目标值，在达到目标值持续两年时间以上可以考虑摘掉贫困县帽子。[①]

此外，在探讨贫困县退出机制时，还应在指标体系上增加对于扶贫成效相关指标（如农村居民人均可支配收入、贫困发生率等指标）的衡量，并提高权重，且适当减轻对贫困地区的GDP增长指标的权重。这是因为，在扶贫实践中，部分贫困地区在得到了扶贫资源后，在以经济指标为导向的考核体系指引下，倾向于将有限的扶贫资源投入到"短平快"但可持续性不强的项目中，而不愿将资源投入到见效慢却有利于贫困人群可持续发展的扶贫项目中。

2.分类别构建评价指标体系

贫困退出机制主要涉及贫困户、贫困村以及贫困县三个方面。因此，贫困退出指标体系主要包括三部分：贫困户退出指标体系、贫困村退出指标体系以及贫困县退出指标体系。每个指标体系的构建是在国家标准的基础上结合当前各省市的指标和学界所提出的指标所构建。

贫困户退出指标体系。贫困户退出评价体系包括经济水平、社会保障和附加项3个一级指标。根据指标的重要性和代表性对每个三级指标进行赋权（总分为100分），并明确其指标属性，加分项做加分考虑未赋权。其中一级指标经济水平主要包括收入和创收能力2个二级指标，包括3个三

---

① 张琦,黄承伟,等.完善扶贫脱贫机制研究[M].北京:经济科学出版社,2015:36.

级指标；一级指标社会保障主要涉及基础设施、教育以及医疗3个二级指标，包括6个三级指标。附加项包括养老、环境建设2个二级指标，包括2个三级指标。如表4-1所示。

表4-1　贫困户退出评价体系

一级指标	二级指标	三级指标	条件	权重	属性
经济水平	收入	贫困户年人均纯收入	高于当年国家标准	12	约束型
		稳定收入来源	有	12	约束型
	创收能力	收入的持续性	持续两到三年	12	约束型
社会保障	基础设施	安全住房	有	12	约束型
		安全饮用水	有	12	约束型
		家庭用电	有	8	预期型
		广播电视信号	有	8	预期型
	教育	辍学学生	无	12	约束型
	医疗	新型农村合作医疗保障（或城镇医疗保险）	参加	12	约束型
附加项	养老	农村养老保险	参加	符合条件加分处理	预期型
	环境建设	水冲式厕所	≥65%		预期型

对于贫困户的退出，贫困户人均纯收入、稳定收入来源、收入的持续性、安全住房、辍学学生以及新型农村合作医疗等6个指标为"否决指标"。

贫困村退出指标体系。贫困村退出指标体系包括经济发展、社会发展和附加项3个一级指标，根据指标的重要性和代表性对每个三级指标进行赋权（总分为100分），并明确其指标属性，以便于衡量。其中一级指标经济发展涉及的方面包括贫困率、收入、产业等方面，包括5个三级指标；一级指标社会发展涉及基础设施、医疗两项，包括7个三级指标，附加项包括加分项和减分项两方面，包括8个三级指标。如表4-2所示。

表4-2　贫困村退出指标体系

一级指标	二级指标	三级指标	条件	权重	属性
经济发展	贫困率	贫困发生率	符合当地要求	10	约束型
		贫困人口比率	下降到非贫困县水平	8	约束型
	收入	本村农民人均纯收入	高于当年国家标准	10	约束型
		集体经济收入	有	10	约束型
	产业	贫困户有稳定增收的产业	至少1个	8	约束型
社会发展	基础设施	安全住房	覆盖所有贫困家庭	10	约束型
		道路硬化	≥3.5米	8	约束型
		安全饮用水	覆盖所有贫困家庭	6	预期型
		生活用电	覆盖所有贫困家庭	6	预期型
		广播电视信号	覆盖所有贫困家庭	6	预期型
	医疗	新型农村合作医疗保障	贫困户参保率≥95%	8	约束型
		村级卫生室	有	10	约束型
附加项	加分项	扶贫工作有重大创新并取得实效	—	直接进行加减计算	预期型
		贫困户对扶贫工作满意度≥95%			
		25户以上自然村有环卫工、垃圾集中收集点			
		农村综合服务平台或综合文化活动室			
	减分项	重大违规违纪(如挪用资金)			
		贫困户未享受任何扶贫政策、资金、项目帮扶			
		发生重大环境污染及生态破坏事件			
		发生群体性事件(征地等)			

对于贫困村的退出，贫困发生率、本村农民人均纯收入和集体经济收

入3个指标为"否决指标"。

贫困县退出指标体系。贫困县退出指标体系包括经济发展、精准扶贫、社会发展和附加项4个一级指标，根据指标的重要性和代表性对每个三级指标进行赋权（总分100分），并明确其指标属性，以便于衡量。其中一级指标经济发展涉及GDP、财政收入、产业、收入等方面，包括4个三级指标；一级指标精准扶贫涉及贫困率、扶贫项目精准性两方面，包括3个三级指标；一级指标社会发展涉及教育、基础设施以及医疗等方面，包括8个三级指标；一级指标附加项涉及加分项和减分项两方面，包括8个三级指标。如表4-3所示。

表4-3 贫困县退出指标体系

一级指标	二级指标	三级指标	条件	权重	属性
经济发展	GDP	人均地区生产总值	高于当年国家标准	6.5	预期型
	财政收入	人均财政收入	高于当年国家标准	6.5	预期型
	产业	贫困户有稳定增收的产业	每户至少有1个	8	约束型
	收入	贫困户人均纯收入	高于当年国家标准	8	约束型
精准扶贫	贫困率	贫困发生率	应低于各省在国家标准基础上制定的符合本省实际的贫困率	8	约束型
		贫困人口比率	下降到非贫困县水平	8	约束型
	扶贫项目精准性	得到项目扶持的贫困户比重	高于80%	8	约束型
社会发展	教育	贫困户家庭子女义务教育有保障	无辍学学生	6.5	约束型
	基础设施	住房	有安全住房	6.5	约束型
		贫困村、镇通公路硬化	实现镇与镇、村与村之间公路的硬化	4	预期型
		生活用电	覆盖所有贫困家庭	6.5	预期型

续表

一级指标	二级指标	三级指标	条件	权重	属性
社会发展	基础设施	广播电视信号	覆盖所有贫困家庭	4	预期型
		安全饮用水	覆盖所有贫困家庭	6.5	预期型
	医疗	新型农村合作医疗保障	贫困户参保率≥95%	6.5	约束型
		卫生室	每个村、镇均有卫生室	6.5	约束型
附加项	加分项	扶贫工作方法和管理举措有重大创新并取得实效	—	直接进行加减计算	预期型
		贫困户对扶贫工作的满意度≥95%			
		每个自然村有环卫工、垃圾集中收集点			
		每个村有综合服务平台或综合文化活动室			
	减分项	重大违规违纪(如挪用资金)			
		贫困户未享受任何扶贫政策、资金、项目帮扶			
		发生重大环境污染及生态破坏事件			
		发生群体性事件(征地等)			

对于贫困县的退出需根据最终的总分得出，总分必须大于等于85.5分，其中，贫困发生率和贫困户人均纯收入两个指标为"否决指标"。

对于西部地区各省市而言，贫困退出指标体系的构建是必须的。但对于不同的贫困地区而言，指标体系设计的侧重点应有所不同，比如对于生态脆弱地区，应适当增加生态指标等，贫困县、贫困村以及贫困人口的退出必须以贫困退出指标体系为基准，符合退出标准的必须及时清退，增强精准扶贫效率。

二、严格执行贫困退出的工作流程

为了实现贫困的有序退出，更好地全面建成小康社会，我们必须严格执行贫困退出的工作流程。

1.做好前期准备

前期准备工作是贫困退出能够顺利推进的重要基础。具体的前期准备工作包括：

一是加强舆论宣传，利用网络等平台广泛宣传，加深群众对贫困退出相关政策、法规的理解程度，增强其参与精准扶贫的主动性和积极性。

二是对于贫困退出对象的确定，根据各村、各镇以及各县上报的拟退出对象的名单，县级、省级相关部门要严格依照贫困退出相关指标进行审核，确保该退出贫困序列的对象及时退出。

三是成立工作小组。在县级、乡镇、村成立脱贫验收领导小组，由相关领导担任组长，负责管辖范围内贫困退出验收工作，并在县级和乡镇成立相关的脱贫自验工作小组，负责贫困退出相关工作的具体执行。

四是明确贫困退出任务的时间规划，根据当地的扶贫实际和贫困退出任务的不同阶段设定任务期限，如设定扶贫任务完成期限及每一年应完成的目标，并且在每一年的扶贫实践中，根据扶贫程序要求明确规定在不同的月份完成不同的贫困退出任务。

五是确定责任分工，省级扶贫开发领导小组是贫困县退出验收的责任主体，为贫困县退出的真实性负责，县级扶贫开发领导小组办公室是贫困村和贫困人口退出验收的责任主体，为退出的真实性负责。同时，各级参与贫困退出验收的主体，如贫困县的相关部门领导、贫困村的相关负责人以及贫困户等参与主体，都要在贫困退出验收表格上签字，为其真实性负责，通过将责任明确划分，明确各参与主体的责任意识，提高贫困退出的效果。

2.严格退出程序

（1）贫困户退出的六个步骤

第一步是逐户核实，由村两委及相关扶贫部门（驻村工作队）组成的评估小组对管辖范围内的贫困户贫困状况进行逐户核实，并将核实结果进行记录。

第二步是由村两委召集评估小组的人员及群众代表召开民主评议会，根据逐户核实的结果确定拟退出名单，并进行公示。

第三步是将拟退出名单上交镇、街道相关部门进行审核，在进行逐户核实的基础上确定拟退出名单，并进行公示。

第四步是将拟退出名单上交县级相关部门进行审核，在对乡镇贫困户进行抽查核实的基础上确定拟退出名单，并进行公示。

第五步是报省级政府备案，待省级政府委托的第三方评估核查后，由县批准并在各行政村公告。

第六步是由乡（镇）、街道在建档立卡系统内对名单上的贫困户进行"脱贫退出"处理。

（2）贫困村退出的四个步骤

第一步是由各乡镇政府的相关部门组成评估小组对其管辖范围内贫困村的贫困情况进行核实、评估，确定拟退出名单，进行公示，公示结束后上报县级扶贫开发领导小组。

第二步是由县级扶贫开发领导小组联合其他相关部门对拟退出的贫困村贫困情况进行审核、评估，确定拟退出名单后进行公示。

第三步是报省级政府备案，待省级政府委托的第三方评估核查后，由县批准并在各行政村公告。

第四步是由乡（镇）在建档立卡系统内对名单上的贫困村进行"脱贫退出"处理。

（3）贫困县退出的三个步骤

第一步是由县级扶贫开发领导小组组织相关部门，根据贫困退出指标体系进行自检自评，提出退出申请，并报给所在市扶贫开发领导小组进行初审。

第二步是市扶贫开发领导小组组织相关部门对名单上的贫困县进行调查、审核，将审核结果反馈给省级扶贫开发领导小组，并进行公示。

第三步是省扶贫开发领导小组组织第三方评估，待评估结束后，对符合退出条件的贫困县，由省级政府正式批准退出，将最终名单进行公示，并报国务院扶贫开发领导小组备案。

3.动态抽查评估

抽查、评估是保证贫困退出真实性的重要环节，要努力保证抽查与评估的客观性、真实性及独立性。县级政府组织相关部门对已退出的贫困户和贫困村进行抽查，且抽查覆盖率不低于10%，并由省级政府对已退出的贫困户、贫困村和贫困县组织第三方评估，将抽查和评估的结果作为考核的依据。对于抽查、评估不合格的已退出贫困户、贫困村和贫困县，应继续纳入贫困序列进行扶持，并追究相关人员的责任。第三方评估小组主要由专业的统计部门、大专院校的专家等组成。第三方评估应严格依照贫困退出的相关政策文件独立制定评估方案、开展评估活动，采用抽样调查的形式对当年退出贫困户、贫困村和申请退出的贫困县是否达到退出标准、数据是否真实有效，退出程序执行是否到位进行专业评估。

4.强化正向激励

针对贫困退出中的贫困户、贫困村和贫困县，制定不同的激励政策，以提高各主体的参与积极性，同时也避免出现"刚脱贫就返贫"现象的出现，保证贫困退出的有效性。

贵州省的办法较有借鉴意义。贵州省规定，对主动"摘帽"的重点县，考核的是省定标准，不与国家层面挂钩，保持国家对省重点县的扶持政策不减弱，确保对"摘帽"重点县、贫困乡的支持力度不减弱、奖励政策不变化，鼓励"摘帽"促发展，鼓励"摘帽"作表率，对扶贫工作重点县进行适当调整。对提前"摘帽"的重点县（全国小康县、全国百强县、省定经济强县除外），原有扶持政策不变，财政扶贫资金安排总量原则上以10%的增幅逐年递增（以该县前3年扶贫项目资金总量的年平均数为基数），并从"摘帽"当年起至2018年，每年奖励1000万元。对不属于国家扶贫开发工作重点县"摘帽"的，一次性奖励100万元。对不属于国家扶贫开发工作重点县的一类、二类、三类贫困乡，凡提前"摘帽"的，原有扶持政策不变。财政扶贫资金安排总量原则上以10%的增幅逐年递增（以该乡前三年扶贫项目资金总量的年平均数为基数），并从"摘帽"当年起至2018年，对一类、二类、三类贫困乡每年分别奖励100万元、50万元、20万元。对提前"摘帽"的重点县、贫困乡党政班子，"摘帽"当年分别一次性奖励50万元和10万元；对减贫人口任务完成好的重点县、贫困乡实行目标奖励。凡重点县在本年度减贫人口达50%、40%、30%（以2010年为原始测算基数，次年以上年数据为基数），当年度对应奖励500万元、400万元、300万元。对一类、二类、三类贫困乡，根据其减贫人口规划实行分段量化考核。即2013年以该乡2010年末贫困人口数量为基数，2015年以该乡2013年末贫困人口数量为基数分两个时段进行考核。一类贫困乡凡在考核年度减贫人口比例达到50%、40%、30%的，当年应对应奖励50万元、30万元、10万元。二类、三类贫困乡按不同权重系数给予奖励。①

---

① 张琦,黄承伟,等.完善扶贫脱贫机制研究[M].北京:经济科学出版社,2015:37-38.

构筑防止返贫的长效制度

扶贫是一项动态工作。为了巩固扶贫开发的成果，确保被帮扶的贫困户实现稳定脱贫、贫困村稳定发展、帮扶项目真正发挥效益，对于已经脱贫的贫困地区，我们还需要建立防止返贫机制，对其进行跟踪管理，以巩固扶贫成果，保障后续发展。

一、巩固精准扶贫成果

构筑防止返贫的长效制度，巩固扶贫成果，要坚持脱贫不脱政策、脱贫不脱帮扶、脱贫不脱项目，全面补齐贫困地区基础设施和公共服务短板，保证脱贫攻坚期政策的延续性和稳定性。

强化就业保障。在贫困地区脱贫后，我们仍然需要全面推进贫困地区的劳动力转移就业，开展贫困群众动态管理，依据供需对接分类施策，预防和解决因非农收入低而返贫问题。完善劳动力就业市场，建立健全劳务信息体系、劳务市场体系、政策保障体系和管理服务体系，改善农民非农就业环境，有计划、有步骤地推进农民非农就业，解决劳动力的出路问题。加强脱贫地区人口的思想教育工作，大力宣传相关政策和保障制度，加大对劳动力的职业技能培训，加强种植、养殖业的相关知识与技能培训，并使其掌握至少一门非农产业就业技能。通过强化劳动就业保障，促进农村劳动力非农就业和增加非农收入，逐步改善贫困区域社会、经济、文化的落后状况。

强化后续帮扶。相关帮扶单位在撤队离开贫困地区前，要制定原帮扶村的后续跟踪帮扶计划，确保扶贫项目能够长期、有效发挥效益。对于尚未完结的扶持项目，原帮扶单位要做好查漏补缺工作，确保相应的财政资金和社会帮扶资金能够落实到位。对还未产生效益的项目要明确管护责任，对生产性项目则需要做好技术指导服务，确保项目能够实现收益的稳定增长；继续完善产供销跟踪服务，防止出现"工作队一旦撤离，原挂钩企业也跟着撤离"现象的出现，保障贫困地区销售渠道的稳定性。

强化后续监管。加强对贫困户脱贫后的发展、对帮扶项目及帮扶工作组的工作情况的跟踪监测和后续监管。要根据责任分工明确落实责任承担者，提高对于相关部门执行政策进程的问责监督，精准开展"回头看""回头帮"。对于发现的问题和违法行为依规、依法处理，杜绝"数字脱贫""虚拟脱贫"现象的出现。对贫困户脱贫后返贫的，要继续纳入扶贫对象进行管理。对扶贫项目而言，建立帮扶项目资产管理和财务管理制度，按照相关要求对帮扶项目的支出、收入及利润等相关情况进行定期公开，使其接受群众监督。对帮扶工作组建立监管责任追究制度，对帮扶过程中的违法乱纪行为依据法律追究当事人的相关责任。

二、保障脱贫后续发展

巩固脱贫成效，需要与"扶志""扶智"相结合，培育提升贫困群众发展生产和劳务经商的技术技能，充分调动贫困群众脱贫奔小康的主动性和积极性。大力加强农村贫困地区的义务教育与职业教育、技术与技能培训和医疗保障能力，教育引导贫困群众学技术、学政策、学法律、学文化，形成现代文明的生活方式，牢固树立脱贫致富的主体意识，坚定脱贫奔小康的信心决心。全面发展农村公共事业，完善医疗卫生服务和各类社会保障制度，降低贫困地区居民因学返贫、因病返贫等现象的发生比例，降低脱贫地区的"主动返贫性"。

加强贫困地区的国民教育基础设施建设。加大对农村贫困地区的教育资金投入，大力发展农村贫困地区和民族地区的基础教育，加强教学设施建设，保证农村教师队伍的质量，构建城乡一体化的教育体系，提高农村基础教育普及率，繁荣和发展农村文化，促进教育资源人人共享。并可根据当地实际情况，尝试"基础教育与职业教育相结合"，在实行九年制义务教育的基础上，将义务教育与职业教育进行有效衔接，联系扶贫高校与"农民夜校"，将短期培训转向职业培训，提高农村劳动力的职业技术水平，使其有效掌握非农产业就业技能，并使部分学生在义务教育后能进入职校进行继续学习。

加强贫困地区的技术技能培训。开展针对贫困地区的宣传教育工作，引导贫困人口进行人力资本的自我积累和自我投资，帮助农户培养竞争意识。采取"职业教育与技术培训相结合"，加强对农村贫困地区的青壮年劳动力进行职业技能培训和农村实用技术培训工作，采用各种优惠措施激励贫困农户积极参加各项技术技能培训，并且为农民提供就业和创业的资金和技术支持。使其既能进入非农产业就业，也具备在当地发展种养殖业实现就地就业的能力。

加强各类保障能力建设。鼓励动员多方筹资，巩固和发展大病统筹、兼顾小病的新型农村合作医疗制度。在贫困地区设立村级卫生义务医疗站，为贫困农户提供最基本的医疗服务，不断完善政府拨款和社会各界自愿捐助等多渠道筹资的贫困人口医疗救助制度，对患大病、农村五保户和贫困家庭实行医疗救助。加快健全农村社会保障体系，全面落实农村五保供养政策，完善农村最低生活保障制度及受灾群众救助制度，逐步推广新型农村社会养老保险制度。在生态脆弱、灾害频发的贫困地区成立防灾减灾、灭害机构，提供灾害预防和减灾灭害服务，并且努力发展防灾避灾产业，适当加大农业设施的投入比例，加强农村防灾减灾能力建设，积极探索扶贫开发与灾后重建、防灾减灾相结合的新机制。

加强与乡村振兴的有机衔接。经济薄弱地区乡村的"空心化"和"三留守"问题始终是困扰乡村发展的大问题。党的十九大报告提出实施乡村振兴战略，以解决城乡发展不平衡和乡村发展不充分问题。脱贫攻坚与乡村振兴是全方位的有机衔接[1]，《国家乡村振兴战略规划（2018—2022年）》提出按照产业兴旺、生态宜居、乡风文明、治理有效、生活富裕的总要求，推动乡村产业振兴、乡村生态振兴、乡村文化振兴、乡村组织振兴和乡村人才振兴。为此，政府须加大支持就业工程，通过社会环境建设和完善社会保障制度吸引更多的青壮年返乡就业创业，增强当地的经济实力。利用专项扶贫资金发展产业，吸引社会企业资本进入，让低收入农户和经济薄弱村参与市场活动，增强其资源获取能力和自我归属感。改善乡村人居环境，让乡村美起来，吸引更多人去乡村创业定居，使乡村生态环境成为巩固脱贫效果的助推器。通过返乡创业对农户就业增收的示范效应，增强贫困地区脱贫致富的文化氛围。通过"第一书记"驻村指导，改变贫困村村两委组织涣散的工作状态，通过整村提升完善基层组织服务群众的水平。基于农户本身具有的务农经验，进行各类就业培训和技能培训，提升农户的认知、增强农户人力资本。

---

① 汪三贵,冯紫曦.脱贫攻坚与乡村振兴有机衔接:逻辑关系、内涵与重点内容[J].南京农业大学学报(社会科学版),2019(5):8-14+154.

| 第三节 |

建立生态扶贫的长效机制

西部地区生态环境脆弱，自然灾害频发，部分地区水土流失和石漠化现象严重，经济发展与环境矛盾较为突出。以武陵山片区为例，气候恶劣，土壤相对贫瘠，人均耕地面积少，人均粮食产量低。这要求西部地区需要走绿色生态发展道路，保障经济发展质量，从而既能获得"金山银山"，也能留住"绿水青山"，实现可持续发展。[1]

---

① 陈黎明，王文平，等. "两横三纵"城市化地区的经济效率、环境效率和生态效率——基于混合方向性距离函数和合图法的实证分析[J]. 中国软科学，2015(2)：96−109. 陈黎明等人选取了我国62个城市进行可持续发展情况的分析，通过对62个城市的资源消耗、经济产出、环境污染等情况进行测算，发现北京、长沙、青岛、烟台、无锡、昆明、海口、三亚和深圳9个城市的发展具有高的经济效率、环境效率和生态效率；秦皇岛、遵义、包头、石家庄、唐山、九江、岳阳、湘潭、株洲、常德、厦门、大连、吉林、杭州、泉州和安庆16个城市的发展属于高经济效率、低环境效率、低生态效率(资源节约型的弱可持续发展模式)；广州、成都、扬州、温州、上海、合肥、南昌、武汉、惠州、天津、沈阳、宁波、湛江、长春、西安、南宁和哈尔滨17个城市的发展属于低经济效率、高环境效率、高生态效率(环境友好型的弱可持续发展模式)；呼和浩特、乌鲁木齐、兰州、西宁、银川、重庆、泸州、太原、贵阳、锦州、牡丹江、南京、徐州、福州、北海、黄石、蚌埠、济南、郑州、洛阳20个城市的发展属于低经济效率、低环境效率、低生态效率(不可持续发展模式)。可见中西部城市的经济发展质量和效益都亟待改善，必须实现生态保护与经济增长的包容性发展，将提高环境效率放在首要地位，并以节能降耗、减少资源浪费，提高经济效率为辅助，整体提升生态效率，才能实现可持续发展。

一、坚持生态系统与经济系统对接

不能保障发展质量的经济增长必然是空中楼阁，即使当前通过牺牲生态的方式发展了经济，实现了脱贫，未来也极容易返贫。因此，西部地区在将资源优势转换为经济优势时，需要将资源开发与市场经济结合起来，转变经济发展方式，实现生态系统与经济系统对接。城镇化、工业化进程要注重经济社会发展中的生态效应。在构建产业体系时应将生态效益摆在首位，提高科学技术创新能力，提高农业产业的科技含量，走生态效益型产业发展之路。

西部地区结合资源开发与市场经济可从三个方面着手。一是大力扶持绿色食品生产，建立绿色食品生产与检测、质量与安全标准，积极推广生态农业模式。二是利用环境友好型技术对传统优势产业进行改造升级，发展清洁能源和可替代能源，建立循环型工业体系。三是西部地区可以大力发展以生态（乡村）旅游业、现代物流业、信息服务业、大健康产业为主的生态服务业。

二、坚持生态系统与开放方式对接

西部地区的城镇化、工业化需要深入研究、分析生态背景，树立生态优先的思想，以环境承载容量为基础，处理好经济发展和生态环境保护之间的关系。

首先，要以国家生态功能区划为基本依据，从各地区的生态环境背景出发，对影响经济发展（尤其是城镇化和工业化建设）的生态因素进行综合评估，对不同地区的城镇发展适宜区域进行划定。比如渝东南地区就需要特别重视生态环境的保护工作。生态环境条件相对较好、密度较大的城市发展地带主要是考虑如何提升其城镇的整体生态功能。水土流失、过度垦荒、植被破坏、土地沙化等地则需要与退耕还林、退耕还草等生态治理

中国西部地区的精准脱贫之路

工程相结合。

其次，需要科学规划生态脆弱区域的精准扶贫工程，在经济发展过程中明确区分不宜发展城镇、不宜进行工业化的区域，特别是亟待保护的植被山川、湿地、戈壁、草原和荒漠化地带等生态保护区，且严格规划内陆河流域、高寒和高旱地区的产业布局及人类经济行为，以确保上述地区的经济活动不会产生次生灾害，对地区生态环境造成破坏。如渝东北和渝东南片区的生态环境相对脆弱，森林覆盖率相对较高，植被对水土保持的意义非常重大，在城市建设上则应以中小型特色城区为主，便于当地的生态保护。①

三、坚持生态保护与经济建设并行

从全国来看，我国的生态环境法律体系尤其是环境法在西部各地区的地方配套法规和具体落实措施还不够完善，甚至存在虚位现象。从区域来看，由于受到民族、风俗习惯等的多重影响，西部地区还有着较为丰富复杂的民族生态习惯法。这些民族生态习惯法蕴含着深刻的人与自然和谐共生思想，对维护当地的生态平衡能起到很好的保护作用。由此，在地区经济建设中需要充分挖掘民族生态习惯法的积极理念，使其与国家环境保护法实现对接，发挥现代价值。

从具体制度的建设上来说，应完善生态移民制度和生态补偿制度。西部地区大多数贫困人口集中在生态脆弱地区，面临着经济发展与生态保护的双重困境，进行生态移民能涵养当地的草地与森林，并将这些生态脆弱区过载的人口迁移到生态环境相对较好的区域以获得更好的发展。但在进行生态移民时，需要做好后续的产业服务带动搬迁农户就业；制定落实各项优惠政策，确保搬迁农户的后续保障；加强对扶贫生态移民建设的督促检查且做好监管工作。西部地区生态安全意义重大，如果发展生态友好型

① 杨帆.坚持生态优先 推动绿色发展[N].重庆日报,2017-08-22.

- 234 -

产业（如节水农业、防风固沙、植树造林等），其所得收益有可能会小于传统型产业，完善生态补偿制度，确定补偿标准和范围，由受益的其他地区给予部分资金进行补偿，有利于维持生态友好型产业的持续发展。如2019年3月27日，重庆江北与酉阳签订了横向生态补偿协议，购买酉阳的森林面积，可谓是一种很好的尝试。[1]

---

① 2018年年末，重庆市在全国首创横向生态补偿机制。2019年3月27日，重庆江北区与酉阳土家族自治县签订了"横向生态补偿提高森林覆盖率协议"，这是重庆签订的首个横向生态补偿提高森林覆盖率协议。按照协议，江北区将向酉阳县支付7.5万亩森林面积指标价款共1.875亿元。实施横向生态补偿，为各地加快绿水青山建设、共促经济社会发展，实现生态服务受益区县与重点生态功能区县的双赢打下了基础。

| 第四节 |
部署特殊贫困群体的帮扶措施

在贫困人群识别中，有一部分人可能尚未达到贫困建档立卡的标准，因此游离于被扶贫的人群外。这个群体的贫困可能是由社会转型带来的，人口规模相对较小，经济社会地位相对较低，但他们同样缺乏自我发展的能力，对社会稳定与发展影响较大。当扶贫攻坚进行到一定阶段时，这部分人的贫困问题就逐渐凸显，需要引起高度重视。化解特殊贫困群体难题是打好脱贫攻坚战面临的最为突出的挑战。[①]

一、特殊贫困群体的界定

通过梳理，我国特殊贫困群体主要包括城镇特殊贫困群体和农村特殊贫困群体。其中，城镇特殊贫困群体主要包括城镇支出型贫困群体、城镇老龄化贫困群体、失独贫困群体等，农村特殊贫困群体主要包括农村"三留守"人员和农民工等。

特殊贫困群体是区别于一般贫困群体的。一般贫困群体主要是经济收入较低、自然环境恶劣等因素造成，而特殊贫困群体，除了个人、自然等

[①] 习近平. 在打好精准脱贫攻坚战座谈会上的讲话. 习近平谈治国理政：第三卷[M]. 北京：外文出版社,2020.

因素外，更多的是社会转型所带来的，是伴随着城镇化进程的推进、产业结构的调整、城乡人口的迁移和贫富差距的不断扩大而产生的。他们的贫困并不是一种自我的选择，而是社会建构的结果。这类群体一般收入较低，绝大部分收入用于食品消费，生活质量较低，心理压力大，能力及素质较差。特殊贫困群体是扶贫开发工作对象中由于某些特殊的历史条件而形成的，内部成员有着共同的人文传统、价值观、认同感和归属感而且处于整体性深度贫困的特殊人群。

这类人群的"特殊性"主要体现在：一是这类群体的社会经济地位较低。他们所从事的职业大多是体力劳动，甚至处于失业状态，经济收入较低，社会声望较低，可能其自身也具有排斥社会的倾向。二是这类群体缺乏自我发展的能力。他们受教育程度一般不高，人力资本水平较低，缺乏技术和相应的知识，竞争力较差，工作具有不稳定性，加之其社会网络的局限性也较大，自我发展的能力较差，难以依靠自身的努力摆脱贫困。三是这类群体随着社会的发展逐渐被边缘化，容易被社会忽视，影响全面小康社会的建成。

长期以来，我们对这部分人群的扶助力度较为有限。一是国家财力有限，难以完全覆盖到上述几类人群。二是以前进行的开发式扶贫模式无法惠及这几类人。三是贫困地区农村的村级组织较为松散，难以发挥为广大村民服务的作用。而民政部门的信息系统又难以触及农村的各个角落，在信息不对称的情况下，这几类人难以得到民政部门和社会爱心人士的资助。四是城市贫困人群有其特殊的贫困特征和致贫因素，而我国扶贫政策的重心主要在农村，对于城市中贫困群体的扶助力度不够。对这些贫困人群进行扶助时，我们可能更需要的是大力发展生产，使青壮年劳动力能就地就业，以减少劳动力流出地的留守儿童、留守妇女和留守老人现象；对孤寡孤独老人、重大疾病患者等可能需要进行社保兜底，进行民政救助；对农民工的扶助则需要完善城市社会保障制度。

二、特殊贫困群体的帮扶政策

2015年11月，《中共中央国务院关于打赢脱贫攻坚战的决定》中明确提出健全完善留守儿童、留守妇女、留守老人和残疾人关爱服务体系。对农村"三留守"人员和残疾人进行全面摸底排查，建立详实完备、动态更新的信息管理系统。加强儿童福利院、救助保护机构、特困人员供养机构、残疾人康复托养机构、社区儿童之家等服务设施和队伍建设，不断提高管理服务水平，到2020年底实现养老机构、日间照料中心对贫困村全覆盖。建立家庭、学校、基层组织、政府和社会力量相衔接的留守儿童关爱服务网络。加强对未成年人的监护，实现城乡孤儿基本生活补助统一标准，健全孤儿、事实无人抚养儿童、低收入家庭重病重残等困境儿童的福利保障体系。健全发现报告、应急处置、帮扶干预机制，帮助特殊贫困家庭解决实际困难。做好农村特殊困难群众的就业创业服务工作，加强农村特殊困难群体的法律援助工作。加大贫困残疾人康复工程、特殊教育、技能培训、托养服务实施力度。针对残疾人的特殊困难，全面建立困难残疾人生活补贴和重度残疾人护理补贴制度。对低保家庭中的老年人、未成年人、重度残疾人等重点救助对象，提高救助水平，确保基本生活。引导和鼓励社会力量参与特殊群体关爱服务工作。[1]2016年11月，国务院在《"十三五"脱贫攻坚规划》第八章中提出健全社会救助体系，要完善农村最低生活保障制度，统筹社会救助资源，推动专项救助在保障低保对象的基础上向低收入群众适当延伸，逐步形成梯度救助格局，为救助对象提供差别化的救助。[2]

2015年9月，内蒙古自治区民政厅印发了《关于进一步加强关爱农村牧区留守儿童、留守妇女、留守老人服务工作的意见》，从生活照料、心

---

[1] 中共中央国务院关于打赢脱贫攻坚战的决定[N]. 人民日报,2015-12-08.
[2] 国务院印发《"十三五"脱贫攻坚规划》[N]. 人民日报,2016-12-03.

理抚慰、健康保健、帮扶救助、法律援助、文化娱乐六个方面明确了关爱农村牧区留守儿童、妇女和老人服务工作的具体措施。

2015年10月，四川省委办公厅、省政府办公厅出台《四川省基础设施建设扶贫专项方案》，拟以10大扶贫专项方案、1400余亿资金对全省11501个贫困村、497.65万农村贫困人口或其中的部分特殊群体进行专项扶贫。2016年6月，四川省人社厅出台了《关于做好全省人社系统脱贫攻坚工作的意见》，使用一揽子政策对特殊人群进行扶贫。在就业扶贫上，对灵活就业的贫困人口进行社保补贴；鼓励乡镇大力开发孤寡老人和留守儿童看护、社会治安协管、乡村道路维护、保洁保绿等公益性岗位；对创业者进行创业担保贷款及贴息；在社保扶贫上，促进贫困人口参保扩面，对重度残疾人、独生子女伤残死亡家庭（指独生子女三级以上残疾或死亡且未再生育或收养子女的家庭）夫妻，各市（州）、县（市、区）人民政府按100元/年·人的标准为其代缴城乡居民基本养老保险费。①

陕西省自2015年开始对贫困人口实行精细化分类扶贫，对没有发展能力的特殊贫困人口，实施兜底脱贫。对没有发展能力的贫困老年人按规定全面发放基本养老金和高龄生活补贴，并逐步开展集中供养；对生活困难的残疾人，发放残疾人专项补贴，并不断扩大有关扶持政策的覆盖面；对因病丧失劳动能力的贫困人口，安排专门资金资助其参加合作医疗，并按规定给予大病医疗救助和临时救助；对符合条件的贫困群众，全部纳入农村最低生活保障和"五保"供养范围。②

重庆部分区县着重针对农村"三留守"人员进行了精准扶贫。彭水县探索建立"三留守"特殊困难群体扶贫救助机制，专门出台了针对留守老

① 刘春华. 明年建卡贫困人口100% 参加医保[N]. 四川日报, 2016-06-12.
② 陕西省人民政府. 我省对贫困人口实行精细化分类扶贫[EB/OL].(2017-08-25).http://www.shaanxi.gov.cn/sxxw/sxyw/4686.htm.

人、留守儿童、留守妇女和智力重度残疾人员的关爱方案；①为丰富留守妇女、儿童生活，保障留守老人养老，强化基础设施建设，加大定向帮扶资金投入；对留守老人和妇女开展健康体检并建立健康档案。开州区则是从产业发展、心理辅导、互帮互助等方面入手，对"三留守"家庭进行精准扶贫。开州区大力发展产业吸引年轻劳动力返乡务工，从源头上减少留守家庭的产生；对留守妇女进行创业就业指导、婚姻家庭引导、妇科病检查，并为其进行心理辅导，提供情感支持；成立留守妇女"互助组"，促进留守妇女的生产互助、生活互帮、心灵互通。

广西大力加强对留守儿童的教育及资助力度，关注留守儿童的学业、家庭及生活。2015年，募集资金514.44万元资助贫困春蕾女生1.08余万人；累计建设儿童家园4323所；组织1.2万名返乡大学生志愿者走进儿童家园陪伴12.9万名留守儿童度过暑假；探索"互联网+家教"的新传播模式，制作了10多个家庭教育微视频，为家长学习家教知识提供便捷渠道，并举办各类家庭教育报告会4000余场，为留守儿童健康成长营造良好的社会氛围；发放《留守儿童安全教育手册》《花季童年保护手册》等30多万册以宣传儿童安全问题。鼓励留守妇女创业，由政府出面与金融机构商谈合作事宜，争取到邮储银行5亿元妇女小额担保贷款，为留守妇女解决资金瓶颈问题。打造基层老年协会，满足留守老人日间照料、文化娱乐需要。

贵州出台的《关于提高农村贫困人口医疗救助保障水平推进精准扶贫的实施方案》提出，特困供养人员、20世纪60年代初精减退职老职工、家庭经济困难的肇事肇祸的严重精神障碍患者、农村计生"两户"家庭成员参合（保），个人应缴费用给予全额资助。2015年，贵州全力实施"雁归

---

① 主要包括《彭水自治县农村留守老人扶贫关爱行动工作方案》《彭水自治县农村留守妇女儿童关爱服务实施方案》《彭水自治县农村留守儿童帮扶工作方案》《彭水自治县智力重度残疾人员集中托养工作方案》等。

圆梦"百千万行动，其中的"万"便指的是万名工会干部结对帮扶万名留守儿童"双万"活动。此外，对于城乡和农村特殊贫困人群、特殊原因导致贫困的家庭和个人，贵州实施了包括临时救助、城乡医疗救助、教育扶贫等在内的精准扶贫行动。

2016年4月，宁夏出台了《宁夏教育精准扶贫行动方案（2016—2020年）》，提出实施特殊困难儿童关爱行动。并制定了《宁夏特殊教育质量提升计划》，提出完善教育教学设备和康复设施，支持县级特殊教育学校或特殊教育资源班建设，建设宁夏特殊教育中等职业学校，构建布局合理、学段衔接、普职融通、医教结合的特殊教育体系。2016年起，义务教育阶段特殊教育学校和随班就读残疾学生按每生每年6000元标准补助公用经费，鼓励家长及时送残疾儿童入学接受相关教育和康复训练，将各学段残疾学生优先纳入学生资助政策范围予以资助。[1]

云南省长期以来对边远少数民族特殊困难群体的帮扶做出了特色并取得了良好效果。2016年10月，云南省出台《云南省健康扶贫行动计划（2016—2020年）》，提出提高贫困地区城乡居民医保保障水平，对于农村低保户、计划生育特殊贫困户、重度残疾人等特殊困难人群实施财政资助优惠政策。资助所需的资金由民政和计生服务财政预算资金保障。

三、建立城市特殊贫困群体帮扶体系

随着中央及各级地方政府相关政策的相继出台，农村特殊贫困群体得到了大量的关注和扶助，并取得了一定成效。但城镇贫困群体得到的扶助政策仍然相对较少。由于城乡二元结构的存在，过去我国的贫困人口主要存在于农村，城市贫困现象并不明显，但随着城镇化的快速推进和市民化

---

① 宁夏教育精准扶贫送出10个大"礼包"［EB/OL］.（2017-08-25）.http://nx.people.com.cn/n2/2016/0421/c192482-28191592.html.

的相对滞后，城市贫困和低收入群体问题开始突出。[①]城镇贫困问题较多、有的困难程度较大，倘若城镇贫困群体得不到重视，城市贫困现象可能逐步恶化，产生和加剧社会冲突。随着农村贫困人口的空间转换，城市未来将成为贫困问题凸显的集中地。[②]为此，建议在继续开展农村扶贫、对农村特殊贫困群体开展帮扶的同时，加大城市特殊贫困群体的扶贫力度。

一是借鉴全球城市反贫困的经验，通过"解决生存问题—提高生存能力—提高生活质量"循序渐进地缓解城市贫困问题。在全球的反贫困道路上，许多国家也对城市反贫困进行了探索。由于大多发达国家有较为完善的福利政策，能以福利带动城市发展，且通常在制定与城市反贫困相关的政策时，即将福利与工作等结合在一起，并非是实施传统的单项救济政策。[③]而发展中国家则多是通过"提高收入解决生存问题—改进公共服务、完善社保制度提高生存能力—改善生活环境提高生活质量"来缓解城市贫困问题的。以巴西为例。在解决生存问题上，巴西为了帮助贫困人口摆脱生活资源上的贫困，曾于2003年推出"零饥饿"计划，向城市贫困家庭发放基本食品、提供大众食堂和提升食品营养度，力求解决城市范围内普遍存在的饥饿问题；推出"雷亚尔计划"，通过改革收入分配模式，减缓城市中的通货膨胀问题。在提高生存能力上，巴西推出了社会保险法为城市低收入人口提供低保，推出"创造就业及收入"计划，鼓励中小企业为城市贫困群体提供更多的就业岗位，并为城市贫困群体提供免费或低价的医疗、教育。在提高生活质量上，巴西开展了城市住房工程计划，对城市贫民区进行了大范围清理，对小规模土地开展土地确权，将非正规的贫民区正规化；对贫民区进行升级改造和加大城市公共住房建设，为城市贫困群

---

① 顾楚丹,杜玉华,罗峰.社会情境视角下的上海城市贫困群体研究[J].南通大学学报(社会科学版),2020(3):87-94.

② 王倩.城市反贫困:政策比较与中国关怀[J].理论与改革,2020(3):118-130.

③ 李迎生,乜琪.社会政策与反贫困:国际经验与中国实践[J].教学与研究,2009(6):16-21.

体提供保障住房。[①]

二是借鉴我国上海家庭支出型贫困群体救助模式的经验，在大城市先行先试推广城镇支出型贫困群体的发现、监控和预警机制，保障这一部分群众的生活资源和生存能力问题。根据我国城市贫困群体的实际情况，注重顶层设计，通过收入分配和财政结构偏向缩小收入差距。拓宽城市反贫困政策的服务对象，建立一套城镇贫困标准的监测指标体系及贫困线的测算方法，确保贫困标准与城市社会经济发展程度相适应。推进城市反贫困政策的定位转型，化被动为主动，从"扶志"入手，将政策内容从典型的物质援助扩展到精神援助，准确掌握失业率和贫困群体的动态，多方面保障和提高就业与再就业水平。建立完善的社会保障体系，扩大低保覆盖面，为城市贫困群体更好提供相应的教育、卫生医疗等公共服务，强化对城市贫困群体的心理激励与能力提升，使其提高脱贫主动性与积极性。

三是借鉴现行扶贫实践中专项扶贫、行业扶贫和社会扶贫的经验，把民营企业、社会力量及专项基金等力量引入城镇特殊贫困群体的扶助中来。现有研究大多认为，富裕地区的相对贫困问题的解决，要依靠多方参与、协同联动。如，把民营企业（尤其是大型民营集团企业）和社会团体等社会力量纳入精准扶贫工作队伍，为城镇特殊贫困群体提供就业岗位、爱心救助、信息登记服务等，将带动贫困群体就业与有效降低企业成本结合起来，实现企业与贫困地区的双赢。建立企业长效扶贫责任机制，实行企业"一帮一"制度，并明确帮扶目标和标准。建立城镇特殊贫困群体帮扶基金，用于城镇特殊贫困群体的专项帮扶。

---

① 王倩.城市反贫困:政策比较与中国关怀[J].理论与改革,2020(3):118–130.

防范化解重大返贫风险

2020年是我国脱贫攻坚的收官之年，也是"十三五"规划实现之年。精准脱贫长效机制需要具备防范和化解重大风险对脱贫攻坚不利影响的能力。突如其来的新冠肺炎疫情对脱贫攻坚带来较大不确定性，增加脱贫攻坚难度，是决战决胜脱贫攻坚和后续持续减贫进程中面临的重大风险。面对新冠肺炎疫情的不利影响，全国上下一心快速应对，在做好新冠肺炎疫情防控的同时持续有序创新推动扶贫工作，为按时高质量打赢脱贫攻坚战奠定坚实基础。应对新冠肺炎疫情的有益探索，从总体部署和具体实践上为脱贫攻坚化解重大风险积累了宝贵经验。快速应对化解以新冠肺炎疫情为代表的重大风险的不利影响，是中国精准脱贫长效机制弹性、韧性和包容性的良好试金石。

一、重大风险为脱贫攻坚带来新挑战

习近平总书记指出，脱贫攻坚战不是轻轻松松一冲锋就能打赢的，从决定性成就到全面胜利，面临的困难和挑战依然艰巨，决不能松劲懈怠。以新冠肺炎疫情为代表的重大风险对巩固脱贫成效和推动持续减贫均造成不利影响，是我国精准扶贫中的"加试题"。

1.2020年脱贫攻坚任务十分艰巨

经过多年不懈努力，中国减贫事业取得决定性胜利。现行标准下贫困人口从2012年的9899万人减少到2019年底的551万人，贫困发生率由10.2%降至0.6%，贫困村从12.87万个减少到2707个，贫困县从832个减少到52个。[①]贫困群众的收入大幅度增加，生产生活条件得到明显改善，贫困地区经济社会发展明显加快。在2019年底这个时点上，从总量上看，中国距离消除绝对贫困的目标非常接近，但打赢脱贫攻坚战任务仍然艰巨。

一是剩余贫困总量不大但贫困程度深。全国还剩7个省区的52个贫困县未摘帽，2707个贫困村未出列。2707个贫困村中，贫困人口过千和贫困发生率在10%以上的村有1113个。在尚未脱贫的建档立卡贫困户中，特殊困难群体占比大，老年人、患病者、残疾人的比例达到45.7%，[②]这些人内生脱贫能力差。剩下的扶贫任务都是最难啃的硬骨头。

二是脱贫成果巩固难度大。在已经脱贫的9300多万人口中，有一部分脱贫成果不稳定，需要在后续帮扶中花大力气巩固。根据国务院扶贫开发领导小组统计，现有脱贫人员中有返贫风险的人口数量为200万人，有致贫风险的人口数量为300万人，两类人群均需要密切观测，防止成为既有贫困。部分扶贫产业的选择和布局不够合理，产销渠道不够畅通，产品市场竞争能力较弱，相当部分村级集体经济收入相对单一，对财政转移支付依赖程度较大，后续带动贫困群众增收存在较大风险。贫困地区，尤其是深度贫困地区基础设施配套和公共服务水平较低，离全国平均水平尚有差距。在脱贫综合考核体系中，"三保障"还需要进一步加强：学生反复失学辍学现象存在，乡村医疗服务过剩与不足并存，约15万人的安全饮水问

---

① 刘永富.坚决克服新冠肺炎疫情影响　全力啃下脱贫攻坚硬骨头[J].智慧中国,2020(5):8—12.

② 习近平.在决战决胜脱贫攻坚座谈会上的讲话[N].人民日报,2020—03—07.

题还得不到保障。

三是脱贫攻坚工作仍需加强。随着脱贫攻坚目标逐步实现，松劲懈怠、精力转移现象时有发生。在贯彻精准要求上仍有差距，对扶贫长效机制的构建尚有欠缺，发钱发物"一发了之"、统一入股分红"一股了之"或低保兜底"一兜了之"的问题时有发生。①基层实践中形式主义官僚主义屡见不鲜，影响基层人员工作积极性，甚至出现以形式主义应对官僚主义的"上有政策，下有对策"。

2.新冠肺炎疫情为打赢脱贫攻坚战带来新挑战

2020年，为防控疫情，各地采取了严格的限制人员流动和集聚、交通管控、关停基本生活非必要商业运营场所、复工复产延迟及限制等措施。疫情严格防控的要求在相当程度上阻碍国民经济循环过程，从多个方面影响贫困群众的收支，对脱贫攻坚产生不利影响。

一是对贫困群众工资性收入的影响。2019年，全国农民工总量29077万人，占农业户籍人口的37%；其中，外出农民工17425万人，本地农民工11652万人。②根据国务院扶贫开发领导小组办公室统计，有2/3的贫困家庭有外出务工人员；在有外出务工人员的贫困家庭中，2/3左右的收入来自务工收入。新冠肺炎疫情延后农民工外出务工时间，直到2020年2月16日（正月二十三），浙江省率先开通"返岗专列""返岗包车"，才开启农民工返岗复工序幕。截至2020年3月5日，贫困家庭劳动力外出总人数1420万，仅仅是上年全年的52%。③返岗复工时间偏晚，叠加疫情防控所需隔离时间，2020年外出务工的贫困群众将损失2—3个月工资性收入。贫

① 习近平.在解决"两不愁三保障"突出问题座谈会上的讲话[J].求是,2019(16):4-12.

② 国家统计局.中华人民共和国2019年国民经济和社会发展统计公报[EB/OL].(2020-02-28).http://www.stats.gov.cn/tjsj/zxfb/202002/t20200228_1728913.html.

③ 国务院扶贫开发领导小组办公室.国务院联防联控机制召开新闻发布会 介绍推进农村疫情防控和脱贫攻坚工作有关情况[EB/OL].(2020-03-10).http://www.cpad.gov.cn/art/2020/3/10/art_2241_421.html.

困群众的本地务工取决于当地产业恢复情况。扶贫车间、扶贫项目的复工进度对本地就业贫困群众工资性收入至关重要。截至2020年4月1日，中西部扶贫项目开工22万个，开工率约60%；扶贫车间复工率超过90%；扶贫企业复工率超过95%。①疫情暴发对文化旅游产业及与其相关联的餐饮住宿、批发零售、物流运输等产业造成严重冲击。产业停摆对本地务工者的工资性收入影响极其显著。

二是对贫困群众经营性收入的影响。农业经营性收入是贫困群众的重要收入来源。春节是传统的农畜产品消费旺季，占贫困群众全年收入比重较大，疫情对农产品需求和流通产生极大冲击。在防控早期，城市封城、乡村封路，人员流动和物流通道阻断。生鲜农产品销售受阻、产品易腐和缺少冷藏保鲜设施多种因素叠加，蔬菜烂在田间地头、应季水果烂在树上枝头、花卉销毁在田间地头现象频现。值得注意的是，以竹鼠、蛇、果子狸、水貂为代表的特种养殖业近年来成为部分地区支撑脱贫攻坚的重要产业。因野生动物可能是病毒的中间宿主，国家已经从立法层面要求"停止一切以食用为目的的经营利用陆生野生动物活动"②，特种养殖业遭受毁灭性打击。疫情暴发与防控使经营者短期损失惨重，农业经营受困现象普遍存在。疫情对后续复工复产节奏的影响引发农产品消费数量、消费结构和销售渠道变化，农畜产品"进学校、进机关、进社区"被阻断或大幅减少，出现"卖难"问题，也一定程度上影响了贫困地区农民经营性收入。③据调查，小农户处于农闲状态的比例为51.74%，新型农业经营主体处于农闲状态的比例为18.8%，相应超过八成（81.2%）的新型农业经营主

---

① 国务院扶贫开发领导小组办公室. 国务院联防联控机制介绍脱贫攻坚和民政服务工作情况[EB/OL].（2020-04-01）.http://www.cpad.gov.cn/art/2020/4/1/art_2241_461.html.

② 2020年2月24日全国人民代表大会常务委员会审议通过《关于全面禁止非法野生动物交易、革除滥食野生动物陋习、切实保障人民群众生命健康安全的决定》，对禁止食用野生动物作出明确规定。

③ 曾颜柠. 新冠肺炎疫情下稳步推进三农工作的几点思考——对习近平关于当前三农工作讲话精神的解读[J]. 农业与技术，2020（11）：170–174.

体日常生产经营活动受到影响，近七成（68.59%）家庭农场的日常生产经营活动受到疫情影响。①

三是对贫困群众财产性收入的影响。截至2018年底，我国有5.39亿亩耕地在不同经营主体间流转，其中1420万亩耕地入股合作社。②全国农业产业化龙头企业8.7万家，其中国家重点龙头企业1243家，注册登记农民合作社217万家，家庭农场60万个。各种类型经营主体通过"订单收购+分红""保底收益+按股分红""土地租金+务工工资+返利分红"等不同形式的利益联结机制惠及贫困群众。新冠肺炎疫情对经营主体的运营产生冲击，间接影响贫困群众的财产性收入。

四是对贫困群众支出成本的影响。疫情同时影响贫困群众的生产成本和生活成本。随着农业生产性服务水平不断提升，众多小农户和新型农业经营主体细分生产链条，将农机作业、农资运输和配送等内部不经济环节外包给市场第三方。据调查，封村封路期间，75.65%的农业生产性服务供应主体受疫情影响难以正常开展服务。在疫情严格防控期间，因为不能正常雇工和采购农资，以及不能正常提供服务，76.3%的服务组织认为总成本会不同程度增加。进一步，成本上升传递给农业经营主体，加上采取防疫措施付出的额外成本，使当季农业生产成本明显升高。家庭农场的生产总成本平均提高22.9%，超七成经营主体的总成本增加幅度在20%—40%。③与此同时，受多重因素影响，疫情防控期间消费品价格出现结构性的显著增长：2020年1—3月，农村居民消费价格指数分别为106.3、106.3和105.3，其中食品、烟、酒类农村居民消费价格指数分别为118.0、119.2和116.7。物价水平的结构性上涨增加贫困群众支出负担。

此外，各地扶贫项目的推进进度不同程度滞后，扶贫队伍人员到位履

---

① 魏后凯,芦千文.新冠肺炎疫情对"三农"的影响及对策研究[J].经济纵横,2020(5):36—45.

② 曾颜柠.新冠肺炎疫情下稳步推进三农工作的几点思考——对习近平关于当前三农工作讲话精神的解读[J].农业与技术,2020(11):170—174.

③ 魏后凯,芦千文.新冠肺炎疫情对"三农"的影响及对策研究[J].经济纵横,2020(5):36—45.

职受到影响，贫困退出的验收、考察节奏打乱，因后续产业发展出现波动，部分地区贫困群众的易地扶贫搬迁意愿受到影响。多种影响相互叠加，新冠肺炎疫情为决战决胜脱贫攻坚这一大考增添高难度加试题。

二、健全重大风险的化解与预防策略

重大风险是中国精准脱贫成效的试金石。以新冠肺炎疫情为例，为缓解其对脱贫攻坚造成的不利影响，全国各地目标一致、上下联动，汇合多方力量精准施策，各项政策密集出台，为提升脱贫成效增添动力。

2020年2月23日，统筹推进新冠肺炎疫情防控和经济社会发展工作部署会议召开。习近平总书记要求要坚决完成脱贫攻坚任务。劳务输出地和输入地要精准对接，帮助贫困劳动力有序返岗，支持扶贫龙头企业、扶贫车间尽快复工，吸纳当地就业。要组织好产销对接，抓紧解决好贫困地区农畜产品卖难问题。要加快建立健全防止返贫机制，对因疫情或其他原因返贫致贫的，要及时落实帮扶措施，确保基本生活不受影响。①

2020年3月6日，决战决胜脱贫攻坚座谈会召开。习近平总书记要求确保高质量完成脱贫攻坚目标任务：一是要攻坚克难完成任务，二是要努力克服疫情影响，三是多措并举巩固成果，四是保持脱贫攻坚政策稳定，五是严格考核开展普查，六是接续推进全面脱贫与乡村振兴有效衔接。强调加强党对打赢脱贫攻坚战的领导，包括继续大力保障扶贫资金投入、深化东西部扶贫协作和中央单位定点扶贫、提升干部队伍作风建设等要求。②

在促进农产品流通上，中共中央、国务院和各部委扶持政策密集发布，多角度补齐农产品流通短板，助力决胜脱贫攻坚。2020年2月5日，中共中央、国务院发布《关于抓好"三农"领域重点工作确保如期实现全

---

① 习近平. 在统筹推进新冠肺炎疫情防控和经济社会发展工作部署会议上的讲话[EB/OL].（2020-02-23）.www.xinhuanet.com/politics/leaders/2020-02/23/c_1125616016.htm.

② 习近平.在决战决胜脱贫攻坚座谈会上的讲话[N].人民日报,2020-03-07.

面小康的意见》。2月13日，商务部办公厅印发《关于进一步做好疫情防控期间农产品产销对接工作的通知》。2月14日，国务院扶贫办等7部门印发《关于开展消费扶贫行动的通知》，财政部办公厅、农业农村部办公厅联合印发《关于切实支持做好新冠肺炎疫情防控期间农产品稳产保供工作的通知》。4月9日，商务部、国务院扶贫办联合印发《关于切实做好扶贫农畜牧产品滞销应对工作的通知》。4月15日，农业农村部印发《社会资本投资农业农村指引》，4月16日印发《关于加快农产品仓储保鲜冷链设施建设的实施意见》。4月17日，商务部办公厅、国家邮政局办公室联合印发《关于深入推进电子商务与快递物流协同发展工作的通知》。4月24日，商务部印发《关于统筹推进商务系统消费促进重点工作的指导意见》。①以上政策均针对农产品流通中存在的问题作了专门部署。

三、坚决高质量完成脱贫攻坚任务

经过各方面的共同努力，克服新冠肺炎疫情影响推进脱贫攻坚工作取得积极进展。截至2020年4月30日，贫困地区驻村帮扶工作力量全部到位，挂牌督战全面实施、有序推进，贫困劳动力外出务工已达去年外出务工总数的95.4%，中西部地区扶贫公益岗位安置343万贫困劳动力，扶贫龙头企业复工率97.5%、扶贫车间复工率97%、扶贫项目开工率82%。消费扶贫已实现销售323亿元，东西部扶贫协作资金和干部人才超额到位。②

在重大风险下确保高质量决战决胜脱贫攻坚，以下四个方面工作发挥了重要作用。一是强化挂牌督战。对2019年未摘帽的52个贫困县和贫困人口多、脱贫难度大的1113个贫困村挂牌督战，督促7省（区）落实好实

---

① 商务部流通产业促进中心.2020年以来中央及各有关部门促进农产品流通扶持政策汇编[EB/OL].(2020−05−01).www.mofcom.gov.cn/article/shangwubangzhu/202004/20200402961077.shtml.

② 国务院扶贫开发领导小组办公室.国新办就确保如期完成脱贫攻坚目标任务有关情况举行发布会[EB/OL].(2020−05−18).http://www.cpad.gov.cn/art/2020/5/18/art_2241_501.html.

施方案，督促县、村落实好作战方案，重点解决"三保障"和饮水安全方面存在的突出问题，做好易地扶贫搬迁后续扶持等工作，组织民营企业和社会组织结对帮扶贫困村，确保如期完成剩余脱贫攻坚任务。二是强化就业扶贫。推动贫困劳动力外出务工。确保东部地区吸纳中西部地区贫困劳动力务工的总数和中西部地区外出务工的贫困劳动力总数不少于2019年。企业复工复产和各类项目建设优先安排贫困劳动力务工，继续实行点对点有效对接，特别是做好挂牌督战县贫困劳动力就业工作。做好已外出务工贫困劳动力的稳岗工作，加快实现有意愿外出的贫困劳动力务工。支持扶贫龙头企业、扶贫车间复工复产，用好扶贫公益岗位，动员组织贫困劳动力、边缘人口等参与以工代赈工程建设，促进就地就近就业。三是强化消费扶贫。东部地区加大扶贫产品销售力度，与"菜篮子""米袋子"工程建设结合，通过单位预算采购、建立消费扶贫交易市场、企业和社会参与销售等多种方式，解决扶贫产品销售问题。中西部地区做好扶贫产品的生产和认定。四是强化监测帮扶。对脱贫不稳定户、边缘易致贫户以及因疫情或其他原因收入骤减或支出骤增户加强监测，提前采取针对性的帮扶措施。对有劳动能力的贫困边缘人口，给予扶贫小额贷款贴息、技能培训、扶贫公益岗位等扶贫政策支持。对无劳动能力的贫困人口强化低保、医疗、养老保险等综合性保障措施。[1]

四、有效衔接精准扶贫与乡村振兴战略

打赢脱贫攻坚战是到2020年的阶段性目标，实施乡村振兴战略是到2050年的长期战略目标，两者统一于全面建成小康社会和实现伟大复兴中国梦的实践中。[2]促进精准脱贫和乡村振兴有机衔接，将精准脱贫进程中

---

[1] 国务院扶贫开发领导小组办公室.国新办就确保如期完成脱贫攻坚目标任务有关情况举行发布会[EB/OL].(2020-05-18).http://www.cpad.gov.cn/art/2020/5/18/art_2241_501.html.

[2] 廖彩荣,郭如良,尹琴,等.协同推进脱贫攻坚与乡村振兴:保障措施与实施路径[J].农林经济管理学报,2019,18(2):273-282.

奠定的坚实基础和先进经验移植到乡村振兴，以乡村振兴的长远视角进一步完善精准脱贫的长效机制，既有利于高质量打赢脱贫攻坚的收官战，也有利于推动乡村振兴战略行稳致远。

精准扶贫和乡村振兴战略有效衔接十分必要。高质量打赢脱贫攻坚战和实施乡村振兴战略关系紧密。一是两大战略的连续性，表现为两大战略在时序上的重叠和战略上的一致。按照党中央统一部署，2018—2020年是两大战略的同步推进期。时间上的重叠就是要保证两大战略在实施上的连贯性。实施上的连贯性进一步决定了一定时期内两大战略工作内容的一致性。针对贫困地区，党中央明确要求乡村振兴的主要任务是要打好脱贫攻坚战，解决好贫困问题。各地在进行乡村振兴战略规划和制定相关支持政策时要优先向贫困地区倾斜。二是两大战略实施的继起性，表现为时序上的错位以及战略的差异递进。乡村振兴战略实施分三步走，近期为2018—2022年，中期和远期分别规划至2035年和2050年。脱贫攻坚的收官期是乡村振兴的起步和基础阶段，随时间的推移，乡村振兴的目标逐步递进。打赢脱贫攻坚战是实现第一个百年奋斗目标的重点工作，实施乡村振兴战略是实现"两个一百年"奋斗目标的必然要求。精准扶贫进程中绝对贫困现象的彻底消除，将为乡村振兴战略奠定物质资本、人力资本、制度、产业、人文和生态基础，逐步健全乡村振兴的各项发展机制。[①]

两大战略衔接的实践可行性集中体现在三个方面。一是脱贫攻坚积累的有效经验稳步推进乡村振兴实现。脱贫攻坚通过扮演产业奠基、人才储备、文化引领、生态恢复和组织平移角色，为乡村产业振兴、人才振兴、文化振兴、生态振兴和组织振兴的顺利实现提供经验借鉴和实践指南。二是脱贫攻坚利用乡村振兴机遇实现纵深发展。脱贫攻坚可以利用乡村振兴所带来的城乡融合发展机遇及政策和资源下乡的机会，实现脱贫攻坚成效

---

① 朱启铭.脱贫攻坚与乡村振兴:连续性、继起性的县域实践[J].江西财经大学学报,2019(3):95–104.

延长、综合性增强并开启城乡一体化扶贫治理模式。[①]三是党的领导为脱贫攻坚和乡村振兴有效衔接提供了强有力的领导核心和组织保障。长期以来，党和政府在推进农村扶贫开发工作实践中，提出并不断继承和发展了中国的扶贫思想体系，将消除贫困、改善民生、实现共同富裕这一社会主义本质要求作为贯穿扶贫思想体系的核心。党领导的脱贫攻坚"集中力量办大事"，具备强大的资源动员与整合能力，专项扶贫、行业扶贫和社会扶贫"三位一体"的大扶贫格局也为乡村振兴战略实施奠定了坚实的物质基础和"群众"基础。[②]

构建精准扶贫和乡村振兴战略有效联动机制需要在目标、过程和结果三个维度共同着力。目标联动以农村贫困人口脱贫、产品创新发展和乡村社会有效治理为核心，是两大战略协同推进和联动发展的重要内容。过程联动通过目标对象、参与主体、推进方式、评价体系和政策支持等因素共同发挥作用，意在提升两大战略融合运行效率，是具体实施中的关键环节。结果联动是以攻克农村贫困、实现乡村产业转型升级和完善乡村社会治理体系为前提，最终达成农村全面脱贫、产业兴旺和生活富裕的发展目标。精准扶贫与乡村振兴的联动机制沿着目标—过程—结果的纵向逻辑向下延伸，对于促进乡村多元经济融合发展、乡村资源综合利用、各产业间要素相互渗透、增加农户的内生发展动力和保障农户主体的利益实现等方面发挥着重要作用。[③]

---

① 豆书龙,叶敬忠.乡村振兴与脱贫攻坚的有机衔接及其机制构建[J].改革,2019(1):19-29.

② 国务院扶贫办政策法规司、国务院扶贫办全国扶贫教育宣传中心.脱贫攻坚与乡村振兴有效衔接　脱贫攻坚前沿问题研究[M].北京:研究出版社,2018.

③ 张敏敏,傅新红.精准扶贫与乡村振兴的联动机制建构[J].农村经济,2019(12):33-39.

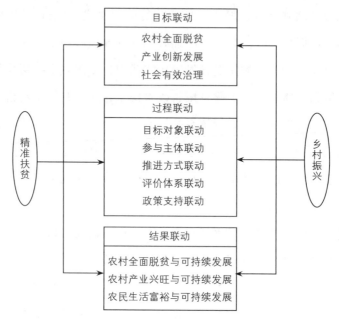

图4-1　精准扶贫与乡村振兴的联动机制

资料来源:张敏敏,傅新红.精准扶贫与乡村振兴的联动机制建构[J].农村经济,2019 (12):33-39.

　　精准脱贫和乡村振兴战略衔接顶层设计清晰,但实际推进尚存不足。2017年10月党的十九大明确提出乡村振兴战略,2018年中央一号文件明确要求做好乡村振兴与精准脱贫的有机衔接,2018年5月中共中央政治局会议审议了《乡村振兴战略规划(2018—2022年)》和《关于打赢脱贫攻坚战三年行动的指导意见》,至此,两大战略衔接的顶层设计和整体规划轮廓清晰。实践中,两大战略的衔接取得有效进展,但也存在明显障碍。一是体制机制衔接不顺。脱贫攻坚已经实施多年,体制机制与运作体系较完善,而乡村振兴战略正处于向具体对象微观施策的过渡期。衔接政策匮乏、组织衔接和项目规划协调难等问题导致两大战略的联动出现一定程度的迟滞断层。二是产业发展升级困难。涉农产业投入多、周期长,本身面临较大发展风险。扶贫产业将政治逻辑、市场逻辑和贫困户生存逻辑融为一体，在脱贫攻坚压力下，一些地方的产业扶贫行动多只重视前期投入，缺乏后续保障，持续性较差。[1]三是内生动力难以激发。农民是两大战略实施的主体，随着城镇化持续推进，农民的异质性增强，难以统一标准调动全部农户积极性。在推进乡村振兴进程中，不少地方多是政府在唱"独角戏"，农民群众参与度不高，政府主导下的农民主体作用尚未发挥。[2]

推动精准扶贫与乡村振兴战略有效衔接，需要在四个方面着力推进。一是将组织机制与责任主体"合二为一"。在组织机制上，以脱贫攻坚组织机制为基础，进一步充实三农工作相关部门工作力量，并随着工作重心转移，同步实现责任重心由扶贫主管部门向农村工作主管业务部门转移。在责任主体的考核上，兼顾短期脱贫成效与长期发展基础的奠定，为乡村振兴前瞻布局。二是推动两大战略的规划上下联动尽快落地。"产业兴旺、生态宜居、乡风文明、治理有效、生活富裕"是乡村振兴的二十字方针，乡村振兴的各层级规划应充分吸收精准扶贫战略的目标和路径。在战略规划上，要将脱贫攻坚规划融入乡村振兴规划中，明确其子规划或阶段性规划的定位。在规划实施上，在脱贫攻坚期要以乡村振兴战略的新要求充实贫困地区脱贫攻坚任务目标，以脱贫攻坚成效夯实乡村振兴规划实施基础。三是鼓励多元化产业发展。产业发展是实现脱贫攻坚和乡村振兴的重要标志。针对实践中产业发展的困境，要千方百计提升特色产业的市场竞争力。在原有扶贫产业基础上，助推新型经营主体发展，通过延伸农业产业链，促进小农户和现代农业发展有机衔接。[3]四是"政府""市场"两只手要协同优化要素配置。在两大战略交替和有效衔接阶段，既要充分发挥政府引导性资源投入和市场诱导性资源投入各自的优势及其协同效应，还要加快激活乡村"人、钱、地"要素活力，顺应市场规律开展制度改革

① 宫留记.政府主导下市场化扶贫机制的构建与创新模式研究——基于精准扶贫视角[J].中国软科学,2016(5):154-162.

② 豆书龙,叶敬忠.乡村振兴与脱贫攻坚的有机衔接及其机制构建[J].改革,2019(1):19-29.

③ 豆书龙,叶敬忠.乡村振兴与脱贫攻坚的有机衔接及其机制构建[J].改革,2019(1):19-29.

创新。①

防范化解重大风险带来的返贫风险是精准脱贫长效机制的应有之意。2019年底的新冠肺炎疫情是重大风险的典型代表。经多方努力，新冠肺炎疫情对脱贫攻坚的不利影响已被克服，高质量打赢脱贫攻坚战取得全面胜利：脱贫攻坚的目标任务没有改变，没有因疫情而留下锅底；原定扶贫标准没有改变，既不降低也不拔高；打赢脱贫攻坚战的时间节点没有改变，既不推迟也不提前。中国集中统一的改革领导机制、务实高效的统筹决策机制、上下联动的协调推进机制、有力有序的督办落实机制，确保了脱贫攻坚任务高质量完成，并为实现贫困地区乡村振兴奠定良好基础。

---

① 国务院扶贫办政策法规司、国务院扶贫办全国扶贫教育宣传中心.脱贫攻坚与乡村振兴有效衔接　脱贫攻坚前沿问题研究[M].北京:研究出版社,2018.

第五章

西部地区精准扶贫的重大贡献

当今世界各国几乎都面临着如何减少贫困的国家治理重任，更是广大发展中国家面临的重要任务。正如习近平总书记在中央扶贫开发工作会议上指出的那样："反贫困是古今中外治国理政的一件大事。"①新中国成立以来中国共产党与人民政府始终把促进发展、消除贫困作为治国理政的重要战略任务。改革开放以来，我国的扶贫攻坚事业取得了举世瞩目的成就，受到了国际社会的广泛关注与高度评价。1978年我国农村居民贫困发生率为97.5%，农村贫困人口规模7.7亿；2014年农村贫困人口规模为7017万，贫困发生率为7.2%。②2015年，联合国千年发展目标在中国基本实现，中国成为全球最早实现千年发展目标中减贫目标的发展中国家。③随着扶贫攻坚的深入推进，我国贫困人口从2015年的5575万减少到2016年的4335万人。按照全面建成小康社会的目标，2020年

---

① 习近平.在中央扶贫开发工作会议上的讲话[M].//中共中央文献研究室.十八大以来重要文献选编:下.北京:中央文献出版社,2018:31.

② 张翼.改革开放以来农村年均减贫1945万人[N].光明日报,2015-10-17.

③ 陈二厚,董峻,侯雪静.庄严的承诺　历史的跨越[N].人民日报,2017-05-22.

时我国将初步完成全部贫困人口的脱贫问题。

我国在全面建成小康社会的攻坚克难阶段，最艰巨最繁重的任务是农村贫困地区的扶贫攻坚以及2020年实现全部脱贫。为此，习近平总书记根据我国扶贫开发新阶段的形势与要求，针对"扶持谁""谁来扶""怎么扶""如何退"等重大问题提出了一系列新观点、新要求、新举措、新机制，形成了系统完整的精准扶贫思想，成为习近平新时代中国特色社会主义思想中的重要组成部分，成为我国全面建成小康社会阶段扶贫开发的重要指导思想。西部地区是我国贫困人口分布最多的地区，是贫困程度最深的地区，是生态环境脆弱而其保护涉及整个国家生态安全的地区，也是我国少数民族人口分布最多的地区。因此，我国扶贫攻坚的主战场在西部地区，西部地区扶贫攻坚的成败，关系到西部地区与中部东部地区区域发展的平衡与和谐，也关系到边疆稳定与国家安全，更是全面建成小康社会的底线与标志。针对不同贫困区域环境和不同贫困农户状况，西部地区各个省市自治区党委政府在中央的指导与帮扶下科学地运用了精准识别、精确帮扶、精确管理的治贫方式，扶贫开发取得了显著成效，生动实践了习近平总书记的精准扶贫思想。因此，在这个扶贫攻坚伟大成就的背后，反映了西部地区扶贫攻坚取得的巨大成效，同时这种巨大成效证明了习近平总书记的精准扶贫思想的科学指导意义，也为推动国家治理体系与治理能力现代化以及增强我国国际话语权作出了理论上的重要贡献。

| 第一节 |
精准扶贫体现中国共产党的历史自觉

习近平当选党的总书记之后在中央政治局第一次集体学习时指出，实现社会主义现代化和中华民族伟大复兴是我们的总任务，我们党从成立那天起就肩负着实现中华民族伟大复兴的历史使命，党领导人民进行革命建设改革，就是要让中国人民富裕起来，国家强盛起来。①在很大程度上说，党的十八大以来我们党的历史责任是实现第一个百年奋斗目标，因而在这8年里党和国家的各项任务归结起来就是夺取全面建成小康社会决胜阶段的伟大胜利。因此，在以习近平同志为核心的新一届中央领导集体的治国理政方略中，帮助贫困人口脱贫处于重要位置，可谓"先手棋"和"当头炮"。②正是在这个宏大历史背景下，习近平总书记提出了"精准扶贫"，反映了党对自己承担的历史使命的自觉认识。因此，党员干部要提高对做好扶贫开发工作重要性的认识，增强做好扶贫开发工作的责任感和使命感。

---

① 习近平.紧紧围绕坚持和发展中国特色社会主义　学习宣传贯彻党的十八大精神[N].人民日报,2012-11-19.

② 叶兴庆.践行共享发展理念的重点难点在农村[J].中国农村经济,2016(10):14-18.

一、精准扶贫展现党的重要使命

习近平总书记指出："消除贫困、改善民生、逐步实现共同富裕，是社会主义的本质要求，是我们党的重要使命。"[1]在积弱积贫的旧中国时代，我们党就立志带领人民追求国强民富的民族夙愿。从新中国成立以来，扶贫攻坚就成为我们党的一个重要工作任务，尤其是改革开放以来，党中央高度重视扶贫攻坚，中央政府在各个阶段制定了相应的扶贫攻坚纲要，把扶贫开发纳入国家总体发展战略，开展大规模专项扶贫行动。在1994年时，面对全国农村没有完全稳定解决温饱问题的贫困人口达8000万的情况下，以解决温饱为目标的扶贫开发工作进入攻坚阶段。为此，国务院制定和实施《国家八七扶贫攻坚计划》，明确提出1994—2000年的国家扶贫攻坚的行动纲领，成为国民经济和社会发展计划的重要组成部分。"这是新中国历史上第一个有明确目标、明确对象、明确措施和明确期限的扶贫开发行动纲领。"[2]在"八七扶贫攻坚计划"任务完成之后，2001年5月中央政府制定并颁布了《中国农村扶贫开发纲要（2001—2010年）》，要求各级党委和政府要继续加强对扶贫开发工作的领导，不断加大工作和投入力度，继续实行扶贫工作党政"一把手"负责制，把扶贫开发的效果作为考核这些地方党政主要负责人政绩的重要依据。纲要明确要求扶贫开发工作重点县，必须把扶贫开发作为党委和政府的中心任务，以扶贫开发工作统揽全局，负责把扶贫开发的政策措施真正落实到贫困村、贫困户。在2011年的《中国农村扶贫开发纲要（2011—2020年）》中更是提出，扶贫开发事关巩固党的执政基础，事关国家长治久安，事关社会主义现代化大局，深入推进扶贫开发是建设中国特色社会主义的重要任务，继续实行党政一把手负总责的扶贫开发工作责任制。党中央国务院确立扶贫攻坚为

---

① 脱贫攻坚战冲锋号已经吹响　全党全国咬定目标苦干实干[N].人民日报,2015–11–29.
② 中华人民共和国国务院新闻办公室.中国的农村扶贫开发[N].人民日报,2001–10–16.

国家重点工作与总体发展战略，制定的这些纲领性文件及其相关政策与制度，并要求地方政府制定相应的实施细则，体现了党带领人民群众消除贫困、走向共同富裕的决心与使命感，也为地方党委政府提供了工作目标，指明了努力方向。

通过持续发展经济、减少贫困，截至2016年我国在这两个方面均取得了显著成效。一方面，我国贫困人口持续减少；另一方面，我国经济持续增长。2016年我国国内生产总值达744127亿元，已连续五六年居世界第二。正如习近平总书记所说："我们比历史上任何时候都接近中华民族伟大复兴的目标，比历史上任何时期都更有信心、有能力实现这个目标。"①2017年第一季度统计数据也表明，国民经济仍保持较高增速，全国居民人均可支配收入达7184元，农村居民人均可支配收入达3880元。②从国家经济实力的角度看，实现中华民族伟大复兴的目标近在咫尺，但又面临极大的挑战，这就是非常明显的城乡居民人均收入差距以及2017—2020年4335万人农村贫困人口的脱贫任务。③因此，"扶贫开发是我们第一个百年奋斗目标的重点工作，是最艰巨的任务"④。为此，党员干部要提高对做好扶贫开发工作重要性的认识，增强做好扶贫开发工作的责任感和使命感。在习近平总书记的精准扶贫思想的指导下，各级党委政府高度重视扶贫开发工作，西部地区也展开了形式多样的精准扶贫模式，走出了一条解放思想、实事求是、因地制宜、深化改革的扶贫开发道路，即以习近平总书记的精准扶贫思想为引领，精准识别为基础，党委领导、政府主导、社会帮扶，发挥贫困群众主体地位，普惠性政策与特惠性政策相配套，扶贫开发

① 张烁.承前启后　继往开来　继续朝着中华民族伟大复兴目标奋勇前进[N].人民日报，2012-11-30.

② 一季度居民收入同比名义增长百分之八点五　消费支出同比名义增长百分之七点七[N].中国信息报，2017-04-18.

③ 陈二厚，董峻，侯雪静.庄严的承诺　历史的跨越[N].人民日报，2017-05-22.

④ 坚决打好扶贫开发攻坚战　加快民族地区经济社会发展[N].人民日报，2015-01-22.

与社会保障相衔接，针对性地破解贫困地区和贫困群众内生发展瓶颈，重塑其内生发展之路。其中，党的领导是根本，政府主导是关键，经济发展是动力，群众参与是基础，体制机制是保障，多个维度同时发力，形成脱贫攻坚的强大支撑。

二、精准扶贫凸显党的担当精神

"过去，办好中国的事情，关键在党；今后，办好中国的事情，关键仍然在党。"[1]这是我们党领导中国特色社会主义建设的一条基本经验，也是扶贫攻坚取得显著成效的一条基本经验，也凸显我们党基于历史自觉基础上的一种对历史与人民负责的担当精神。西部地区在精准扶贫的过程中，党中央与各级党委发挥着领导与组织的核心力量，为扶贫攻坚任务的顺利推进起着统揽全局、协调各方的关键作用，广大党员干部也成为西部地区扶贫攻坚的组织者与主心骨。习近平总书记代表党中央明确要求，各级领导干部，特别是贫困问题较突出地区的各级党政主要负责同志，要认真履行领导职责，集中连片特殊困难地区领导同志的工作要重点放在扶贫开发上。[2]为了使党员干部真心投入到精准扶贫工作中去，习近平总书记指出，"要强化扶贫开发工作领导责任制，把中央统筹、省负总责、市（地）县抓落实的管理体制，片为重点、工作到村、扶贫到户的工作机制，党政一把手负总责的扶贫开发工作责任制，真正落到实处"[3]。

各级党委充分发挥统揽扶贫攻坚全局的领导作用，在精准扶贫中实行党政一把手负责制，将扶贫攻坚作为重点工作重点抓，集中力量办大事。从中央到地方成立了扶贫开发领导小组，全面部署和督促检查扶贫攻坚计划的执行；抓好扶贫资金、物资的合理分配，集中使用，提高效益；组织

① 立党之本　执政之基　力量之源[N].光明日报,2000-05-23.

② 习近平.在河北省阜平县考察扶贫开发工作时的讲话[J].求是,2021(4):4-13.

③ 中共中央党史和文献研究院.习近平扶贫论述摘编[M].北京:中央文献出版社,2018:35.

调查研究、总结推广计划实施过程中的成功经验；制定促进本计划实施的政策和措施；协调解决计划实施中的问题。习近平总书记指出：在扶贫攻坚中，"坚持党的领导，发挥社会主义制度可以集中力量办大事的优势，这是我们的最大政治优势"①。

各级党委发挥组织协调社会扶贫开发功能，汇集各种资源各方力量，共同参与扶贫攻坚任务。习近平总书记指出，"扶贫开发是全党全社会的共同责任，要动员和凝聚全社会力量广泛参与。要坚持专项扶贫、行业扶贫、社会扶贫等多方力量、多种举措有机结合和互为支撑的'三位一体'大扶贫格局，健全东西部协作、党政机关定点扶贫机制，广泛调动社会各界参与扶贫开发积极性"②。为此，西部地区在各级党委政府领导人的直接领导下，一方面中央财政与地方各级政府财政与政策、对口扶贫的东部地区的扶贫资金向贫困地区倾斜，并增加扶贫资金投入，引导资金、土地、人才、技术、管理等各种要素向贫困地区聚集，动员全社会力量形成扶贫脱贫的强大合力。另一方面，"党政军机关、企事业单位开展定点扶贫……坚持发挥单位、行业优势与立足贫困地区实际相结合"③。共青团、工会、妇联、残联、工商联、红十字协会、慈善基金会以及众多的民营企业等各个行业与社会组织也广泛参与到西部地区的扶贫开发中来。

制定党员干部参与精准扶贫的考核体系，保证党员干部有时间有精力有能力有意愿指导和参与精准扶贫。习近平总书记指出，"到2020年现行标准下农村贫困人口全部脱贫、贫困县全部摘帽，是我们党立下的军令状。要选派好驻村干部，保持基层扶贫干部相对稳定，保持工作连续性和

---

① 谋划好"十三五"时期扶贫开发工作　确保农村贫困人口到2020年如期脱贫[N].人民日报，2015-06-20.

② 谋划好"十三五"时期扶贫开发工作　确保农村贫困人口到2020年如期脱贫[N].人民日报，2015-06-20.

③ 发挥单位行业优势　立足贫困地区实际　做好新形势下定点扶贫工作[N].人民日报，2015-12-12.

有效性。现在所有扶贫地区的领导干部都要坚守岗位，要保证人员的稳定"①。因此，在扶贫攻坚过程中，我们逐步制定完善的合理的科学的扶贫干部考核指标体系，"加快形成中央统筹、省（自治区、直辖市）负总责、市（地）县抓落实的扶贫开发工作机制，做到分工明确、责任清晰、任务到人、考核到位"②。以考核的指挥棒引导领导干部坚决落实扶贫相关政策，将扶贫工作作为工作重心。考核措施及其体系的实施，促进和确保了精准扶贫各项措施的精准落地，贫困地区的基础设施和公共设施建设，让贫困地区的人民群众真实地获得了扶贫开发政策实效。

参与精准扶贫的党员干部积极发挥党员先锋模范的战斗力与凝聚力，成为扶贫攻坚的主心骨。尽管扶贫开发工作取得巨大成效，但在2020年全面建成小康社会目标要求下，"扶贫开发工作依然面临十分艰巨而繁重的任务，已进入啃硬骨头、攻坚拔寨的冲刺期"③。为此，西部地区广大参与扶贫攻坚的党员干部坚守职责、全力以赴地实施精准扶贫。例如，在贫困地区最多贫困程度最深的贵州省，贵州省党委政府确定由20位副省级以上领导干部，挂帮20个极贫乡镇，不脱贫，不脱钩；各市州主要领导也明确了各自的脱贫攻坚挂帮点。经过工作到人、精准帮扶，2016年贵州全省减贫120.8万人。④这充分说明了党员干部在扶贫攻坚任务中发挥了中坚力量的领导作用与组织作用，真切体现着各级党委和党组织的担当精神。

---

① 习近平李克强张德江俞正声刘云山张高丽分别参加全国人大会议一些代表团审议[N]. 人民日报,2017-03-09.

② 脱贫攻坚战冲锋号已经吹响　全党全国咬定目标苦干实干[N]. 人民日报,2015-11-29.

③ 谋划好"十三五"时期扶贫开发工作　确保农村贫困人口到2020年如期脱贫[N]. 人民日报,2015-06-20.

④ 郝迎灿,万秀斌.贵州:攻坚硬骨头干部先带头[N]. 人民日报,2017-03-03.

精准扶贫彰显社会主义制度的优越性

邓小平在1986年时指出："社会主义原则，第一是发展生产，第二是共同致富。"[1]1992年时邓小平更是明确地指出："社会主义的本质，是解放生产力，发展生产力，消灭剥削，消除两极分化，最终达到共同富裕。"[2]这就指出了社会主义的本质在于通过生产力的发展与追求共同富裕两条主要途径来共同体现和推动社会主义向前发展。在全面建成小康社会的冲刺阶段，习近平总书记指出："如果贫困地区长期贫困，面貌长期得不到改变，群众生活长期得不到明显提高，那就没有体现我国社会主义制度的优越性，那也不是社会主义。"[3]因此，习近平总书记一方面指出共同富裕是社会主义的本质要求，另一方面指出要"坚持精准扶贫、精准脱贫……确保到二〇二〇年我国现行标准下农村贫困人口实现脱贫，贫困县全部摘帽，解决区域性整体贫困，做到脱真贫、真脱贫"[4]。也就是说，我们实施精准扶贫，既要实现广大农村地区的脱贫致富走向全面小康社

---

① 邓小平文选：第三卷[M].北京：人民出版社,1993：172.

② 邓小平文选：第三卷[M].北京：人民出版社,1993：373.

③ 刘永富.打赢全面建成小康社会的扶贫攻坚战[N].人民日报,2014-04-09.

④ 习近平.决胜全面建成小康社会　夺取新时代中国特色社会主义伟大胜利——在中国共产党第十九次全国代表大会上的报告[M].北京：人民出版社,2017.

会，实现共同富裕，又要以此释放和推动农村地区的整体生产力向前发展，通过这两个方面的互动结合来彰显社会主义制度的优越性。

一、精准扶贫释放社会主义生产力

1956年党的八大报告指出，我们国内的主要矛盾其实质是先进的社会主义制度同落后的社会生产力之间的矛盾，党和全国人民的当前的主要任务就是要集中力量来解决这个矛盾。根据这一判断，解决我国农业发展落后、经济文化发展落后的主要方式是促进社会生产力的发展。从马克思主义基本原理来看，生产关系形态的进步也是依靠生产力的前进来实现的。因此，邓小平在阐释社会主义本质时首先指出需要解放和发展生产力。对于改革开放的判断标准，邓小平依然是首先从生产力这个角度提出的，即"有利于发展社会主义社会的生产力，有利于增强社会主义国家的综合国力，有利于提高人民的生活水平"。

也就是说，社会主义生产力的解放与发展是社会主义建设的根本任务，而解放与发展生产力的目的在于提高人民群众的物质文化生活水平与共同富裕。新中国成立来的扶贫攻坚实践，就是要解决广大贫困地区的农村的社会生产力落后的问题。物质生活水平上的普遍贫困是贫困地区的落后生产力水平决定的。因此，我国的扶贫攻坚尤其贫困地区的精准扶贫，之所以要抓住产业扶贫这一关键，要推行教育扶贫，以及基于生态保护的易地扶贫搬迁，目的就在于从社会生产力这一根本上解决贫困问题。而对于东西部扶贫协作，习近平总书记指出："东部地区不仅要帮钱帮物，更要推动产业层面合作，推动东部地区人才、资金、技术向贫困地区流动，实现双方共赢。"[①]同时，习近平总书记在首提"精准扶贫"时就特别强调要"要切实办好农村义务教育，让农村下一代掌握更多知识和技能"。习

---

① 中共中央文献研究室. 习近平总书记重要讲话文章选编[M]. 北京:中央文献出版社,2016: 301.

近平总书记特别重视贫困群众的教育与技能培训，指出"要帮助贫困地区群众提高身体素质、文化素质、就业能力……打开孩子们通过学习成长、青壮年通过多渠道就业改变命运的扎实通道，坚决阻止贫困现象代际传递"①。因此，一方面，通过精准扶贫实现贫困人口的物质文化生活的脱贫，以改善贫困人口的生存生活状况，达到全面建成小康社会与共同富裕的目的；另一方面，通过改善贫困人口的生存生活状况，提高贫困地区的产业能力与人口文化道德素质，阻断贫困的代际传递，反过来也就是释放和促进贫困地区的社会生产力。这二者相辅相成，最终达到贫困地区人口的脱贫与生产力的进步互为条件、互为动力，以此体现社会主义的本质与优越性。

这说明，我国的扶贫攻坚尤其是西部地区的精准扶贫，不仅仅是解决贫困人口的脱贫问题，也不仅仅是为了在2020年实现全面建成小康社会的需要，而是从地区生产力整体进步这一根本上解决贫困地区的贫困问题与我国的地区贫富差距问题。从扶贫开发的实践历程及其巨大成效来看，它促进了欠发达地区的发展，在一定程度上缓解了区域发展的严重不平衡性，为促进区域协调发展、加快缩小收入差距、有力推动内需增长、如期实现全面小康奠定了坚实基础。正是在这个意义上，扶贫攻坚被作为我国的治国理政战略以及国民经济和社会发展计划的重要组成部分。对于我国这些年来的精准扶贫探索与实践，习近平总书记表示："改革开放以来，经过全国范围有计划有组织的大规模开发式扶贫，我国贫困人口大量减少，贫困地区面貌显著变化。"②这就意味着，习近平总书记是从治国理政与国家发展的整体高度来论述精准扶贫的。"贫困人口大量减少"，强调精准扶贫的生产力要素；"贫困地区面貌显著变化"，强调精准扶贫对治国理

---

① 习近平李克强张德江俞正声刘云山王岐山张高丽分别参加全国人大会议一些代表团审议[N]. 人民日报,2015-03-09.

② 谋划好"十三五"时期扶贫开发工作 确保农村贫困人口到2020年如期脱贫[N]. 人民日报,2015-06-20.

政与国家整体发展的重要意义。因此，从社会主义本质的维度来看，西部地区精准扶贫的重要意义在于它释放和推动了贫困地区农村的生产力，在生产力进步与贫困地区脱贫走向富裕之间构建起互动互促的国家发展格局。

二、精准扶贫促进社会主义共同富裕

在马克思主义经典作家看来，资本主义存在的主要社会矛盾是贫富分化及其导致的阶级分裂与对抗，以及在此基础上形成的人的异化现象。因而社会主义代替资本主义作为一种历史的必然与生产力发展的规律，共同富裕也就成为这种替代的合规律性表现。邓小平既是站在社会主义发展规律的高度，又是基于中国贫困落后的维度，提出社会主义本质在于解放与发展生产力、坚持共同富裕。他指出，"我们坚持走社会主义道路，根本目标是实现共同富裕"，"社会主义最大的优越性就是共同富裕，这是体现社会主义本质的一个东西"。[①]习近平总书记一方面坚持和发展邓小平理论，强调共同富裕是社会主义的本质与党的重要使命；另一方面指出了通向共同富裕的具体路径与操作方法，这就是精准扶贫——精准扶贫要求"决不能落下一个贫困地区、一个贫困群众"[②]。正是在这一思想的指导下，党和政府始终将贫困地区的生产力发展与共同富裕作为促进我国区域协调发展的基本理念和价值目标。

经过60多年尤其是改革开放以来的扶贫攻坚，我国农村已经发生了翻天覆地的变化，众多的贫困人口已经脱贫，贫困地区的社会生产力获得长足进步。但是，广大的农村地区，尤其是西部农村地区，扶贫攻坚的任务还没有完成，巩固脱贫的任务还很繁重。2012年12月，习近平总书记在河北阜平调研时强调："全面建成小康社会，最艰巨最繁重的任务在农村、

① 邓小平文选:第三卷[M].北京:人民出版社,1993:155,364.
② 脱贫攻坚战冲锋号已经吹响　全党全国咬定目标苦干实干[N].人民日报,2015-11-29.

特别是在贫困地区。没有农村的小康，特别是没有贫困地区的小康，就没有全面建成小康社会。"①截至2016年底，我国还有4000多万贫困人口，绝大部分分布在西部地区，尤其是14个"老少边穷"地区。这部分人的脱贫关涉全面小康社会的建成问题。因此，2015年2月习近平总书记强调贫困人口脱贫致富的重要性指出："我们实现第一个百年奋斗目标、全面建成小康社会，没有老区的全面小康，特别是没有老区贫困人口脱贫致富，那是不完整的。这就是我常说的小康不小康、关键看老乡的涵义。"②

马克思指出："人们为之奋斗的一切，都同他们的利益有关。"③国家扶贫攻坚尤其是精准扶贫，也就关涉广大贫困人口尤其是西部地区贫困人口的切身利益。国家扶贫开发尤其西部地区的精准扶贫，是贫困人口改善生产生活走向富裕的重要方式，是缩小东中西地区贫富差距的重要手段，是通向实现人民共同富裕、全面建成小康社会的必然途径。简言之，西部地区精准扶贫的实践与成效，有利于我们从切实有效地实现共同富裕的角度理解社会主义的本质与优越性，也有利于我们从人民物质文化利益的角度理解社会主义的本质与优越性。

---

① 把群众安危冷暖时刻放在心上　把党和政府温暖送到千家万户[N].人民日报,2012-12-31.

② 实施精准扶贫、精准脱贫[J].中国扶贫,2015(24):7.

③ 马克思恩格斯全集:第1卷[M].北京:人民出版社,1995:3.

精准扶贫推动国家治理能力的现代化

党的十八大以来，面对中国改革开放与社会主义现代化建设处在攻坚期和深水区的战略关头，十八届三中全会提出"完善和发展中国特色社会主义制度，推进国家治理体系和治理能力现代化"的全面深化改革的总目标，并提出要更加注重改革的系统性、整体性、协同性，要让发展成果更多更公平惠及全体人民。[①]十八届五中全会提出，以习近平同志为总书记的党中央"形成一系列治国理政新理念新思想新战略，为在新的历史条件下深化改革开放、加快推进社会主义现代化提供了科学理论指导和行动指南"[②]。精准扶贫思想作为习近平总书记治国理政新理念新思想新战略的重要组成部分，为党委政府提高治国理政能力与推动贫困农村地区治理现代化提供了理论指导和行动指南。

一、精准扶贫提高党委政府的治国理政能力

在实现"两个百年"奋斗目标的进程中，推动国家治理体系和治理能力现代化作为全面深化改革的总体目标，与全面建成小康社会的目标是有

---

① 中共中央关于全面深化改革若干重大问题的决定[N]. 人民日报，2013−11−16.
② 中共十八届五中全会在京举行[N]. 人民日报，2015−10−30.

机统一和相互嵌入的。精准扶贫，不仅是实现全面建成小康社会的重要途径，也是推进国家治理体系和治理能力现代化的重要途径。党委政府通过精准扶贫，不仅可以推动农村地区的现代化治理，而且在这个过程中提高党委政府的现代化治理能力与社会多元主体参与国家社会治理的能力。

精准扶贫过程中党委充分发挥领导作用与政府充分发挥主导作用，提高党委政府治国理政的社会组织动员能力。一方面，由于扶贫开发是国家发展战略和党的重大政治任务，因此党委在扶贫开发中肩负领导和总组织协调的职责。各级党委政府需要组织各种资源、汇集各种力量、协调各种关系、建立健全扶贫开发制度机制，全力以赴实施精准扶贫精准脱贫，既锻炼和加强了各级党委政府治国理政的能力，又提高了运用党的群众路线的能力，增强了党同人民群众之间的血肉联系。另一方面，精准扶贫提升了党委政府的社会动员能力与社会组织参与国家社会治理的能力。为了弥补党委政府精准扶贫力量的不足、充分发挥社会多元主体参与国家社会治理的主体意识与能力，各级党委政府将社会各个行业各个方面的资源调动起来，动员和组织社会多元主体参与扶贫开发，使人民团体、国有企业、民营企业与社会组织共同参与到精准扶贫中来。这不仅密切了党群干群的关系，在较大范围融洽了社群关系，而且使各种社会主体在扶贫开发中锻炼和提高了服务社会的能力与参与国家社会治理的能力，也改善了贫困农村地区的治理格局和与外界的治理联系格局。

精准扶贫提高党委政府治国理政的区域协调治理能力。由于西部地区贫困的深度与广度远大于东部和中部地区，从国家层面来看，扶贫攻坚一直在贯彻东中西区域之间的对口扶贫制度。习近平在福建任职时就对口支援宁夏扶贫攻坚工作曾提出，"要把东部的经验带过来，把西部的精神带回去"①。这时的区域间对口扶贫，主要是先富带动后富在中西部之间的

---

① "平语"近人——习近平的扶贫思考[EB/OL].(2020-08-27).http://news.xinhuanet.com/politics/2016-07/21/c_129167164.htm.

一种体现。党的十八大以来，随着创新、协调、绿色、开放、共享的新发展理念的提出与贯彻落实，东中西部区域间的对口扶贫及其精准扶贫又体现为对新发展的理念的追求。习近平总书记在考察宁夏扶贫攻坚和召开东西部扶贫协作工作会时指出："东西部扶贫协作和对口支援，是推动区域协调发展、协同发展、共同发展的大战略。"①这种东中西地域协作扶贫攻坚，从国家整体性思维出发，坚持协调与共享的价值理念，着眼于扶贫攻坚任务的适当平衡与共同目标的凝聚，对完善省际结对关系、推动县与县精准对接产生了重要作用。②此外，对口扶贫还包括区域内部的对口扶贫、中央与地方之间的对口扶贫、国有企业与贫困地区之间的对口扶贫等等模式。因此，对口扶贫的顺利进行及其明显绩效，既验证了我国集中力量办大事的制度优势与国家治理体系的效率，也提升了党委政府跨区域的协调与治理能力。

精准扶贫提升党委政府治国理政的发展成果共享分配能力。共享是走向共同富裕的必需途径，是社会主义的本质要求和本质属性。发展是为了人民，发展也需要依靠人民，因此发展成果需要由人民共享。目前共享发展成果、推动改革开放深入发展的重要体现就是让贫困群体尽快脱贫，尤其是广大的西部地区的贫困群体。习近平总书记指出，我们需要"以解决贫困人员温饱为重点，以产业协作为基础，构筑互惠互利、联动发展的工作格局"③。因此，从精准扶贫的进程来看，扶贫攻坚是一个充分发挥贫困群众主体地位的过程，从贫困识别到贫困退出的认定公开公正，接受人民监督，坚持公开公正的原则，达到扶真贫、真扶贫，切实让贫困人员脱

---

① 认清形势聚焦精准深化帮扶确保实效　切实做好新形势下东西部扶贫协作工作[N]. 人民日报,2016-07-22.

② 杨多贵.协作扶贫:消除贫困,实现共同富裕的"中国示范"[EB/OL].(2020-08-27).http://news.xinhuanet.com/politics/2016-07/25/c_129175898.htm

③ "平语"近人——习近平的扶贫思考[EB/OL].(2020-08-27).http://news.xinhuanet.com/politics/2016-07/21/c_129167164.htm.

贫，享受扶贫政策资助，让贫困群体享受国家发展成果。通过适当的体制机制设计，将发展成果适当地向贫困群众倾斜，以共建促共享，以共享提振贫困地区、贫困群众发展的精气神，增强贫困人口的脱贫内动力。党委政府通过精准扶贫，致力于改善经济社会发展中境况最差群体的福利水平，凸显凝心聚力、共享共建的社会价值取向，提升人民群众的获得感、幸福感、安全感。

二、精准扶贫增进贫困农村社会的治理能力

改革开放以来，尽管农村地区的发展进步十分明显，但从1986年以后农村的发展速度从整体上开始落后于城市，城乡之间的居民收入差距逐渐拉大。尤其是西部农村地区，贫困状况在较长时间内一直未得到比较明显的改善。城乡之间的明显贫富差距已经严重影响到我国经济与社会的健康稳定发展，而且贫困地区的治理问题核心是解决经济社会发展落后的问题。因此，习近平总书记指出："城乡发展不平衡不协调，是我国经济社会发展存在的突出矛盾，是全面建成小康社会、加快推进社会主义现代化必须解决的重大问题。"①因而，贫困地区的精准扶贫不仅对全面建成小康社会有着极其重要的象征意义，而且对推动国家治理现代化、增进贫困农村地区人民的社会治理能力同样有着重要意义。

首先，精准扶贫实现了绝大多数农村贫困人口的脱贫，有利于增强农村人民群众参与国家治理尤其是农村基层社会治理的物力财力智力支撑。扶贫开发不同于救济，是对贫困地区和有一定劳动能力的贫困人口，通过自然资源与人力资源的开发，增强贫困人口自我积累、自我发展的能力，主要依靠自身力量脱贫致富。习近平总书记强调指出，要"注重增强扶贫对象和贫困地区自我发展能力，注重解决制约发展的突出问题，努力推动

---

① 习近平.关于《中共中央关于全面深化改革若干重大问题的决定》的说明[N].人民日报，2013–11–16.

贫困地区的经济社会加快发展"①。如何做到从内生动力源上发掘贫困地区的发展能力，习近平总书记指出："要注重扶贫同扶志、扶智相结合，把贫困群众积极性和主动性充分调动起来，引导贫困群众树立主体意识，发扬自力更生精神，激发改变贫困面貌的干劲和决心……靠自己的努力改变命运。"②因此，精准扶贫要求精准到贫困户个体，坚持以人为本和自力更生，特别重视贫困群众提高自我和家庭发展的能力与智力，把他们摆在平等和受尊重的位置，以服务的态度对他们给予关心、帮助和扶持，并坚持以群众为主体，激发、调动和依靠他们自力更生、艰苦奋斗脱贫致富，增强主人翁的意识与责任，使贫困人群真正参与到扶贫开发与乡村社会治理中来。这样，通过精准扶贫，从而在经济社会的微观层面为贫困地区的人民群众参与到自身的扶贫攻坚与农村基层社会的治理现代化提供了物质、精神与智力上的支撑。

其次，精准扶贫提高农村基层党组织的服务能力、凝聚力与战斗力，推动政策落地和改善农村基层社会治理。习近平在福建任职时就已指出，建好农村党组织，加强党对农村的坚强领导，是使贫困的乡村走向富裕道路的最重要的保证，"没有一个坚强的、过得硬的农村党支部……就谈不上带领群众壮大农村经济，发展农业生产力，向贫困和落后作战"③。在扶贫攻坚中，习近平总书记指出，党政一把手要当好扶贫开发工作第一责任人，深入贫困乡村调查研究，亲自部署和协调任务落实。④因此，开展扶贫开发，推进精准扶贫，实现贫困地区人民群众脱贫奔小康，改进了党的思想组织作风建设，提升了基层党组织的凝聚力、战斗力与服务人民群众的能力，成为带领农民群众为实现党的路线和人民群众的切身利益而斗争的坚强核心，从而使广大人民群众从扶贫攻坚实践中得出"要想脱贫致

---

① 中共中央党史和文献研究院. 习近平扶贫论述摘编[M]. 北京:中央文献出版社,2018:141.

② 更好推进精准扶贫精准脱贫 确保如期实现脱贫攻坚目标[N]. 人民日报,2017-02-23.

③ 习近平. 摆脱贫困[M]. 福州:福建人民出版社,1992:159.

④ 中共中央党史和文献研究院. 习近平扶贫论述摘编[M]. 北京:中央文献出版社,2018:36.

富，必须有个好支部"的共识。此外党中央也要求基层党员干部和基层党组织在扶贫攻坚中应当主动地去发现问题，帮助农民解决各种实际困难，从而促进农村社会的现代化治理。

精准扶贫开辟中国特色社会主义发展的新境界

我国宪法第一条规定："中华人民共和国是工人阶级领导的、以工农联盟为基础的人民民主专政的社会主义国家。"作为工人阶级先锋队的中国共产党既是领导党，又是执政党，因而需要巩固自己的执政基础与阶级基础。扶贫开发尤其是精准扶贫，解决的是数量庞大的贫困农民群体的贫困问题，初步实现共同富裕和全面建成小康社会——经济更加发展、民主更加健全、科教更加进步、文化更加繁荣、社会更加和谐、人民生活更加殷实，因而通过精准扶贫实现贫困人口的全部脱贫，一方面有利于巩固党的领导与执政的阶级基础和社会主义国家的阶级基础，另一方面标志着党的执政兴国与中国特色社会主义发展进入一个新阶段、新起点——中华民族伟大复兴的第一个百年奋斗目标初步实现。正如习近平总书记指出，"站在新的历史起点上，我们的事业崇高而神圣，我们的责任重大而光荣"①。从国际来看，中国致力于在国际减贫领域积极作为，树立负责任大国的形象，②中国的扶贫开发及其精准扶贫对国际减贫事业作出了重要贡献，具有一种世界性的借鉴意义，在一定程度上标志着中国特色社会主

---

① 习近平. 在纪念毛泽东同志诞辰120周年座谈会上的讲话[N]. 人民日报,2013-12-27.
② 习近平. 携手消除贫困　促进共同发展[N]. 人民日报,2015-10-17.

义道路打开了世界新局面。

一、精准扶贫开启中国共产党执政兴国的新起点

改革开放以来，我们党和国家领导人一直非常关注扶贫开发工作，并从国家发展与党执政安全的政治高度定位扶贫开发的重要意义。邓小平从社会主义本质的角度提出"贫穷不是社会主义，社会主义要消灭贫穷"的论断。江泽民从国家稳定与发展的角度指出："加快贫困地区的发展，不仅是一个重大的经济问题，而且是一个重大的政治问题，就是因为它直接关系国家的安定团结和长治久安。全党同志必须从改革、发展、稳定的全局高度，深刻认识做好扶贫开发工作的重大意义。"[1]胡锦涛从全党全国各族人民奋斗目标的角度指出："深入推进扶贫开发，扎实做好新阶段扶贫开发工作，对维护人民根本利益、巩固党的执政基础、确保国家长治久安、实现全面建设小康社会和社会主义现代化宏伟目标具有极为重大的意义。"[2]习近平总书记从党的执政安全的角度指出："得民心者得天下。从政治上说，我们党领导人民开展了大规模的反贫困工作，巩固了我们党的执政基础，巩固了中国特色社会主义制度。"[3]这些重要论述表明，扶贫开发尤其精准扶贫对巩固党的执政基础有着重要意义。

对于一个贫困人口占绝大多数的国家而言，通过精准扶贫逐步走向贫困人口减少而达到共同富裕，是我们党在人民群众中获取领导力量与执政力量的坚实来源。因而通过扶贫攻坚减少贫困人口，然后通过进一步的精准扶贫从根本上消除贫困现象，到2020年达到全部脱贫与全面建成小康社会，这绝不仅仅只是一种贫困人口数量的减少变化，或者是精准扶贫的工

---

① 江泽民.论社会主义市场经济[M].北京:中央文献出版社,2006:453.

② 张毅.中央扶贫开发工作会议在北京召开[N].人民日报,2011-11-30.

③ 刘永富.坚决打赢脱贫攻坚战——深入学习贯彻习近平总书记扶贫开发战略思想[EB/OL].(2016-10-16)https://news.12371.cn/2016/10/16/ARTI1476571844967255.shtml? from= groupmessage.

作成效。在精准扶贫与贫困人数逐步减少的背后，反映的是我们党科学判断中国的国情，准确抓住了扶贫攻坚这一国家发展战略，把精准扶贫作为各级党委政府的重要工作与奋斗目标，从而在社会层面与政治层面体现党与政府的人民属性与为人民服务的特质，巩固党的执政与政府行政的人民基础，从而标志着中国特色社会主义发展进入一个新的历史起点——全面小康社会的来临。

从这个意义上讲，"扶贫开发是最大的民生工程、最大的民心工程、最大的德政工程，从一定意义来说，扶贫开发的政治意义大于经济意义。正是因为党和政府一直坚持大力抓好扶贫开发，密切了人民群众与党和政府的联系，使贫困地区群众成为党和政府最坚定的拥护者和称颂者"[1]。正因如此，习近平总书记强调指出，"党和国家要把抓好扶贫开发工作作为重大任务，贫困地区各级领导干部更要心无旁骛、聚精会神抓好这项工作，团结带领广大群众通过顽强奋斗早日改变面貌"[2]。

精准扶贫使绝大多数贫困人口脱离贫困，体现了我们党全心全意为人民服务的宗旨，从多层面多维度夯实了坚持党的领导与执政的民心基础。对扶贫开发、消除贫困的高度重视和殚精竭虑的持续实践，是党践行自身宗旨的生动体现。在宏观层面上，习近平总书记将精准扶贫上升为国家战略与发展方案，在"五位一体"的中国特色社会主义总体布局和"四个全面"战略布局中统筹谋划，就扶贫攻坚的目标、任务和路线图出台清晰的指导意见，中央与省级人民政府制定了相应的法规政策。在中观层面上，针对贫困成因和发展条件的差异，习近平总书记提出"六个精准"与"五个一批"的精准扶贫主要路径，科学规划贫困地区、贫困群众的发展道路。在微观层面上，习近平总书记提出针对贫困地区精准扶贫中要快速推进基本公共服务全覆盖均等化，养老、医疗、教育多方面民生政策惠及贫

---

① 冉健桥. 中国扶贫开发的意义与当前的形势[J]. 中国扶贫,2015(23):62-66.
② 做焦裕禄式的县委书记　心中有党心中有民心中有责心中有戒[N]. 人民日报,2015-01-13.

困群众。针对农村贫困地区的致贫因素，综合采用多种方式精准扶贫，主要包括生态扶贫、产业扶贫、教育扶贫、医疗扶贫、旅游扶贫、电商扶贫、行业扶贫、社会扶贫、金融扶贫以及政府间对口扶贫等多种形式，使贫困地区的人民群众从多个方面多个层次上切切实实地享受到党和政府的扶贫攻坚政策实惠。贫困地区和贫困群众的脱贫发展，是党的政治意愿与追求在多个层次共同作用的结果。对于非贫困群体而言，他们也能真切地认识和感受党和政府在精准扶贫中所做的种种努力。各项扶贫开发政策及其措施落到实处，使人民群众享受到政策的实惠和温暖，人民群众就会自发地真实地拥护党的领导与执政，党也就夯实了长期领导与执政的民心基础。

精准扶贫提高了党员干部坚持和贯彻落实党的群众路线的能力，增强了党与人民群众的血肉联系。2013年，习近平总书记在同荷泽市及县区主要负责同志座谈时指出，要紧紧扭住包括就业、教育、医疗、文化、住房在内的农村公共服务体系建设这个基本保障，编织一张兜住困难群众基本生活的安全网，坚决守住底线。这就要求党员干部从贫困地区人民群众的实际要求出发，掌握实际情况，制定精准扶贫的政策与措施，真正使各种扶贫开发方式因地制宜，使精准扶贫产生人民群众需要的实效。从各地精准扶贫实践来看，广大党员干部贯彻落实习近平总书记的精准扶贫思想，将精准扶贫与党的群众路线有机结合起来，积极投入到扶贫开发工作中，充分激发贫困群体和贫困户的脱贫意愿，发掘人民群众脱贫的内在动力，鼓励各种社会力量参与扶贫开发，调动社会扶贫攻坚的共同责任感和积极性，使贫困地区精准扶贫取得了巨大成效。在这个过程中，广大党员干部也从精准扶贫中提高了运用党的群众路线这个伟大法宝的能力，增强了党同人民群众之间的血肉联系，夯实了坚持党的领导与执政的群众基础。

精准扶贫提高党的基层组织的服务能力、凝聚力与战斗力，改善并密切了党群干群关系。党的执政基础在于人民群众，加强党与人民群众的联系依靠党的基层组织。党的基层组织的服务能力、凝聚力与战斗力如何，关系党的领导与执政的直接实现。2015年6月习近平总书记在贵州座谈会上明确指出，做好扶贫开发工作，基层是基础，要真正把基层党组织建设成带领群众脱贫致富的坚强战斗堡垒，工作队和驻村干部要一心扑在扶贫开发工作上，有效发挥作用。①因此，开展扶贫开发，推进精准扶贫，实现贫困地区人民群众脱贫奔小康，党的基层组织需要发挥凝聚力与战斗力的堡垒作用，提高服务人民群众的能力，在扶贫开发尤其是精准扶贫过程提高党的思想组织作风建设。我们看到，在西部全国各地尤其是西部地区，涌现了很多基层优秀党员干部和基层党组织。他们对完成扶贫攻坚任务起到了决定性的作用。因此，习近平总书记指出，建好农村党组织，加强党对农村的坚强领导，是使贫困的乡村走向富裕道路的最重要的保证。没有一个坚强的、过得硬的农村党支部，也就谈不上带领群众壮大农村经济，发展农业生产力，向贫困和落后宣战。②在全国扶贫开发尤其是精准扶贫中，事实证明，基层党组织必须建设成为带领农民群众为实现党的路线和人民群众的切身利益而斗争的坚强核心，从而使广大人民群众从扶贫攻坚实践中得出共识："要想脱贫致富，必须有个好支部。"因此，党中央要求基层党员干部和基层党组织应当主动地去发现问题，帮助农民解决各种实际困难，通过扶贫攻坚为农民办实事做好事，密切党群关系来使广大农民紧紧地团结在党组织的周围，从而夯实党的领导和执政的政权基础。同时，精准扶贫提升减贫成效也是夯实执政基础的切实保障。它通过实实在在解决贫困群众的发展问题，将党的"全心全意为人民服务"的根本宗旨具体化为可以感知的行为和成效，进一步增强人民群众对以习近平同志为核心的党中央治国理政的认同感，凝聚中国特色社会主义道路的广泛共

---

① 谋划好"十三五"时期扶贫开发工作　确保农村贫困人口到2020年如期脱贫[N].人民日报，2015–06–20.

② 习近平.摆脱贫困[M].福州：福建人民出版社，1992：59–62.

识，开启了党在"两个一百年"奋斗目标阶段执政兴国的新起点。

二、精准扶贫提供世界减贫领域的中国新方案

我国在扶贫开发方面取得的这种成就，从整个世界减贫的维度来看，具有非常重要的意义。一方面，根据国务院新闻办公室2021年4月发布的《人类减贫的中国实践》白皮书，改革开放以来中国7.7亿农村人口脱贫，极大减少了世界贫困人口总量，将世界贫困比例降到较低程度，为全球减贫事业作出了重大贡献。另一方面，20世纪80年代以来中国加大扶贫开发力度，成为首个实现联合国千年发展目标中减贫目标的发展中国家，而且是依靠解决"三农"问题实现农村脱贫的，是一个农业国家转型成功的案例。很多发展中国家也是农业国，因此对它们而言，中国的脱贫成功是有借鉴意义的。在这个意义上，中国能够凭借扶贫攻坚尤其精准扶贫积累的经验与成就向世界特别是广大发展中国家提供可资借鉴的扶贫方案，为世界减贫事业作出更大的贡献。

从前面的西方发达国家和一些发展中国家的减贫模式来看，以美国、英国为代表的发达国家由于经济实力雄厚而且贫困面小，主要通过社会福利政策作为主要的反贫困政策来加强对贫困人口的救济，以意大利与日本为代表的发达国家则是针对地域性发展差距，对较少的相对落后地区采取了开发计划，以减少贫困人口。韩国以出口导向发展模式实现工业化后积累的财力来支援农业与农村，减少贫困人口。巴西建立了"发展极"的反贫困战略，对确定的目标"发展极"给予重点投资，并制定了特殊的优惠政策，来减少贫困人口。印度的贫困人口相对较多，因此采取"满足基本需要"战略。而孟加拉国以拉格莱珉银行为代表的小额信贷机构在减贫方面也起着重要作用。总体而言，对于发展中国家而言，除了像韩国这样已经高度工业化现代化的国家以外，多数发展中国家，尤其是农业型贫困国家，由于其贫困面较大，区域发展极不平衡，主要是通过对贫困人群的基

本生活进行兜底、减小区域发展差距的方式来进行扶贫开发。

相较而言，中国的扶贫开发及其精准扶贫在世界减贫行动中具有自身的特点和比较优势。

一是执政党与政府坚持不懈地进行扶贫开发、攻坚克难，编制扶贫开发纲要，始终把解决绝大多数贫困人口脱贫问题作为国家发展战略与重点工作。从我国的扶贫开发进程与实践来看，中国共产党与政府针对我国严重的贫困现状，制定了扶贫开发纲要，并把扶贫开发作为国家发展战略。在扶贫开发过程中，中国共产党各级党委充分发挥核心领导作用，政府发挥主导作用，并制定了党政干部精准扶贫的责任考核体系，使整个扶贫开发有序进行，贫困人口逐年减少。这是中国减少贫困人口降低贫困率的最有力的政治动力与制度保障，是中国扶贫开发的明显特点，也是明显优势。中国已经成为世界上减贫人口最多的国家，也是世界上率先完成联合国千年发展目标中减贫目标的国家。这个成就，足以载入人类社会发展史册，也足以向世界证明中国共产党领导和中国特色社会主义制度的优越性。

二是中国的扶贫开发充分利用"两只手"的力量，坚持"两条腿"走路。一方面充分利用政府和市场"两只手"的力量进行扶贫开发。在扶贫开发中，市场机制引导资源优化配置的高效率无可取代，然而在产权制度无法约束的领域，市场失灵广泛存在，必须要更好地发挥政府的宏观调控作用，提供具有正外部性的产品和服务。综合运用财政、货币、产业和社会保障政策，稳定宏观预期、突破产业发展瓶颈并精准破解实体经济在贫困地区经营的困难。充分发挥公有制经济在引导资金流向、建设大型项目，私营经济在提升生产效率和吸纳就业，外资经济在提升技术水平、拓展海外市场上的优势，形成多种所有制结构共同参与、资源强力聚合的大扶贫格局。另一方面坚持工业化与农业现代化这"两条腿"走可持续的扶贫开发之路。既依靠国家的工业化提供扶贫开发的财力支持，又依靠解决农业农村农民问题激发农村社会生产力的发展来增强贫困地区的自身发展能力。解决扶贫不是简单的解决温饱，而是解决贫困人口能力发展的问题，使之实现"造血式"发展。因此中国扶贫开发注重提高贫困地区的教育水平与贫困人口的职业技能，以及注重产业扶贫。这种产业扶贫重点是以农业产业化为主，实现农村经济发展与生态环境保护协调发展，真正增强农村的可持续发展动力与长效机制效应。这是中国作为传统农业大国和农村人口众多的特点做出的正确的科学的选择。

三是国家层面的力量与社会层面的力量共同参与扶贫开发，形成全社会参与扶贫开发攻坚克难的合力。执政党与国家领导人习近平提出"全党全社会要继续共同努力，形成扶贫开发工作强大合力"的号召[1]。从扶贫开发实践来看，中国也一直坚持动员全社会参与，"构建了政府、社会、市场协同推进的大扶贫格局，形成了跨地区、跨部门、跨单位、全社会共同参与的多元主体的社会扶贫体系"[2]。在全社会共同参与扶贫攻坚事业过程中，形成了多种多样的扶贫方式，加之普遍性的针对农业农民农村的例如种粮补贴、退耕还林补贴、农村合作医疗、贫困户补贴等诸多惠农政策，并依据国家经济增长不断提高贫困线标准，发展生产脱贫一批，易地搬迁脱贫一批，生态补偿脱贫一批，发展教育脱贫一批，社会保障兜底一批。通过国家与社会两个层面的共同努力，中国的扶贫开发取得了举世瞩目的成就。

四是由国家主导的地区之间对口扶贫，共享发展成果，协调区域发展。中国的扶贫开发起点很低，1986年第一次确定的绝对贫困人口标准仅为人均纯收入206元，按此标准计算，当时全国有绝对贫困人口1.25亿。中国从20世纪80年代中期启动了有组织、有计划、大规模的扶贫开发。到2011年国家出台新的扶贫开发纲要之时，贫困人口的标准已提高到人均

---

[1] 全党全社会继续共同努力　形成扶贫开发工作强大合力[N]. 人民日报,2014-10-18.
[2] 习近平. 携手消除贫困　促进共同发展[N]. 人民日报,2015-10-17.

纯收入2300元，此时还有贫困人口1.28亿。在中国内部，贫困人口主要集中在西部地区，而东部地区在20世纪90年代开始发展很迅速，因此国家确立了东部地区和中部地区对口支援西部地区。这种对口扶贫，能体现全国一盘棋和中央政府的宏观调控能力。可以说，通过地区之间的扶贫协作，消除贫困，实现共同富裕，是中国特色社会主义的独特优势，充分彰显了我们的政治优势和制度优势。以宁夏西海固的脱贫所代表，"闽宁两省区党委、政府一届接着一届干，不断探索、创新和完善，打造了东西合作的闽宁模式"①，成为诠释中国地区协作扶贫的最佳案例。因此，从西部地区精准扶贫实践来看，对口支援制度是中国多年来推动地区协调发展和全国各民族群众共享改革发展成果的重要举措，是中国特色社会主义本质特征的重要体现，也是当今中国为人类社会解决地区发展不平衡和欠发达地区贫困问题提供的中国方案。②

总的来说，作为人口大国的发展中国家，脱贫工作难度比一般国家大很多，在全球经济疲软、中国面临经济转型的困难时期，中国政府仍然把扶贫工作放在重要位置，而且中国政府提出的精准扶贫是非常正确的，这确实难能可贵。③世界银行的数据显示，1981—2015年中国累计减少贫困人口7.28亿，这一数字比拉美或欧盟的人口还要多，而同期世界其他地区脱贫人口仅有1.52亿。因此，从整体来看，进入21世纪以来，中国的扶贫开发完成了全球减贫任务的80%以上，并为世界的减贫事业提供了宝贵的经验。这种成就、经验和影响力是毋庸置疑和无可辩驳的。④这也非常明显地体现出中国扶贫开发的比较优势和中国特色社会主义的内在优势。因

---

① 李增辉.集中力量才能办大事[N].人民日报,2016-07-18.

② 向春玲.对口支援:解决欠发达地区贫困问题的"中国方案"[EB/OL].(2020-08-27).http://news.china.com.cn/cndg/2016-07/26/content_38958288.htm,2016-07-26/2017-07-10.

③ 张悦."扶贫意义重大"韩国友人为中国精准扶贫点赞[EB/OL].(2020-08-27).http://world.people.com.cn/n1/2016/0307/c1002-28178414.html,2016-03-06/2017-07-10.

④ 冉健桥.中国扶贫开发的意义与当前的形势[J].中国扶贫,2015(23):62-66.

此，西方发达国家和发展中国家对中国的扶贫实践与模式给予了高度肯定。很多国家的领导人与专家学者认为，中国在扶贫开发上的很多做法值得发展中国家学习和借鉴。英国政府国际发展部首席经济学家、牛津大学教授斯蒂文·邓认为，中国近二三十年来在减贫方面的纪录令人赞叹，成就是非常明显的。美国圣托马斯大学政治学教授乔·泰勒表示，中国在减贫方面取得的卓越成就令他印象最为深刻，这向世界证明了西方模式之外的另一种发展道路的可行性，不仅对中国本身意义重大，也对全世界范围内的脱贫努力产生了深远的影响。①而广大发展中国家对中国的减贫事业及其成就更是给予了高度肯定和赞扬，认为中国的扶贫开发模式有着重要的学习和借鉴意义。总部设在南非比勒陀利亚的安全问题研究所执行理事雅克布斯卡·西利亚斯认为，中国的扶贫经验对世界其他国家有重要借鉴意义。②塞内加尔中国问题专家阿达玛·盖伊也认为，中国减贫模式在非洲也是可行的，中国的减贫成就证明了中国发展模式值得各国学习。③

因此，中国可以充分利用扶贫开发模式尤其是西部地区的精准扶贫实践模式取得的巨大成就向世界减贫事业的持续推进提供中国的扶贫方案，"大力帮助世界上其他发展中国家的脱贫工作，这将推动全球减贫事业的发展"④，提升和增强中国在国际减贫中以及国际形象中的话语权与自信心，通过减贫的世界贡献与国际承认，从而打开中国特色社会主义发展道路的世界新局面。

2012年11月15日在中国共产党第十八届中央委员会第一次全体会议上当选中共中央总书记的习近平和其他中央政治局常委在同中外记者见面时就强调指出，人民对美好生活的向往就是我们的奋斗目标，新一届中央

---

①　陈丽丹，黄发红，龚鸣，等.中国减贫成就令世界赞叹[N].人民日报，2017–03–13.

②　王天乐，牟宗琮，陈效卫，等."中国扶贫经验具有重要借鉴意义"[N].人民日报，2015–11–30.

③　陈丽丹，黄发红，龚鸣，等.中国减贫成就令世界赞叹[N].人民日报，2017–03–13.

④　张春海，张帆.中国扶贫实践具有世界意义[N].中国社会科学报，2015–10–19.

领导机构成员要承担起这个重大责任，即对民族、人民与党的责任。①因此，全面建成小康社会，使人民过上美好生活，构成了以习近平同志为核心的新一届党中央领导集体治国理政的核心任务。这个核心任务的完成，对习近平总书记提出的"继续发展21世纪马克思主义、当代中国马克思主义"②和"不断开辟21世纪马克思主义发展新境界"③具有重要的意义。发展马克思主义，坚持中国特色社会主义，不仅需要理论上的创新与研究，更需要实践上的创新与证明。习近平总书记的精准扶贫思想不仅具有理论上的创新，而且西部地区展开了丰富多样的精准扶贫实践，并取得了显著成效表明，为全面建成小康社会的来临奠定了坚实基础。这种理论创新与实践证明兼具的特质表明，习近平总书记的精准扶贫思想对开创中国特色社会主义新局面、发展21世纪的马克思主义中国化作出了重要贡献，也为发展中国家走向现代化拓展了新的途径，"为解决人类问题贡献了中国智慧、提供了中国方案"④。

① 人民对美好生活的向往　就是我们的奋斗目标[N]. 人民日报,2012-11-16.

② 习近平. 在哲学社会科学工作座谈会上的讲话[N]. 人民日报,2016-05-19.

③ 习近平. 在庆祝中国共产党成立95周年大会上的讲话[N]. 人民日报,2016-07-02.

④ 高举中国特色社会主义伟大旗帜　为决胜全面小康社会实现中国梦而奋斗[N]. 人民日报,2017-07-28.

参考文献

一、专著类

[1]马克思恩格斯全集:第1卷[M].北京:人民出版社,1995.

[2]毛泽东选集:第四卷[M].北京:人民出版社,1991.

[3]毛泽东文集:第七卷[M].北京:人民出版社,1999.

[4]邓小平文选:第二卷[M].北京:人民出版社,1993.

[5]邓小平文选:第三卷[M].北京:人民出版社,1993.

[6]江泽民.论有中国特色社会主义(专题摘编)[M].北京:中央文献出版社,2002.

[7]江泽民.论社会主义市场经济[M].北京:中央文献出版社,2006.

[8]习近平.摆脱贫困[M].福州:福建人民出版社,1992.

[9]习近平.决胜全面建成小康社会 夺取新时代中国特色社会主义伟大胜利——在中国共产党第十九次全国代表大会上的报告[M].北京:人民出版社,2017.

[10]习近平.习近平谈治国理政:第一卷[M].北京:外文出版社,2018.

[11]习近平.习近平谈治国理政:第二卷[M].北京:外文出版社,2017.

[12]习近平.习近平谈治国理政:第三卷[M].北京:外文出版社,2020.

[13]习近平.在深度贫困地区脱贫攻坚座谈会上的讲话[M].北京:人民出版社,2017.

[14]习近平.在中央扶贫开发工作会议上的讲话[M].//中共中央文献研究室.十八大以来重要文献选编:下.北京:中央文献出版社,2018.

[15]中共中央党史和文献研究院.习近平扶贫论述摘编[M].北京:中央文献出版社,2018.

[16]中共中央文献研究室.十五大以来重要文献选编:中[M].北京:人民出版社,2000.

[17]中共中央文献研究室.习近平总书记重要讲话文章选编[M].北京:中央文献出版社,2016.

[18]谭诗斌.现代贫困学导论[M].武汉:湖北人民出版社,2012.

[19]向德平,程玲.连片开发扶贫模式与少数民族社区发展[M].北京:民族出版社,2013.

[20]张琦,黄承伟,等.完善扶贫脱贫机制研究[M].北京:经济科学出版社,2015.

[21]赵曦.中国西部农村反贫困模式研究[M].北京:商务印书馆,2009.

[22]莱斯特·R.布朗.生态经济:有利于地球的经济构想[M].林自新,戢守志,译.北京:东方出版社,2002.

[23]Gibson. Ecological poverty alleviation capacities of future government[M]. WA: Resources for the Future Press, 2010.

[24]Krutilla. Conservation: Reconsidered Environmental Resources and Applied Welfare Economics[M]. Washington. D. C. :Norton Publishing House, 2001.

二、论文类

[1]习近平.关于全面建成小康社会补短板问题[J].求是,2020(11).

[2]习近平.在打好精准脱贫攻坚战座谈会上的讲话[J].求是,2020(9).

[3]习近平.在解决"两不愁三保障"突出问题座谈会上的讲话[J].求是,2019(16).

[4]习近平.在河北省阜平县考察扶贫开发工作时的讲话[J].求是,2021(4).

[5]习近平论扶贫工作——十八大以来重要论述摘编[J].党建,2015(12).

[6]陈黎明,王文平,等."两横三纵"城市化地区的经济效率、环境效率和生态效率——基于混合方向性距离函数和合图法的实证分析[J].中国软科学,2015(2).

[7]董妍,林则昌,周艳伟,等.巴西林业发展与反贫困[J].林业经济,2006(3).

[8]豆书龙,叶敬忠.乡村振兴与脱贫攻坚的有机衔接及其机制构建[J].改革,

2019(1).

[9]段龙龙,李杰.论贫益式增长与包容性增长的内涵及其政策要义[J].改革与战略,2012(2).

[10]方鹏骞,苏敏.论我国健康扶贫的关键问题与体系构建[J].中国卫生政策研究,2017(6).

[11]高静,武彤,王志章.深度贫困地区脱贫攻坚与乡村振兴统筹衔接路径研究:凉山彝族自治州的数据[J].农业经济问题,2020(3).

[12]葛道顺.国外保障困难群体的主要政策措施及启示[J].中国党政干部论坛,2005(9).

[13]宫留记.政府主导下市场化扶贫机制的构建与创新模式研究——基于精准扶贫视角[J].中国软科学,2016(5).

[14]顾楚丹,杜玉华,罗峰.社会情境视角下的上海城市贫困群体研究[J].南通大学学报(社会科学版),2020(3).

[15]何晓萍.基础设施的经济增长效应与能耗效应——以电网为例[J].经济学(季刊),2014(4).

[16]胡锦涛总书记关于构建社会主义和谐社会的有关论述[J].党建,2005(4).

[17]黄承伟,刘欣."十二五"时期我国反贫困理论研究述评[J].云南民族大学学报(哲学社会科学版),2016(2).

[18]黄承伟,刘欣.新中国扶贫思想的形成与发展[J].国家行政学院学报,2016(3).

[19]李飞.退不出的贫困县[J].决策探索(上半月),2014(4).

[20]李鹍,叶兴建.农村精准扶贫:理论基础与实践情势探析——兼论复合型扶贫治理体系的建构[J].福建行政学院学报,2015(2).

[21]李小云,于乐荣,齐顾波.2000~2008年中国经济增长对贫困减少的作用:一个全国和分区域的实证分析[J].中国农村经济,2010(4).

[22]李迎生,乜琪.社会政策与反贫困:国际经验与中国实践[J].教学与研究,2009(6).

[23]李志平,杨江帆.胡锦涛农村扶贫思想论析[J].山西农业大学学报(社会科学版),2014(1).

[24]廖彩荣,郭如良,尹琴,等.协同推进脱贫攻坚与乡村振兴:保障措施与实施路径[J].农林经济管理学报,2019,18(2).

[25]林乘东.论当代发达资本主义国家的反贫困政策及其实施条件[J].解放军外国语学院学报,1997(2).

[26]刘永富.坚决克服新冠肺炎疫情影响全力啃下脱贫攻坚硬骨头[J].智慧中国,2020(5).

[27]罗煜,贝多广.金融扶贫的三个误区[J].中国金融,2016(22).

[28]马新文.阿玛蒂亚·森的权利贫困理论与方法述评[J].国外社会科学,2008(2).

[29]孟昌,刘琼.国外贫困地区开发的三种典型模式与经验[J].林业经济,2011(11).

[30]彭清华.凉山脱贫攻坚调查[J].求是,2019(16).

[31]冉健桥.中国扶贫开发的意义与当前的形势[J].中国扶贫,2015(23).

[32]尚玥佟.巴西贫困与反贫困政策研究[J].拉丁美洲研究,2001(3).

[33]实施精准扶贫、精准脱贫[J].中国扶贫,2015(24).

[34]孙永真,高春雨.新时期我国易地扶贫搬迁安置的理论研究[J].安徽农业科学,2013(36).

[35]谭诗赏,庞文华."四访"运算巧解"两不愁三保障"脱贫方程——奉节县平安乡以"四访"工作法促脱贫攻坚侧记[J].当代党员,2019(10).

[36]童章舜.新中国成立以来易地扶贫搬迁工作的成效与经验[J].中国经贸导刊,2019(19).

[37]汪三贵,冯紫曦.脱贫攻坚与乡村振兴有机衔接:逻辑关系、内涵与重点内容[J].南京农业大学学报(社会科学版),2019(5).

[38]王俊文.国外反贫困经验对我国当代反贫困的若干启示——以发展中国家巴西为例[J].农业考古,2009(3).

[39]王倩.城市反贫困:政策比较与中国关怀[J].理论与改革,2020(3).

[40]王山松,齐录明,梁立铭,等.对当前金融精准扶贫工作的思考及建议[J].华北金融,2016(10).

[41]王永平,袁家榆,曾凡勤,等.贵州易地扶贫搬迁安置模式的探索与实践[J].生态经济,2008(1).

[42]魏后凯,芦千文.新冠肺炎疫情对"三农"的影响及对策研究[J].经济纵横,2020(5).

[43]吴家华.正确认识和深刻领会我国社会主要矛盾的变化[J].红旗文稿,2017

（24）.

[44]叶兴庆.践行共享发展理念的重点难点在农村[J].中国农村经济,2016（10）.

[45]尹力.奋战大凉山脱贫攻坚这一年[J].求是,2019（7）.

[46]曾颜柠.新冠肺炎疫情下稳步推进三农工作的几点思考——对习近平关于当前三农工作讲话精神的解读[J].农业与技术,2020（11）.

[47]张敏敏,傅新红.精准扶贫与乡村振兴的联动机制建构[J].农村经济,2019（12）.

[48]张占斌.习近平同志扶贫开发思想探析[J].国家治理,2015（9）.

[49]张忠友."两不愁三保障"的马克思主义哲学意蕴解释[J].当代广西,2019（12）.

[50]章军杰.中国文化扶贫四十年:从专项扶贫到精准文化扶贫[J].甘肃社会科学,2019（2）.

[51]周爱萍.合作型反贫困视角下贫困成因及治理——以重庆市武陵山区为例[J].云南民族大学学报(哲学社会科学版),2013（2）.

[52]朱启铭.脱贫攻坚与乡村振兴:连续性、继起性的县域实践[J].江西财经大学学报,2019（3）.

三、报纸类

[1]习近平.关于《中共中央关于全面深化改革若干重大问题的决定》的说明[N].人民日报,2013-11-16.

[2]习近平.紧紧围绕坚持和发展中国特色社会主义学习宣传贯彻党的十八大精神[N].人民日报,2012-11-19.

[3]习近平.携手消除贫困　促进共同发展[N].人民日报,2015-10-17.

[4]习近平.在纪念毛泽东同志诞辰120周年座谈会上的讲话[N].人民日报,2013-12-27.

[5]习近平.在决战决胜脱贫攻坚座谈会上的讲话[N].人民日报,2020-03-07.

[6]习近平.在庆祝中国共产党成立95周年大会上的讲话[N].人民日报,2016-07-02.

[7]习近平.在哲学社会科学工作座谈会上的讲话[N].人民日报,2016-05-19.

[8]本报评论员.坚持发展经济与改善民生相结合——二论确保民族地区如期全

面建成小康社会[N].中国民族报,2015-09-18.

[9]宾阳.广西推动文化扶贫扶出精气神[N].中国文化报,2018-10-30.

[10]蔡继明.脱贫攻坚一定要扭住精准[N].文汇报,2016-03-21.

[11]陈二厚,董峻,侯雪静.庄严的承诺　历史的跨越[N].人民日报,2017-05-22.

[12]陈丽丹,黄发红,龚鸣,等.中国减贫成就令世界赞叹[N].人民日报,2017-03-13.

[13]陈效林.脱贫攻坚要着力解决"两不愁三保障"突出问题[N].光明日报,2019-12-25.

[14]发挥单位行业优势　立足贫困地区　实际做好新形势下定点扶贫工作[N].人民日报,2015-12-12.

[15]范川,石小宏.让因病致贫因病返贫成为过去——《关于精准施策综合帮扶凉山州全面打赢脱贫攻坚战的意见》解读③[N].四川日报,2018-07-09.

[16]高举中国特色社会主义伟大旗帜　为决胜全面小康社会实现中国梦而奋斗[N].人民日报,2017-07-28.

[17]更好推进精准扶贫精准脱贫　确保如期实现脱贫攻坚目标[N].人民日报,2017-02-23.

[18]光明日报调研组.凉山州打出"组合拳",摘穷帽、奔小康的梦想照进凉山深处[N].光明日报.2020-03-06.

[19]广西:创新文旅推介路径　纵深推进脱贫攻坚[N].经济日报,2019-12-16.

[20]国务院印发《"十三五"脱贫攻坚规划》[N].人民日报,2016-12-03.

[21]郝迎灿,万秀斌.贵州:攻坚硬骨头干部先带头[N].人民日报,2017-03-03.

[22]侯冲.精准施策综合帮扶凉山州全面打赢脱贫攻坚战[N].四川日报.2018-06-21.

[23]霍小光.从人民中汲取治国理政的智慧和力量[N].人民日报,2017-03-15.

[24]坚持依法治疆团结稳疆长期建疆　团结各族人民建设社会主义新疆[N].人民日报,2014-05-30.

[25]坚决打好扶贫开发攻坚战　加快民族地区经济社会发展[N].人民日报,2015-01-22.

[26]寇敏芳,张舒,魏冯为.凉山"量身定制"高含金量新政——《关于精准施策综合帮扶凉山州全面打赢脱贫攻坚战的意见》解读⑤[N],四川日报.2018-

07-12.

[27]李丹丹.云南省决战决胜脱贫攻坚第二场新闻发布会举行——电商扶贫带动68.95万贫困人口就业创业[N].昆明日报,2020-03-26.

[28]李增辉.集中力量才能办大事[N].人民日报,2016-07-18.

[29]李贞,雷龚鸣.习近平谈扶贫[N].人民日报海外版,2016-09-01.

[30]立党之本执政之基力量之源[N].光明日报,2000-05-23.

[31]林凌,梁现瑞,侯冲.汇聚合力决战脱贫攻坚不胜不休——《关于精准施策综合帮扶凉山州全面打赢脱贫攻坚战的意见》解读⑥[N].四川日报.2018-07-16.

[32]刘传铁.教育是最根本的精准扶贫[N].人民日报,2016-01-27.

[33]刘春华.明年建卡贫困人口100%参加医保[N].四川日报.2016-06-12.

[34]刘光明.统筹联动相互促进全面发展[N].经济日报,2017-02-05.

[35]刘永富.打赢全面建成小康社会的扶贫攻坚战[N].人民日报,2014-04-09.

[36]龙迎伟.坚持扶贫开发与生态保护并重[N].人民日报,2017-10-27.

[37]罗之飏,王眉灵,李欣忆.让大凉山成为安居乐业福地——《关于精准施策综合帮扶凉山州全面打赢脱贫攻坚战的意见》解读④[N].四川日报,2018-07-10.

[38]谋划好"十三五"时期扶贫开发工作确保农村贫困人口到2020年如期脱贫[N].人民日报,2015-06-20.

[39]庞峰伟,朱雪黎,刘春华.靠山吃山　大山如何种出"金宝贝"——《关于精准施策综合帮扶凉山州全面打赢脱贫攻坚战的意见》解读①[N].四川日报,2018-06-25.

[40]覃雯静.为何"刚脱贫又返贫"[N].人民日报,2015-07-15.

[41]全党全社会继续共同努力形成扶贫开发工作强大合力[N].人民日报,2014-10-18.

[42]人民对美好生活的向往就是我们的奋斗目标[N].人民日报,2012-11-16.

[43]人民日报人民时评.把"三农"领域短板补得更实[N].人民日报,2020-03-06.

[44]认清形势聚焦精准深化帮扶确保实效　切实做好新形势下东西部扶贫协作工作[N].人民日报,2016-07-22.

[45]深化改革开放推进创新驱动　实现全年经济社会发展目标[N].人民日报,

2013-11-06.

[46]提高脱贫质量聚焦深贫地区　扎扎实实把脱贫攻坚战推向前进[N].人民日报,2018-02-15.

[47]脱贫攻坚战冲锋号已经吹响　全党全国咬定目标苦干实干[N].人民日报,2015-11-29.

[48]王萍.在扶贫路上,不落下一个贫困家庭一个贫困群众[N].光明日报,2016-04-27.

[49]王天乐,牟宗琼,陈效卫,等."中国扶贫经验具有重要借鉴意义"[N].人民日报,2015-11-30.

[50]闻涛.扶贫开发,成败在于精准[N].人民日报,2015-06-25.

[51]吴浩,江云涵.让凉山的孩子享受高质量的教育——《关于精准施策综合帮扶凉山州全面打赢脱贫攻坚战的意见》解读②[N].四川日报,2018-06-27.

[52]习近平李克强张德江俞正声刘云山王岐山张高丽分别参加全国人大会议一些代表团审议[N].人民日报,2015-03-09.

[53]习近平李克强张德江王岐山张高丽分别参加全国人大会议一些代表团审议[N].人民日报,2016-03-11.

[54]习近平李克强张德江俞正声刘云山张高丽分别参加全国人大会议一些代表团审议[N].人民日报,2017-03-09.

[55]谢振华.拔穷根要真功夫也要好药方[N].人民日报,2016-03-23.

[56]新华社特约记者.筑好康庄大道　共圆小康梦想[N].人民日报,2014-04-29.

[57]杨帆.坚持生态优先推动绿色发展[N].重庆日报,2017-08-22.

[58]张春海,张帆.中国扶贫实践具有世界意义[N].中国社会科学报,2015-10-19.

[59]张道平.解决因病致贫要补齐医疗短板[N].中国县域经济报,2016-03-14.

[60]张烁.承前启后　继往开来　继续朝着中华民族伟大复兴目标奋勇前进[N].人民日报,2012-11-30.

[61]张烁.打赢脱贫攻坚战　层层签订责任状[N].人民日报,2016-03-10.

[62]张毅.中央扶贫开发工作会议在北京召开[N].人民日报,2011-11-30.

[63]张翼.2019年全国农村贫困人口减少1109万人[N].光明日报,2020-01-24.

[64]中共十八届五中全会在京举行[N].人民日报,2015-10-30.

[65]中共石柱县委理论学习中心组.全面彻底解决"两不愁三保障"突出问题

[N].重庆日报,2020-04-07.

[66]中共中央关于坚持和完善中国特色社会主义制度 推进国家治理体系和治理能力现代化若干重大问题的决定[N].人民日报,2019-11-06.

[67]中共中央关于全面深化改革若干重大问题的决定[N].人民日报,2013-11-16.

[68]中共中央国务院关于打赢脱贫攻坚战的决定[N].人民日报,2015-12-08.

[69]中共中央国务院关于打赢脱贫攻坚战三年行动的指导意见[N].人民日报,2018-08-20.

[70]中共中央国务院关于稳步推进农村集体产权制度改革的意见[N].人民日报,2016-12-30.

[71]中共中央国务院关于抓好"三农"领域重点工作确保如期实现全面小康的意见[N].人民日报,2020-02-06.

[72]中国农村扶贫开发纲要(2011—2020年)[N].人民日报,2011-12-02.

[73]中华人民共和国国务院新闻办公室.中国的农村扶贫开发[N].人民日报,2001-10-16.

[74]中央民族工作会议暨国务院第六次全国民族团结进步表彰大会在北京举行[N].人民日报,2014-09-30.

[75]周克全.西部地区完善现代市场体系需要关注的问题[N].甘肃日报,2013-12-09.

[76]朱磊,徐运平.宁夏:精准扶贫奔小康[N].人民日报,2015-10-17.

[77]做焦裕禄式的县委书记 心中有党心中有民心中有责心中有戒[N].人民日报,2015-01-13.

四、学位论文类

[1]文慧群.上思县农村电子商务发展的现状及对策研究[D].南宁:广西大学,2019.

五、电子资源类

[1]习近平.巩固民族大团结的基础——关于促进少数民族共同繁荣富裕问题的思考[EB/OL].(2020-06-23).http://theory.people.com.cn/n/2014/1016/c389908-25846752.html.

[2]习近平.在统筹推进新冠肺炎疫情防控和经济社会发展工作部署会议上的讲话[EB/OL].(2020-02-23).www.xinhuanet.com/politics/leaders/2020/02/23/c_1125616016.htm.

[3]习近平.在知识分子、劳动模范、青年代表座谈会上的讲话[EB/OL].(2020-06-21).http://www.xinhuanet.com/politics/2016-04/30/c_1118776008.htm.

[4]习近平的扶贫观:决不能让困难群众掉队[EB/OL].(2020-06-21).http://news.china.com.cn/2015-10/16/content_36822021.htm.

[5]习近平在宁夏考察[EB/OL].(2016-07-19).http://www.xinhuanet.com//politics/2016-07/19/c_1119245499_3.htm.

[6]保监会新年定调强监管将重点整顿哪些乱象[EB/OL].(2018-01-26).www.xinhuanet.com/finance/2018-01/26/c_129800137.htm.

[7]补上"三农"短板,决胜全面小康——学习贯彻中央农村工作会议精神[EB/OL].(2020-06-23).http://www.xinhuanet.com/politics/2019-12/22/c_1125374890htm.

[8]重庆市教育委员会.健全三个体系打赢教育脱贫攻坚战[EB/OL].(2019-10-22).http://www.moe.gov.cn/jyb_xwfb/xw_zt/moe_357/jyzt_2019n/2019_zt27/jyjs/chongqing/201910/t20191022_404762.html.

[9]重庆市人民政府.重庆市教委紧扣办学短板助推教育扶贫攻坚[EB/OL].(2018-01-15).http://www.cq.gov.cn/zwxx/zwdt/202001/t20200114_4664910.html.

[10]甘肃陇南:电商扶贫东风起陇上江南又一春[EB/OL].(2018-03-14).http://gs.people.com.cn/n2/2018/0314/c183348-31341695.html.

[11]《关于促进电商精准扶贫的指导意见》国开办发〔2016〕40号[EB/OL].(2016-11-04).http://www.scio.gov.cn/xwfbh/xwbfbh/wqfbh/35861/36885/xgzc36891/Document/1557351/1557351.htm.

[12]广西推进健康扶贫超百万贫困患者得到诊疗服务[EB/OL].(2019-11-18).http://www.xinhuanet.com/2019-11/18/c_1125246334.htm.

[13]广西:文化服务上山下乡脱贫攻坚吹糠见米[EB/OL].(2019-09-12).http://www.xinhuanet.com/culture/2019-09/12/c_1124991689.htm.

[14]广西壮族自治区人民政府.广西文化和旅游扶贫情况新闻发布会召开[EB/OL].(2019-12-10).http://www.gxzf.gov.cn/xwfbhzt/gxwhhlyfpqkxwfbh/xwdt/

20191210-783215.shtml.

[15]广西着力实施健康扶贫工程助力脱贫攻坚[EB/OL].(2017-04-28).http://gx.people.com.cn/n2/2017/0428/c179430-30110833.html.

[16]国家发展改革委.西部大开发"十三五"规划[EB/OL].(2020-07-23).http://www.gov.cn/xinwen/2017-01/23/5162468/files/56301370765d4fe8975541a2bf221281.pdf.

[17]国家林业和草原局政府网.2018年度中国林业和草原发展报告[EB/OL].(2020-05-30).http://www.forestry.gov.cn/main/62/20200427/150949147968678.html.

[18]国家统计局.中华人民共和国2019年国民经济和社会发展统计公报[EB/OL].(2020-02-28).http://www.stats.gov.cn/tjsj/zxfb/202002/t20200228_1728913.html.

[19]国务院扶贫开发领导小组办公室.打赢脱贫攻坚战必须有"横心"[EB/OL].(2017-8-25).http://www.cpad.gov.cn/art/2016/3/11/art_1047_46548.html.

[20]国务院扶贫开发领导小组办公室.《关于促进电商精准扶贫的指导意见》国开办发〔2016〕40号[EB/OL].(2016-11-04).http://www.cpad.gov.cn/art/2016/11/23/art_624_55721.html.

[21]国务院扶贫开发领导小组办公室.关于公布全国连片特困地区分县名单的说明[EB/OL].(2012-06-24).http://www.cpad.gov.cn/art/2012/6/14/art_50_23717.html.

[22]国务院扶贫开发领导小组办公室.国务院联防联控机制介绍脱贫攻坚和民政服务工作情况[EB/OL].(2020-04-01).http://www.cpad.gov.cn/art/2020/4/1/art_2241_461.html.

[23]国务院扶贫开发领导小组办公室.国务院联防联控机制召开新闻发布会 介绍推进农村疫情防控和脱贫攻坚工作有关情况[EB/OL].(2020-03-10).http://www.cpad.gov.cn/art/2020/3/10/art_2241_421.html.

[24]国务院扶贫开发领导小组办公室.国新办就确保如期完成脱贫攻坚目标任务有关情况举行发布会[EB/OL].(2020-05-18).http://www.cpad.gov.cn/art/2020/5/18/art_2241_501.html.

[25]国务院扶贫开发领导小组办公室.社会力量参与健康扶贫协作论坛在京召开[EB/OL].(2018-10-18).http://www.cpad.gov.cn/art/2018/10/18/art_2624_

90408.html.

[26]国务院新闻办就《健康扶贫工程"三个一批"行动计划》有关情况举行发布会[EB/OL].(2017-04-21).http://www.gov.cn/xinwen/2017-04/21/content_5188005.htm#allContent.

[27]凉山彝族自治州人民政府.凉山:扶贫开发大事记[EB/OL].(2012-08-23).www.sc.gov.cn/10462/10464/10465/10595/2012/8/23/10223264.shtml.

[28]凉山彝族自治州人民政府.凉山概况[EB/OL].(2020-02-02).http://www.lsz.gov.cn/wcls/lsgk/lsgk_21388/201806/t20180619_602897.html.

[29]凉山彝族自治州人民政府.脱贫攻坚[EB/OL].(2019-07-19).http://www.lsz.gov.cn/wcls/lsgk/csqk/201907/t20190719_1228099.html.

[30]六次中央西藏工作座谈会都谈了什么?[EB/OL].(2020-06-21).http://politics.people.com.cn/n/2015/0826/c1001-27519975.html.

[31]刘永富.坚决打赢脱贫攻坚战——深入学习贯彻习近平总书记扶贫开发战略思想[EB/OL].(2016-10-16)https://news.12371.cn/2016/10/16/ARTI1476571844967255.shtml?from=groupmessage.

[32]宁夏教育精准扶贫送出10个大"礼包"[EB/OL].(2017-08-25).http://nx.people.com.cn/n2/2016/0421/c192482-28191592.html.

[33]"平语"近人——习近平的扶贫思考[EB/OL].(2020-08-27).http://news.xinhuanet.com/politics/2016-07/21/c_129167164.htm.

[34]青海:文化旅游扶贫美了乡村富了百姓[EB/OL].(2019-04-02).http://qh.people.com.cn/GB/n2/2019/0402/c182775-32802414.html.

[35]全国人民代表大会.扶贫办主任刘永富就"打好精准脱贫攻坚战"答记者问[EB/OL].(2018-03-07).http://www.npc.gov.cn/zgrdw/npc/zhibo/zzzb37/node_5847.htm.

[36]全国人民代表大会.国务院关于农村土地征收、集体经营性建设用地入市、宅基地制度改革试点情况的总结报告[EB/OL].(2018-12-23).http://www.npc.gov.cn/npc/c12491/201812/3821c5a89c4a4a9d8cd10e8e2653bdde.shtml.

[37]全国人民代表大会.中华人民共和国宪法[EB/OL].(2018-03-21).http://www.npc.gov.cn/npc/c30834/201803/79ccaa9ba1e24bbb848abf329ba94463.shtml.

[38]陕西省人民政府.我省对贫困人口实行精细化分类扶贫[EB/OL].(2017-

08-25).http://www.shaanxi.gov.cn/sxxw/sxyw/4686.htm.

[39]商务部流通产业促进中心.2020年以来中央及各有关部门促进农产品流通扶持政策汇编[EB/OL].(2020-05-01).www.mofcom.gov.cn/article/shangwu
bangzhu/202004/20200402961077.shtml.

[40]王连文.文化和旅游部系统深入推进文化扶贫工作成效显著[EB/OL].
(2018-07-12).https://www.mct.gov.cn/whzx/whyw/201807/t20180712_833762.
htm.

[41]王琪鹏,魏民峰.在扶贫协作大考中交出首善答卷[EB/OL].(2020-04-30).
https://www.mct.gov.cn/whzx/whyw/201807/t20180712_833762.htm.

[42]韦继川,谭碧雁.广西推进文化精准扶贫[EB/OL].(2017-02-22).http://www.
gxzf.gov.cn/sytt/20170222-579307.shtml.

[43]"文化扶贫"的"金色大门"[EB/OL].(2019-10-28).http://qh.people.com.cn/
GB/n2/2019/1028/c182775-33478722.html.

[44]文炜.扶贫协作,北京这么干[EB/OL].(2019-12-23).https://mp.weixin.qq.
com/s/jdXY7vhsA7XOUhO2WaG4Ag.

[45]杨多贵.协作扶贫:消除贫困,实现共同富裕的"中国示范"[EB/OL].(2020-
08-27).http://news.xinhuanet.com/politics/2016-07/25/c_129175898.htm.

[46]曾伟,刘雅萱.习近平的"扶贫观":因地制宜"真扶贫,扶真贫"[EB/OL].
(2020-06-21).http://politics.people.com.cn/n/2014/1017/c1001-25854660.html.

[47]郑海鸥.传统工艺、节庆、民俗进行创造性转化、产业化发展——古老非遗,
渐成扶贫生力军[EB/OL].(2018-11-22).http://country.people.com.cn/n1/
2018/1122/c419842-30415832.html.

[48]正在促进明年全国扶贫立法工作[EB/OL].(2020-08-27).http://www.scio.
gov.cn/xwfbh/xwbfbh/wqfbh/2015/33909/zy33913/Document/1459258/1459258.
htm.

[49]中国保监会甘肃监管局.甘肃省建立保险扶贫"三张网"为脱贫攻坚保障兜
底[EB/OL].(2018-11-12).http://gansu.circ.gov.cn/web/site14/tab810/
info4125435.htm.

[50]中国人民银行银川中心支行.宁夏金融精准扶贫工作成效显著[EB/OL].
(2018-09-11).http://yinchuan.pbc.gov.cn/yinchuan/3167332/3624838/index.
html.

[51]中华人民共和国国家民族事务委员会.2018年民族地区农村贫困监测情况[EB/OL].(2020-05-30).https://www.neac.gov.cn/seac/jjfz/202001/1139406.shtml.

[52]中华人民共和国教育部.对十三届全国人大二次会议第4771号建议的答复[EB/OL].(2019-08-30).http://www.moe.gov.cn/jyb_xxgk/xxgk_jyta/jyta_ghs/201910/t20191025_405233.html.

[53]中华人民共和国教育部.关于实施教育扶贫工程的意见[EB/OL].(2013-07-29).http://old.moe.gov.cn//publicfiles/business/htmlfiles/moe/moe_1779/201309/157306.html.

[54]中华人民共和国教育部.教育脱贫攻坚"十三五"规划[EB/OL].(2016-12-16).http://www.moe.gov.cn/srcsite/A03/moe_1892/moe_630/201612/t20161229_293351.html.

[55]中华人民共和国教育部.云南省坚持扶贫先扶智全力打赢教育脱贫攻坚战[EB/OL].(2021-04-08).http://www.moe.gov.cn/jyb_xwfb/s6192/s222/moe_1757/202104/t20210408_525028.html.

[56]中华人民共和国商务部.商务部例行新闻发布会[EB/OL].(2020-04-30).http://www.mofcom.gov.cn/xwfbh/20200430.shtml.

[57]中华人民共和国文化部."十三五"时期文化扶贫工作实施方案[EB/OL].(2017-05-25).http://www.cpad.gov.cn/art/2017/8/16/art_1747_843.html.

[58]中华人民共和国中央人民政府.关于实施健康扶贫工程的指导意见[EB/OL].(2016-06-21).http://www.gov.cn/xinwen/2016-06/21/content_5084195.htm.

[59]中华人民共和国中央人民政府.国务院关于印发"十三五"脱贫攻坚规划的通知[EB/OL].(2016-12-02).http://www.gov.cn/zhengce/content/2016/12/02/content_5142197.htm.

| 后　记 |

　　本书是在中国特色社会主义理论体系研究中心重大项目、马克思主义理论研究和建设工程重大项目、国家社会科学基金重大项目"西部地区精准扶贫模式创新与实践路径研究"（2015YZD14）结项报告的基础上完成的。项目结项后，编写组在本书稿的编写过程中，进一步丰富了研究内容，并更新了部分数据与表述。

　　项目首席专家曾维伦主持了本书的编写工作，优化并确定了本书的研究思路和研究框架。项目组成员张丽娜、阳盼盼、蒋英州参与了本书的编写。其中，张丽娜执笔第二章、第三章第二节和第三节、第四章第五节，阳盼盼执笔第一章第一到三节、第三章第一节、第四章第一到四节，蒋英州执笔第一章第四节、第五章。本书稿由曾维伦统稿、定稿。在本书编写过程中得到了市级相关部门和相关专家学者的支持和指导，也借鉴了学术界的相关研究成果，在此一并表示感谢。

　　西部地区精准扶贫的生动实践规模宏大，样态丰富且动态发展，要系统精准把握难度不小，加之项目组调研范围和掌握的资料有限，我们对各地精准扶贫模式的梳理总结还不全面，理论思考也还不够深入，权作探路之作，敬请大家批评指导。

曾维伦

2021 年 9 月